Gerhard Steinort
Anne Steinort

MIT DEM WOHNMOBIL NACH SÜDOST-SPANIEN

Die Anleitung für einen Erlebnisurlaub

Unseren Freunden und Nachbarn gewidmet mit Dank für Anregungen, Korrekturen – und das Verständnis für lange Abwesenheit!

---

womo®
DER WOHNMOBIL-VERLAG
D-98634 Mittelsdorf/Rhön

Bibliografische Information der Deutschen Bibliothek

Die Deutsche Bibliothek verzeichnet diese Publikation in der Deutschen Nationalbibliografie.
Detaillierte bibliografische Daten sind im Internet über <http://dnb.ddb.de> abrufbar.

Titelbild:
An der Costa del Azahar bei San Lorenz (067)

1. Auflage 2007

Druck:
Fuldaer Verlagsanstalt, 36037 Fulda

Vertrieb:
GeoCenter, 70565 Stuttgart

Herausgeber:
WOMO-Verlag, 98634 Mittelsdorf/Rhön
Position: N 50° 36.696'; E 10° 08.010' (WGS 84)

Fon: 0049 (0) 36946-20691
Fax: 0049 (0) 36946-20692
eMail: verlag@womo.de
Internet: www.womo.de

Autoren-eMail: Steinort@womo.de

ISBN 978-3-939789-63-5

EINLADUNG

Was erwarten Sie, lieber Wohnmobil-Urlauber, wenn Sie Spanien als Ziel Ihrer Reise ausgewählt haben und bereit sind, die weite Anfahrt auf sich zu nehmen?

Natürlich in erster Linie die herrlichen Strände des Mittelmeers mit angenehmen Wassertemperaturen; Baden steht schließlich an oberster Stelle Ihrer Wunschliste. Wir möchten mit unserem Büchlein aber darüber hinaus Ihnen das Entdecken all dessen erleichtern und schmackhaft machen, was außer diesem Badeerlebnis Spaniens Küstenregion so besonders und verlockend erscheinen lässt: Klima und Licht des Mittelmeers, seine Vegetation, kulinarische Köstlichkeiten, großartige Landschaften. Und spätestens dann, wenn ausgiebige Badetage hinter Ihnen liegen, kommt mit Gewissheit der Wunsch auf, auch das Land selbst mit seiner Geschichte, seine Bewohner kennenzulernen. Traditionsreiche Städte und touristisch kaum berührtes, von der Küste nur wenige Kilometer entferntes Hinterland wollen besucht und erwandert werden!

Wie es mit freien Stellplätzen aussieht, möchten Sie wissen? Dass Spaniens Küsten nicht mehr als Geheimtipp gelten, hat sich herumgesprochen. Dr. Doolittles „Es grünt so grün, wenn Spaniens Blüten blühen"-Romantik werden Sie zwar selbst heute noch finden - aber natürlich auch Benidorm und Co., durch Hochhaus-Skylines hemmungslos verschandelte Küstenabschnitte.

Wir stellen Ihnen ausreichend viele, schöne, auch sehr schöne Bade- und Übernachtungsplätze in Aussicht, wenn Sie sich unserer Führung anvertrauen, und ganz sicher ein abwechslungs- und erlebnisreiches, dabei für Leib und Seele erholsames Urlaub-Spanien!

Wir freuen uns auf die gemeinsame Reise mit Ihnen!

Ihre

Anne

und Gerhard [illegible]

Sehr geehrter Leser, lieber WOMO-Freund!

Reiseführer sind für einen gelungenen Urlaub unverzichtbar – das beweisen Sie mit dem Kauf dieses Büchleins. Aber aktuelle Informationen altern schnell und ein veralteter Reiseführer macht wenig Freude.
Sie können helfen, Aktualität und Qualität dieses Buches zu verbessern, indem Sie uns nach Ihrer Reise mitteilen, welchen unserer Empfehlungen Sie gefolgt sind (freie Stellplätze, Campingplätze, Wanderungen, Gaststätten usw.) und uns darüber berichten (auch wenn sich gegenüber unseren Beschreibungen nichts geändert hat).
Bitte füllen Sie schon während Ihrer Reise das Info-Blatt am Buchende aus!

Als Dank für Ihre Mühe wird Sie unser Verlag stets über alle Neuerscheinungen informieren.
Außerdem gewähren wir Ihnen bei Bestellungen direkt beim Verlag (mit beigefügtem, vollständig ausgefülltem Info-Blatt) ein Info-Honorar von 10%.

Zur Beachtung:
Jede Tour, jeder Stellplatz ist von uns mehrfach überprüft worden. Wir müssen jedoch betonen, dass inhaltliche Fehler nie ganz auszuschließen sind.
Verlag und Autor übernehmen keine Verantwortung für die Legalität der veröffentlichten Stellplätze und Tipps.
Keine Haftung bei Schäden infolge Überschwemmungen, Unwetter, sonstiger Naturgewalten und Übergriffen Dritter.

INHALTSVERZEICHNIS

Gebrauchsanleitung

Anreisewege

14 Touren durch Südost-Spanien

Zeichenerklärungen für die Tourenkarten

Touren / abseits der Touren

- Autobahn
- 4-spurige Straße
- Hauptstraße
- Nebenstraße
- Schotterstraße
- Wanderweg

S W P B — WOMO-Stellplatz, Wander-, Picknick-, Badeplatz (nicht für freie Übernachtungen)

11 12 13 14 — WOMO-Stellplatz, Wander-, Picknick-, Badeplatz (geeignet für freie Übernachtungen)

- Kirche, Kloster
- Burg, Schloss, Ruine
- 1493 m Berggipfel
- Ausgrabungsstätte
- Sehenswürdigkeit
- Aussicht, Rundsicht
- Trinkwasser/Dusche
- E Ver-/Entsorgung
- WC Toilette
- 15 empf. Campingplatz

Alle übernachtungsgeeigneten Plätze sind im Text und auf den Tourenkarten fortlaufend durchnummeriert.

N50° 36.382'; E10° 07.125' GPS

Gebrauchsanleitung

Eine bunt gefächerte Auswahl an Regionen und Aktivitäten wollen Ihnen unsere Tourenvorschläge unterbreiten. Dabei möchten wir anregen und vorschlagen, Ihnen das Planen und Gestalten des Urlaubs erleichtern, keineswegs aber die Freude am eigenen Entdecken mindern!

Selbstverständlich werden in den 2 - 4 Wochen, die üblicherweise als Zeitrahmen zur Verfügung stehen, nicht sämtliche 14 Touren durch Sie nachzuerleben sein! Je nach individueller Neigung, nach Jahreszeit und entsprechenden Temperaturen von Luft und Wasser werden Sie für sich eine Auswahl zu treffen haben. Bewusst konzipierten wir die einzelnen Touren als in sich abgeschlossene Reisen, die auch in anderer Abfolge miteinander kombinierbar sind. Beispielsweise muss bei der **Höhe** der Gebirgsregionen im Hinterland der Küste (oft schon 600 bis 1000 m in wenigen Kilometern Entfernung vom Meer!) immer bedacht werden, dass die Frühjahrs- und Herbst**temperaturen**, insbesondere abends und nachts, dort deutlich niedriger liegen als an der Küste! An dieser Stelle ansonsten unser Tipp: **Stadt-Erkundungen** wie von Murcia, Orihuela oder Villena sind auf Grund der geringen Entfernungen auch immer als **Tagestouren** von der Küste aus durchführbar.

Kirche von Benicarlo

Altstadt von Villena

Wer, wie wir, das Glück hat, außerhalb der Ferienzeit reisen zu können, wird sinnvollerweise die Monate Juli und August für einen Spanien-Urlaub aussparen. Zum einen erreichen die Temperaturen dann nicht selten die 40°-Marke, worunter alle Aktivitäten außen Baden erfahrungsgemäß „eintrocknen". Zum anderen muss man wissen, dass der Durchschnitts-Spanier seinen **Urlaub im eigenen Land**, d. h. an den eigenen Küsten verbringt - und vorzugsweise eben im Hochsommer! Auf **Campingplätzen** an der Küste empfiehlt sich zu dieser Zeit in jedem Fall eine **Reservierung** (zumindest telefonisch einige Tage vor Anreise).

Granatapfel-

und Kaktus-Blüte

Für das **Frühjahr** spricht die Üppigkeit der **blühenden Vegetation**; die Wärme erweist sich als noch angenehm, im Mai wird das Wasser allmählich badewarm. Und die Märkte erfreuen uns mit Spargel, neuen Kartoffeln, Nispelos, Erdbeeren, Kirschen...

Agaven treffen Mittagsblumen

Hibiskusversteck im Palmenwald

Uneingeschränkt **herrliche Badetemperaturen** finden Sie natürlich im **Herbst** vor, wo Ihnen übrigens etliche Pflanzen eine zweite Blüte präsentieren - also keine allzu große Angst vor

Kirchturm blickt auf Wohntürme - nördlicher Strand von Peniscola

Staub und Trockenheit! Die Besonderheit der Orangenbäume, gleichzeitig zu blühen und reife Früchte zu tragen, werden Sie auch im Herbst erleben können. Und vielleicht erwischen Sie noch ein paar frische Feigen!

Möglichkeiten zum **freien Übernachten** finden sich im Verlauf der von uns bereisten ca. 400 km Küste in ausreichender Zahl, und wo nicht, da jedenfalls in deren unmittelbarem Hinterland. Wir haben sie gesucht, gefunden und für Sie sorgfältig beschrieben, dazu farbig markiert nach ihrem Charakter als Bade-, Wander-, Picknick- oder einfach Womo-Stellplätze. Sie können davon ausgehen, dass **alle nummerierten Plätze** von uns auf ihre **Übernachtungs-Eignung geprüft** wurden. Sollten Sie gegenteilige Erfahrungen machen, wären wir für Ihre Mittelung dankbar, s. u..

Liebe Womo-Freunde, wir sind uns der Problematik natürlich bewusst, die mit dem „Verraten" schöner Stellplätze verbunden ist. Bitte, bitte, behalten Sie Augenmaß, was die Zahl von Womos auf einem Stellplatz betrifft; bevor es zu voll wird, fassen Sie lieber den nächsten ins Auge! Bleiben Sie rücksichtsvoll gegenüber Nicht-Campern wie z. B. anderen Badegästen oder auch Anwohnern; versuchen Sie, sich jeweils kurz in die Lage des anderen zu versetzen und sich so zu versichern, dass man niemand anderen stört. Nur so bewahren wir alle die Chance, Verbotsschilder zu vermeiden und uns schöne Plätze langfristig zu erhalten! Und bitte nicht frei stehen in Sichtweite eines Campingplatzes, das provoziert unnötig!

Eine große Bitte möchten wir in diesem Zusammenhang noch äußern an Sie, liebe „Mitreisende": für Korrekturen, Änderungsmitteilungen und sonstige Hinweise finden Sie eine vorbereitete „Meldekarte", die Sie entweder direkt an den Verlag oder an

Dr. Gerhard und Anne Steinort
Baron-von-Gelting-Weg 2
25842 Langenhorn

schicken mögen. Per e-mail sind wir unter Steinort @ womo.de, telefonisch unter 04672/833 erreichbar. Damit helfen Sie uns, die nächste Ausgabe dieses Büchleins optimal zu aktualisieren - und eine Belohnung gibt's auch (s. S. 237)!

Gelegentlich bietet es sich auch aus unserer Sicht durchaus an, auf einem **Campingplatz** zu nächtigen, insbesondere natürlich mit Blick auf **Ver- und Entsorgung**; oder etwa im Zusammenhang mit einer ausgiebigen **Stadtbesichtigung** (s. Valencia).

Valencia: Turm des Herrn Litfaß vor dem der Kathedrale

A propos **Versorgung**: nutzen Sie lieber einmal mehr eine sich bietende Gelegenheit, auch wenn es eigentlich noch nicht unbedingt nötig scheint. Kaum etwas ist nerviger, als wegen voller Toilette oder Wasserknappheit in Druck zu geraten! Eheliche Spannungen sind für diesen Fall vorprogrammiert - und da der Bereich „WC und Wasser" üblicherweise in das Ressort des starken Geschlechts fällt, hat „mann" dann eine unangenehm schwache Position (leidvolle einschlägige Erfahrungen des Autors liegen vor!). **Versorgungsstellen** in Form **von Wasserhähnen, Quellen** oder **Brunnen** werden Sie in unserem Büchlein reichlich finden. Viele spanische **Autobahn-Tankstellen** halten inzwischen - i. d. R. kostenfreie - **Ver- und Entsorgungsmöglichkeiten** bereit mit entsprechender Ankündigung schon auf den Vorwegweisern!

Noch ein A propos: Zuwegungen zu Stellplätzen können gelegentlich vor Probleme stellen in Form von stärkerer Steigung und/oder lockerem Untergrund; wir geben dann mit ? einen deutlichen Hinweis, im Zweifel raten wir zu vorheriger Inspektion zu Fuß!

Wenn wir schon beim **Fahren** sind: nicht immer entspricht die **Qualität spanischer Straßen** unserem Standard. Staunt man einerseits über allgegenwärtige und teilweise wirklich gigantische Straßenbauprojekte im Bereich der Hauptverkehrswege, großer Städte und touristischer Ballungsräume, so lauern im ländlichen, für den Fremdenverkehr bedeutungslosen Raum immer wieder Überraschungen in Gestalt von Riesenschlaglöchern, Steinen oder sonstigen Hindernissen, evtl. auch nur des plötzlichen Abbruchs der Teerdecke. Auch Straßen mit offiziellen Hinweisschildern garantieren nicht immer durchgehenden Asphalt! Und: was tagsüber erschreckt, könnte nachts zur Katastrophe führen; deshalb unser Rat: **fahren** Sie abseits der Hauptstraßen möglichst **nicht bei Dunkelheit**!

Und weil wir schon bei **Gefahren** sind: natürlich muss in einer typischen Ferienregion nicht nur mit freundlichen Gastgebern, sondern auch mit Taschendieben, Womo-Knackern und ähnlichem lichtscheuen Gesindel gerechnet werden. Aber unser persönliches Risiko lässt sich auf jeden Fall minimieren! Bleiben Sie aufmerksam und gewissenhaft bezüglich Ihrer Habseligkeiten, im Womo ebenso wie außerhalb! **Verlassen Sie Ihr Womo nie ohne Gepäck** - wenn ein böser Bube Sie beim Aussteigen beobachtet hat, kann er sich nämlich an fünf Fingern abzählen, dass Kameras und andere „Kostbarkeiten" im Womo nur auf ihn warten! Auch die Auswahl eines **Parkplatzes** sollte kritisch geschehen: im städtischen Bereich empfiehlt es sich immer, den (meist geringen) Betrag für einen bewachten Parkplatz zu investieren. Nicht selten wird man als Womo-Fahrer mit besonderer Sorgfalt und Freundlichkeit empfangen und eingewiesen, sogar der besonderen Aufmerksamkeit versichert. Und sollte nur die Erwartung eines kleinen Trinkgeldes dafür Motivation sein - man lässt das Womo mit gutem Gefühl unter solcher Aufsicht. Parkplätze in Strandnähe, die vom Badenden nicht einzusehen sind, verraten u. U. durch Flächen blau-grüner Glassplitter, dass hier schon manche Seitenscheibe ungebetenen Gästen zum Opfer fiel.

Um dem Land und seinen Gepflogenheiten mit besserem Verständnis begegnen zu können, müssen wir gemeinsam einen Blick auf Spaniens ältere und jüngere **Geschichte** werfen, insbesondere auch auf die Entwicklung im Verlauf der letzten 80 Jahre.

Anfang des 8. nachchristlichen Jahrhunderts geriet die gesamte Iberische Halbinsel unter **arabische Herrschaft**. Rivalität, aber auch Durchmischung von maurischer, christlicher und jüdischer Kultur prägten in den folgenden Jahrhunderten das Leben in Spanien. In vielfältiger Weise können wir dies bis heu-

Erhaltene Pracht: Templerkirche von Bordon

Vergängliche Macht: Burg von Alcala de Chivert

Weltliche Historie in kirchlicher Umgebung:

Wappen-Gobelin

und

Folterkorb mit Skelett in der Kirche San Bartomeu in Benicarlo

te nacherleben: in Architektur und Küche, den ethnologischen Linien, der Entwicklung von Sprache und Literatur.

Die vieljährige kriegerische Rückeroberung durch die Christen, die **Reconquista**, war erst Ende des 15. Jh. abgeschlossen. Weltliche Machtkonzentration, gestützt auf den Einfluss der Kirche, und die zeitgleiche Entdeckung Amerikas (Kolumbus 1492) begründeten nun die **Weltmacht des spanischen Königreiches**, „in dem die Sonne nicht unterging". Ganz Europa wurde von Spanien dominiert: zahlreiche politische Verbindungen kamen durch Heirat zustande, insbesondere mit Frankreich und den Niederlanden. Spanien wurde zum Eldorado für **Künstler** aus allen Ländern Europas (z. B. Rubens, El Greco), die hier höchste Anerkennung und Entfaltungsmöglichkeiten erlebten. Eine Blütezeit erfuhr auch die Goldschmiedekunst, ausgelöst durch die „Transfers" des kostbaren Metalls aus den eroberten Gebieten Amerikas.

Das 20. Jahrhundert brachte mit dem **Bürgerkrieg** (1936-39) eine dramatische Phase der Entwicklung Spaniens (über eine halbe Million Tote!), die in der 30-jährigen **Diktatur** des Generals Franco mündete. Er isolierte das Land politisch über lange Zeit und ist als maßgeblich verantwortlich anzusehen für seine schleppende wirtschaftliche Entwicklung. So gehört Spanien bekanntermaßen bis heute zu den **ärmsten Ländern Europas**, was auch auf unseren Reisen immer wieder deutlich erkennbar wird.

Eine extrem kirchlich und sozial **konservative Prägung** schlägt sich ebenfalls bis in die Gegenwart in der Gesellschaft nieder, wie etwa die Stellung des weibliches Geschlechts bzw. die Bevorzugung des männlichen in Erziehung und Berufsleben verdeutlichen. Macho-Gehabe wird den Mini-Paschas bereits im Kleinkindalter anerzogen und vorgelebt. Rücksichtslosigkeit, sowohl im Staßenverkehr als auch z. B. im Umgang mit Tieren, hat hier seine Wurzeln (Hund in der Tonne, freilaufende Hunde in den Städten mit entsprechenden Hinterlassenschaften).

Waren **Autonomiebestrebungen** (Basken, Galizier, Katalanen) schon seinerzeit wesentlicher Auslöser für den Bürgerkrieg, begründen sie weiterhin eine Besonderheit der Iberischen Halbinsel, die **Sprachenvielfalt**. Sie haben **Spanisch** gelernt, um für Ihre Reise besser vorbereitet zu sein? Dann wird man Sie vor Ort möglicherweise belehren: **Kastilisch** sprechen Sie, das offizielle Spanisch, wie es Franco als alleinige Amtssprache etablierte. Statt dieser vielfach ungeliebten Sprache wird in der Region Valencia lieber das **Katalanisch** gesprochen - und geschrieben, wie z. B. Orts- und Straßennamen beweisen. Nicht selten sahen wir Ortsnamen in der „falschen“ Schreibweise auf offiziellen Verkehrsschildern durch Sprayer unkenntlich gemacht, soweit gehen Stolz und Unabhängigkeitsstreben - und vielleicht auch Dummheit! Die Politik trägt heute jedenfalls diesem Bemühen Rechnung und lässt in den entsprechenden Regionen **beide Amtssprachen** zu.

Wir haben in unserem Buch keinen schematischen Weg verfolgt, sondern halten uns an **die vor Ort anzutreffende Schreibweise**, um so den für Sie besten praktischen Bezug herzustellen. Bei Verwendung unterschiedlicher Landkarten sind entsprechende **Abgleiche** unerlässlich, um Verwirrung zu vermeiden!

Natürlich erleichtert ein **Mini-Wortschatz** die Verständigung für unsereinen auch im Urlaubsland Spanien. Grußformeln und Ähnliches dürften in unserer globalisierten Welt mittlerweile ohnehin allgemein bekannt sein; die Zeiten sind vorüber, in denen der Tourist sich mit „Buenos dias“ für seine Fotografierkünste gelobt wähnte. Viele aus dem Lateinischen, Französischen, Italienischen ableitbare Begriffe erkennen wir, besonders beim Lesen. Ansonsten bauen die beschriebene Zweisprachigkeit in Wort und Schrift (Javea und Xabia meinen ein und dieselbe Stadt - hätten Sie das auf Anhieb gedacht?), aussprachetechnische und Betonungsprobleme nicht gerade geringe Hürden auf! Wie Spanien bei der Pisa-Studie abgeschnitten hat, ist uns nicht bekannt; aber Fremdsprachen-Kenntnisse scheinen nicht sehr verbreitet zu sein, **selbst in den Tourist-Infos sind**

Deutsch- oder auch nur Englisch-Kenntnisse nicht selbstverständlich!

Die **verwaltungspolitische Gliederung** ähnelt übrigens unseren deutschen Gegebenheiten einer Unterteilung in „Comunidades" entsprechend unseren Bundesländern, jeweils mit eigenem Parlament. Die **Comunidad Autonoma Valencia** mit der gleichnamigen Hauptstadt und der Untergliederung in die **Provinzen Castellon, Valencia und Alicante** entspricht dabei im Wesentlichen dem von uns bereisten Gebiet.

Als Spanien-spezifisch und für uns zunächst gewöhnungsbedürftig muss man zweifellos die **Besonderheit des Tagesrhythmus'** beschreiben. Eine **lange Mittagspause**, oft von 13 bis 17 Uhr, gehört als fester Bestandteil zum Arbeitsalltag - die Hitze zwingt zu diesem Ablauf. Das bedeutet jedoch, dass es am Abend noch einmal richtig „rund geht": Geschäfte öffnen mindestens bis 20, oft bis 22 Uhr. Und zum Essen entschließt sich der Spanier üblicherweise frühestens um 21 Uhr, oft später; entsprechend orientieren sich auch die Restaurants. Für uns Touristen bedeutet diese Situation, dass vielfach auch **Museen**, **Kirchen** und **Klöster lange Schließungszeiten über Mittag** einhalten - so wird man sich zwangsläufig rasch adaptieren!

Das Klima lehrt ansonsten auch Gelassenheit, Bedächtigkeit: „manana, manana" (= morgen, morgen) begegnet uns häufig; noch schöner drückt es das spanische Sprichwort aus „Steht man früh auf, wird es auch nicht eher Morgen". In dieser Beziehung ist gleichfalls Anpassung angeraten, man lebt dann auch als Tourist entspannter!

Ein Wort zu **Essen und Trinken** in diesem Urlaubsland. Viele

Womo-Fahrer **kochen** gern, wir auch. So genussreich ein Restaurant-Besuch sein kann - in der Regel bleibt er verbunden mit der unangenehmen Notwendigkeit, nach dem Essen (und Trinken!) noch Auto fahren zu müssen. Ein gemütliches, entspanntes Abendessen mit einer Flasche Wein und dem sanften Übergang in die zunehmend waagerechte Körperhaltung genießen wir ungleich mehr; und schon Einkaufen und Kochen bedeuten Urlaubsfreude, die wir Ihnen gerne vermitteln möchten. Wenn wir ein **Rezept** sehr typisch fanden für eine Region oder den Platz, an dem wir gekocht und gegessen haben, dann wurde es für Sie festgehalten, **campinggerecht**, versteht sich! Natürlich hoffen wir, Sie zur Nachahmung zu animieren!

Über spanische **Weine** müssen wir nicht viele Worte verlieren. Schwere, samtige Rotweine gedeihen unter der Sonne des Mittelmeers ebenso wie fruchtige weiße, die, rechtzeitig gekühlt, zu Meeresfrüchten besonders lecker schmecken. Selbst die arabischen (!) Beherrscher Spaniens schätzten Geschmack und Wirkung, besangen sie in blumigen Versen. Was nicht getrunken wird, verbrennt man - auch kein schlechtes Ergebnis! In den letzten Jahrzehnten hat sich einheimische **Bier**brau-Kunst etabliert, Sie müssen also auf nichts verzichten.

An einem sehr unerfreulichen Sachverhalt wollen wir uns schließlich nicht vorbeimogeln. Spaniens und des Spaniers Verhältnis zu seiner Landschaft, seinem Lebensraum, seiner **Umwelt** erschreckt uns immer wieder, wobei zwei Aspekte besonders ins Auge fallen:

Benidorm ist nicht etwa out! Vielerorts scheint man aus den gigantischen, landschaftsverschandelnden, ja - vernichtenden **Bausünden** vergangener Jahrzehnte nichts, aber auch gar nichts gelernt zu haben, man setzt sie vielmehr ohne Hemmungen fort! Was unsere Reisen betrifft: so manchen der jetzt von uns beschriebenen schönen Stellplätze dürfte man bereits in den nächsten Jahren vergeblich suchen, man wird ihn unter einem Betonkasten begraben haben!

Und wenn nicht unter Beton, dann unter **Müll**, werden Sie hier und da denken. In der Tat: nicht selten wird ein schönes Plätzchen nach einem Badetag, einem Picknick, einem Wochenende mit Freunden hinterlassen mit einer Fülle von Bodendeckern in Form von Plastik, Glas, Dosen, Toilettenpapier; selbst Abfallbehälter in unmittelbarer Nähe ändern hieran nichts! Das Liebespaar lässt seine Pizza-Kartons aus dem geöffneten Autofenster fallen, der Landstreicher wirft die Fischdose hinter sich, der Fischer „entsorgt“ den Joghurtbecher im Hafenbekken - Fragen oder gar Kritik stoßen auf blankes Unverständnis. Wir waren doch so manches Mal recht erschrocken über dieses nicht nur nachlässig-dumme, sondern geradezu verach-

Ein Bissel was geht immer:
Verzierungen als allgegenwärtige Augenweide

tungsvolle Verhalten gegenüber der unmittelbaren Umwelt.

Der für uns Nordeuropäer ungewohnte positive Aspekt derartiger geselliger Freizeit-Gewohnheiten kann uns jedoch wieder ein klein wenig versöhnen. Im Freundeskreis, mit Großfamilie, d.

h. vom Säugling bis zur Großmutter im Rollstuhl, werden freie Tage verbracht, man brutzelt, trinkt, singt, spielt und tobt. Schöne Fleckchen in der Landschaft laden dazu ein als **Picknickgelände** mit Sitzgruppen, Grillhäuschen, Wasserstellen, oft Toiletten, nicht selten als sog. **Zona acampada** sogar zum **Übernachten** - und fast immer kostenlos! Was stünde an so einer Stelle in Deutschland? Üblicherweise ein Gasthaus, und an den Tischen und Bänken der deutliche Hinweis „Mitgebrachtes Essen darf hier nicht verzehrt werden". Man kann wohl nicht alles haben!

Zum Schluss noch eine grundsätzliche **Anmerkung zu unseren Stellplätzen**. Zelten- bzw. Caravan-Verbot, ob durch Wort oder Bild, haben wir immer in dem Sinne interpretiert, dass wir als Wohnmobil, Camping-Car oder, wie sie in Spanien meist benannt werden, **Motorcaravan nicht** unter diese **Verbote** fallen.

Ausdrückliche **Verbote für Motorcaravans** nehmen wir dagegen immer ernst, keiner unserer Stellplätze fällt (2006) unter eine entsprechende Regelung.

Nicht zuletzt in Anbetracht dessen, wie die Spanier selbst mit derartigen Verboten (z. B. auch Hunde- und Angelverbot) umgehen, halten wir unsere Form der Interpretation für angemessen. Dass die Polizei sich möglicherweise auf eine andere Art der Auslegung berufen könnte, insbesondere in der Hauptreisezeit, sollte ggf. akzeptiert werden.

Liebe zukünftige Reisebegleiter, bis hierher erst einmal **muchos gracias** für Ihre Geduld beim Lesen, **buen viaje** (gute Reise) und **hasta luego** (bis später, auch tschüss) bei der ersten Tour!

Was denken Sie - ob wir uns vielleicht in ein paar Tagen hier treffen werden, am Hauptportal von Santa Maria de la Maior in San Mateu?

Anreisewege

Eine so weite Anreise wie unsere, die je nach Ausgangspunkt in Deutschland allemal die Größenordnung von 1500 bis 2000 km erreicht (und leicht noch mehr), wird uns wohl alle im **Rhonetal** zusammenführen. Geschmack, Zeit und Portemonnaie bleibt es dann letztlich überlassen, ob die **Autobahn** gewählt oder lieber auf der weitgehend parallel verlaufenden **Nationalstraße** gefahren wird. Auf der Autobahn in Frankreich werden (2006) ab der Grenze bei Mulhouse bis zum Grenzübergang nach Spanien für ein Womo bis 3,5 t an **Mautgebühren** ca. 80 Euro, in Spanien bis zur Höhe „unseres" Gebietes noch einmal ca. 20 Euro verlangt, je für die **einfache Strecke**. Dafür geht's hier natürlich deutlich schneller als auf der Nationalstraße, wo die zahlreichen Ortsdurchfahrten den Schnitt doch erheblich senken. Dank großzügiger (mautfreier) Autobahn-Umfahrung hat inzwischen auch Lyon seinen Schrecken verloren!

Erlauben Sie uns an dieser Stelle einen Tipp für das **Bezahlen der Mautgebühren**: entweder mit **Kreditkarte**, da kann eigentlich nichts passieren; oder mit **passender Bargeld**-Summe, die optisch angezeigt wird. Wenn das nicht möglich ist: **zählen Sie in Ruhe Ihr Wechselgeld nach**, 1 oder 2 Euro fehlen leicht einmal - sobald Sie wieder angefahren sind, wird Reklamieren zwecklos!

Sollten Sie sich, wie wir immer, zur **Rhonetal-Route** entschließen, möchten wir Ihnen **2** mögliche **Zwischenübernachtungsplätze** vorstellen, die wir beide geradezu liebgewonnen haben. **Grundsätzlich raten wir vom Übernachten auf Autobahn-Rastplätzen ab**, weil dort bekanntermaßen Wohnmobil-Einbrecher-Banden (mit Gaseinsatz) bevorzugt ihr Unwesen treiben. Die Einschätzung, man stünde inmitten einer Versammlung anderer Wohnmobile doch sicher, ist absolut trügerisch! Diese Banden gehen geräusch- und furchtlos vor, nutzen das Effektivitätsprinzip: möglichst viele Fahrzeugaufbrüche in einer Nacht, dazu ein rascher und direkt erreichbarer Fluchtweg! Nehmen Sie sich die wenigen Minuten, die Autobahn zu verlassen und einen Übernachtungsplatz nach unseren Kriterien zu suchen: ruhig, abgelegen, sicher. Unsere beiden Vorschläge erfüllen nicht nur diese Kriterien, sie befinden sich zudem in **landschaftlich besonders schöner Lage**, wie Sie gleich sehen werden.

Den nördlicheren Platz finden Sie im **südlichen Burgund**, am **Felsen von Solutré**. Verlassen Sie die Autobahn 6 an der *Ausfahrt 29 „Macon Sud"*, folgen der *Beschilderung „Vincelles/ Cluny"* und gleich darauf (dann durchgehend) *„Solutré"*; d. h.,

Sie nehmen nach Verlassen der Autobahn die *1. Ausfahrt* aus dem Kreisverkehr, halten sich nach der Eisenbahnunterführung *rechts*, dann knapp 2 km später *links bergauf*. Jetzt liegt der **markante Fels** schon vor Ihnen! Nach gut 5 km wird das Dorf SOLUTRÉ-POUILLY durchfahren, weiter geht's bergauf. Wer sich mit dem Felsen und seiner prähistorischen Bedeutung weiter beschäftigen möchte, kann nach 6,5 km *nach rechts* zum ausgeschilderten Parkplatz abbiegen. Zu unserem **Übernachtungsplatz** müssen Sie noch ein Stückchen weiter geradeaus fahren, Sie finden ihn nach **insgesamt 7 km** (ab Autobahn) auf dem kleinen Höhenrücken mit umfassendem **Blick auf die Felsformation des Solutré**. Ein unglaublich romantisches Plätzchen:

(A 1) WOMO-Stellplatz: Felsen von Solutré

Position: N 46° 17.814'; E 04° 42.743'; **Höhe**: 404 m
max. WOMOs: 4-5
Ausstattung/Lage: Abfallbehälter/ortsfern
Zufahrt: s. Text

Auch kurz ober- und unterhalb werden Sie ggf. **ähnliche Plätze** finden!

Wenn Sie hier in der Nähe die üppigen Rosmarinsträucher entdecken und bereits die Heimreise angetreten haben: das wäre möglicherweise die letzte Gelegenheit, einen ordentlichen Vorrat für duftende Grillabende zu Hause zu „ernten"!

Unser 2. Vorschlag liegt ca. 250 km weiter südlich. Verlassen Sie die Autobahn (jetzt: AB 7 „Autoroute du soleil") an der

Rosmarin: frischer, duftender, reichlicher - und billiger - geht's nicht!

Ausfahrt 19 „Bollène“. Am Kreisverkehr in BOLLENE folgen wir der *Wegweisung „Autres directions“* nach Nordosten. Die nächste Abbiegemöglichkeit nach *links* weist nach ST. RESTITUT (D 160), die große Werbetafel „Chateau de la Croix Chabrière“ bereits auf unser Ziel hin. Ein weiteres großes Schild nach 3,2 km steht dann schon direkt neben dem Eingangstor, von dem aus eine 700 m lange Platanenallee (Schotterbelag) zum **Übernachtungsplatz** führt. Wir stehen hier vor einem **Schlösschen** aus der Mitte des 19. Jh., das jetzt in der ehemaligen Orangerie, in Pferdestall und Remise die Produktionsanlagen eines modernen **Weingut**s beherbergt. Wir übernachten nach einem genussreichen Grillabend unter dem Dach gewaltiger, gleichfalls 150 Jahre alter Platanen. Das vorbeiführende Sträßchen wird übrigens nachts praktisch nicht befahren!

(A 2) WOMO-Stellplatz: Chateau de la Croix Chabrière

Position: N 44° 18.747'; E 04° 47.290' **max. WOMOs:** 3-4

Ausstattung/Lage: Abfallbehälter/ortsfern

Zufahrt: s. Text (Fotos s. nächste Seite)

Nehmen Sie sich die Zeit für eine (kostenlose) Probe der leckeren und erstaunlich preiswerten Weine sowie eine Führung durch das Anwesen mit Erläuterungen zur Weinherstellung. Beides wird von Monsieur selber unaufdringlich und mit großer Freundlichkeit, dabei offensichtlich auch mit Stolz und Freude durchgeführt!

Wer hier nicht gut schläft, ist selber schuld!

Fürstlicher Etappenplatz vor dem Chateau de la Croix Chabrière:

Alles gut bedacht!

Der Weg...

...das Ziel

Klein, aber fein: die Schlosskapelle

A-7
N340
42
Alcanar
003
002
001
004
B
Traiguera
N232
Cervol
005
Vinaroz
C
B
006
A-7
007
008
B
009
Benicarlo
N340
43
010
Peniscola
Sta. Magd. de Pulpis
011
Parc natural d' Irta
012
N340
A-7
Alcala de Chivert
019
013
N
10 km
Alcossebre
014
015
A-7
WC
018
016
Torreblanca
017
KARTE TOUR 1

TOUR 1 (ca. 50 km / 2-3 Tage)

Vinaroz - Benicarlò - Penìscola - Alcossebre - Alcalà de Chivert

Freie Übernachtung:	Vinaroz, Benicarlo, Peniscola, Alcossebre, Burg von Alcala de Chivert
Campingplätze:	Benicarlo, Alcossebre
Baden:	praktisch an der gesamten Küste
Besichtigen:	Altstädte von Vinaroz, von Benicarlo, von Peniscola, Burg von Alcala de Chivert

Es ist Mitte April und in Europas Süden schon recht warm. Entsprechend anstrengend gestaltet sich die lange Fahrt, aber wir erhalten immer wieder Entschädigungen dieser Art, die zwischenzeitlich die Strapazen erträglich erscheinen lassen und unsere Vorfreude beleben: bereits in der Provence üppigstes Grün in allen Schattierungen, eingestreut die violette Blüte des Judasbaums; kurz vor der spanischen Grenze dann das Strah-

len des schneebedeckten **Canigou-Massivs** vor tiefblauem Himmel; bald darauf die glitzernden Wasserflächen des Mittelmeers. Und während schließlich unser Blick gefangen wird von der breiten Landzunge des **Ebro-Deltas**, die sich links von uns weit ins Wasser hinausschiebt, fangen wir an, kribbelig zu werden: die nächste Autobahnausfahrt, die 42, ist unsere, jetzt beginnt unser Urlaub richtig!

Wie zum Willkommensgruß beleuchten gelbe Mimosen auf den letzten Kilometern Autobahn unseren Weg. Dann befinden wir uns auf der Landstraße Richtung N 340, und schon wenige 100 Meter weiter beginnen zu beiden Seiten die ausgedehnten Zitrusplantagen, die diesem Küstenabschnitt seinen Namen gaben: **Costa del Azahar**, Küste der Orangenblüte. Augen schließen (nur Beifahrer, natürlich) und tief einatmen: dieser wunderbare Duft wird Ihren Urlaub begleiten! Nach gut 4 km biegen wir *links* ab Richtung ALCANAR, das wir nach weiteren 2,5 km erreichen, dann am Kreisverkehr *rechts* weiter Richtung N 340.

Nach insgesamt 10 km fädeln wir uns auf diese Küstenstraße ein, und 3,5 km später folgen wir dem *Hinweis „Vinaroz per la costa“* nach *links* (Achtung, Spanien-typisch *rechts* ausschwenkend, dann die 340 queren) - und schon sind wir endlich, endlich am Mittelmeer-Strand! Genau an der Stelle, wo die Ufer-

straße rechtwinklig nach Süden zum Ufer-parallelen Verlauf abbiegt, steuern wir den geschotterten Parkplatz an, von dem aus Treppen zum **Strand** hinunterführen. Hier wollen wir unsere erste „spanische Nacht“ verbringen:

(001) WOMO-Badeplatz: Cala Sol de Riu I

Position: N 40” 30.821’; E 00° 30.560’ **max. WOMOs:** 2-3

Ausstattung/Lage: Schotter; Sand-Kies-Felsstrand/ortsnah
Sonstiges: Infotafel (spanisch) über den nördl. Küstenabschnitt mit Pflanzenwelt, Beschreibung des 1,4 km langen Wanderpfades entlang der Küste
Zufahrt: s. Text

Blicke auf **(004)**

Zwei **Alternativen** bieten sich in unmittelbarer Nähe, insbesondere, falls sich jemand von den zweistöckigen Appartementhäusern jenseits der Straße gestört fühlen sollte und lieber allein und versteckt stehen möchte:

(002) WOMO-Badeplatz: Cala Sol de Riu II
Position: N 40° 30.857'; E 00° 30.658' **max. WOMOs:** 3-4
Ausstattung/Lage: mehrere Parkbuchten für je 1-2 WOMOs, teils Schotter, teils Grasboden, vielfarbig blühender Bewuchs, u.a. Rosmarin; Steilküste über Sand-Kies-Felsstrand, Badeleiter/ortsnah
Zufahrt: von **(001)** dem Hinweisschild „Cala Sol de Riu" über ein Betonbrückchen folgend, nach 20 m rechts

(003) WOMO-Badeplatz: Cala Sol de Riu III
Position: N 40° 30.912'; E 00° 30.657' **max. WOMOs:** 2-3
Ausstattung/Lage: hinter hohem Strauch- und Buschbewuchs versteckt liegende Grünfläche,ca. 20 m vom Strand entfernt/ortsnah
Sonstiges: in ca. 100 m Entfernung WOMO-Verbotsschild für den weiter nördlich liegenden Strandabschnitt
Zufahrt: von **(001)** dem Hinweisschild „Cala Sol de Riu" über ein Betonbrückchen folgend, weiter geradeaus

400 m von **(001)** entfernt finden wir an der Uferstraße, unmittelbar hinter einer kleinen **Brücke**, einen weiteren **Stellplatz** oberhalb der Steilküste. Er zeigt die Besonderheit, durch Bepflanzung von der Straße und den Appartementhäusern optisch getrennt bzw. vor Blicken geschützt zu sein. Aus der Gegenrichtung weist ein Schild auf dern Schöpfer dieser Bepflanzung hin (auf deutsch: Gartenbau Gerhard).

(004) WOMO-Badeplatz: Cala Sol de Riu IV
Position: N 40° 30.637'; E 00° 34.427' **max. WOMOs:** 2
Ausstattung/Lage: Schotterfläche, Treppe zum Kies-Sandstrand; 2 Duschen am Strand/ortsnah
Zufahrt: s. Text (Foto s. vorherige Seite)

Während wir durch die geschlossene Bebauung des namenlosen „Appartement-Dörfchens" zuckeln, fällt unser Blick auf den kleinen **Parkplatz** in einer ca. 50 m langen Baulücke, die dahinter liegende Mini-**Bade**bucht und ein verblichenes blau-weißes Schild mit **Brunnen**symbol und dem erfreulichen Hinweis „Agua potabile" (Trinkwasser) - so leicht ist das Camperherz zu erfreuen!

Die nun folgende, überwiegend auf 20 km/h begrenzte Strecke bis VINAROZ wird zu beiden Seiten von Appartementhäusern flankiert, locker eingestreut dazwischen Geschäfte, Tavernen, Bars, vereinzelt Diskotheken. Eine imposante **Brücke** hilft uns über den **Cervol**, und je näher wir nun der Stadt VINAROZ kommen, desto höher werden die Häuser. Bald begegnen uns wichtige Dinge: kurz vor dem Hafen, auf dem Gelände zwischen den Fahrspuren, die Segelschiff-artig gestaltete **Tourist-Information** (10-14 u. 17-20 h). Unmittelbar danach finden wir a) stadteinwärts die **Plaza de St. Agusti** mit der **Markthalle (**darin **WC)** und **Supermarkt,** b) in Richtung Hafen, gleich nach der orangefarbenen Schule, ein weiteres öffentliches **WC**. Der **Hafen** bietet uns, wie auch einigen anderen WOMOs, ein ruhiges **Übernachtungsplätzchen**. Zwar kann die Kulisse der Stadt nicht gerade als hübsch bezeichnet werden, doch der Blick aufs Wasser und das Treiben im Hafen, aus dem Fenster unseres Mobils beobachtet, lässt uns die letzten Stunden des Tages genussvoll verträumen.

(005) WOMO-Stellplatz: Vinaroz Hafen

Position: N 40° 27.927'; E 00° 34.427'.
max. WOMOs: 5
Ausstattung/Lage: Mülltonnen/im Ort
Zufahrt: auf dem Hafengelände

Nicht nur *Lidl* und *Aldi* wollen uns in VINAROZ anlocken.Die 340 Richtung BENICARLO führt uns kurz nach dem Ortsende von VINAROZ zu einem riesigen *Carrefour*-**Supermarkt** (**WC** im vorderen Bereich), dessen unglaubliches Angebot an Meerestieren uns begeistert - schließlich ist VINAROZ berühmt für seine **Hummerkrabben**, auch Kaisergranat genannt. In der Markthalle waren sie uns, ehrlich gesagt, einfach zu teuer. Hier im Supermarkt liegen die Preise deutlich niedriger, wobei allerdings die Fische, Gambas, Langustinos, Tintenfische usw. nicht alle aus heimischen Gewässern stammen, sondern evtl. mit Pakistan, Brasilien, Madagaskar deklariert sind - aber wir wollen uns ja schließlich nicht mit ihnen unterhalten; frisch und lecker sind sie hier allemal auch!

In Richtung Süden durchzieht die vielbefahrene 340 nun ein intensiv landwirtschaftlich genutztes Gebiet mit Zitrusplantagen, Artischockenfeldern, Salat, Kohl. Unser suchender Blick ist allerdings meist nach links gerichtet, auf Strand und Baden programmiert! Bereits *unmittelbar nach* dem Carrefour-**Supermarkt** leitet uns ein schon etwas mitgenommenes Hinweisschild zu einem **Campingplatz**, zwar in einer ruhigen Seitengasse, jedoch ohne Kontakt zum Wasser. Die Gasse endet blind an der **„Cala del Puntal II"**, einer verträumt hinter Appartementhäusern liegenden **Bade**bucht unterhalb der **Steil-**

küste: ein wunderschöner **Bade**platz, zum Übernachten aber ungeeignet. In den folgenden Seitengassen bieten sich danach mehrfach ähnliche Situationen für einen **Bade**stop an. Zur Hauptsaison-Zeit, bei voller Belegung der Appartementhäuser, dürfte es allerdings schwierig werden, in diesen Gassen einen Parkplatz zu finden.

Dann, am Ende der Bebauung, eine Kreuzung: geradeaus Sackgasse, nach *links* landen wir auf einer großen, geschotterten **Parkfläche**, an deren westlichem Ende sich ein paar Palmen und einige gewaltige Agavenstämme in den Himmel recken:

(006) WOMO-Badeplatz: Platia Cala Puntal

Position: N 40° 26.701'; E 00° 27.333' **max. WOMOs:** 2-3

Ausstattung/Lage: Schotterfläche, Kies-Sand-Felsstrand. Dusche am Strand/ortsnah

Besonderheit: am nördl. Buchtende steht ein Camping-Verbotsschild - dort würde ich mich also nicht gerade niederlassen

Zufahrt: s. Text; alternativ: die erste Straße von der 340 nach links, ca. 500 m nach der Campingplatz-Zufahrt (beim Hotel), führt auch hierher

Ca. 1 km weiter kann - wieder mit Rechtsausbiegung - von der 340 nach *links* abgebogen werden (per Unterqueren, Hinweis"Tarragona"), ein erneuter **Camping-Hinweis** führt zur Küste. Direkt am ungereinigten Strand finden wir eine von hohen Binsen umschlossene kleine Parkbucht mit Sicht auf die blau glitzernde Wasserfläche.

(007) WOMO-Badeplatz: Platia Nord de Benicarló

Position: N 40° 25.863'; E 00° 26.556' **max. WOMOs:** 2-3

Ausstattung/Lage: Schotterfläche, Sandstrand/ortsfern

Zufahrt: s. Text (Foto s. nächste Seite)

Badeplatz **(007)**

Den **Campingplatz** erreicht man ggf. auf der parallel zum Ufer verlaufenden Straße:

(008) WOMO-Campingplatz-Tipp: Alegria del Mar
Position: N 40° 25.580'; E 00° 26.556'
Öffnungszeiten: 15.3.-15.10.
Ausstattung: wenig Schatten, eigener Zugang zum Sandstrand (in 50 m); Pool; Ver- und Entsorgung; Ort in ca. 1 km
Zufahrt: s. Text

Das folgende Stück Uferstraße bis BENICARLO bietet mit etlichen Parkflächen gute **Bade**möglichkeiten am überwiegend sandigen Strand, an dem sich ca. alle 50 m **Duschen** befinden. **Übernachten** wird dann wieder möglich kurz vor dem Hafen von BENICARLO auf einer mehrere 100 m langen Schotterfläche, wo jeder sich ein Plätzchen aussuchen kann, der bereit ist, das Schild mit dem durchgestrichenen Wohn**anhänger** zu seinen Gunsten zu interpretieren.

(009) WOMO-Stellplatz: Benicarlo Hafen
Position: N 40° 25.039'; E 00° 26.155' **max. WOMOs:** 5
Ausstattung/Lage: Schotterfläche, guter Kiesstrand/ortsfern
Besonderheit: Verbotsschild für Caravans
Zufahrt: s. Text

Begleiten Sie uns, die Stadt zu entdecken? Falls auch Sie an einem **Mittwoch** hier sein sollten: es ist **Markttag** in BENICARLO! Wir biegen auf Höhe des Hafens stadteinwärts rechts ab, finden problemlos **Park**möglichkeiten und begeben uns zu Fuß auf den Weg Richtung Innenstadt.
Nach 10 Minuten Marsch durch die leblose, von uniformer Zweckarchitektur bestimmte Vorortstraße begegnen uns immer häufiger Passanten mit gefüllten Einkaufstaschen, unsere Richtung stimmt also schon mal! An der **Plaza del Mercat** springt uns die Reklameschrift des **Kiosko Mucola** ins Auge; zweimal linksherum, und wir stehen vor der **Markthalle** (mit **WC)**, um die sich zusätzliche Stände und Verkaufswagen platziert haben mit Spezialitäten wie Schinken (ganzen!), Ziegenkäse, Knoblauch in allen Varianten, Olivenzubereitungen. Ein spezieller Stand

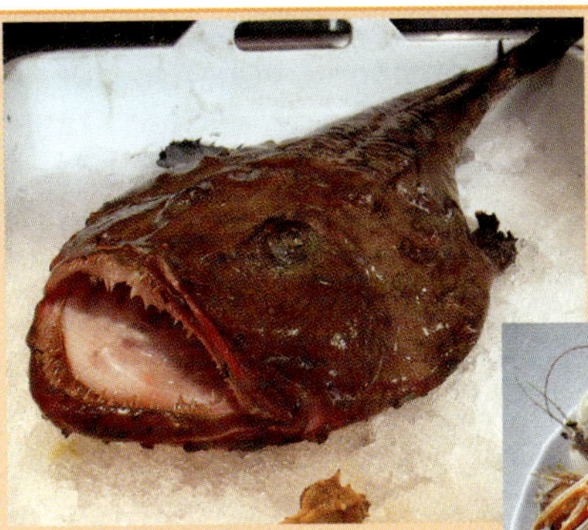

bietet ausschließlich Stockfisch an, der wohl aus Norwegen stammt und damit weiter gereist ist als wir! In der Halle dann: ein überwältigendes Angebot der Schlachtereien und Fischhändler, an Obst und Gemüse, Wellen von

Gerüchen und Geräuschen - ein Fest für die Sinne!

Als berühmtestes Bauwerk von BENICARLO wird die **Kirche San. Bartomeu** beschrieben, die nur wenige Straßenecken von der Markthalle entfernt zu finden ist. Das **barocke Eingangstor** mit seinen gedrehten Säulen verdient den Ausdruck „Prachtportal".

Die **Kuppeln** mit Ziegeln in unterschiedlichen Farben bilden einen reizvollen Kontrast zum eher streng wirkenden achteckigen Glockenturm. Nein, auch in BENICARLO fährt der Pastor nicht mit dem Auto in die Kirche - vielmehr erleben wir Festvorbereitungen, deshalb dieser ungewohnte Anblick!

Viel mehr an touristischen Reizen hat BENICARLO uns letztlich auch nicht zu bieten. Immerhin genießt man von der Palmen-bestandenen Uferpromenade schöne Blicke über die Hafenanlagen, an deren Rändern hunderte von Metern farbiger Fischernetze zum Trocknen ausgebreitet liegen.

Wir nehmen wieder die 340 unter die Räder, die nun bis PENISCOLA von vielen, vielen - und hohen, hohen - Appartementhäusern und Hotels gesäumt ist; und ein Meer von Kränen über den Dächern zeigt, dass noch immer weiter gebaut wird! Der wunderschöne **Sandstrand** hat hier zu touristisch-architektonischem Wildwuchs geführt.

Zweimal finden wir Hinweise auf einen privaten **WOMO-Stellplatz**. Falls **Ver- und Entsorgen** ansteht: stellen Sie am Hafen in BENICARLO den Kilometerzähler auf 0, die Grenze zu PENISCOLA ist nämlich nicht leicht zu erkennen, da Ortsschilder fehlen und die Bebauung nahtlos durchgeht. Den Kreisverkehr nach 3,6 km verlassen Sie nach *links* in Richtung Küste, weitere 400 m weiter bietet der **WOMO-Stellplatz „Las Moreras"** komplette **Versorgungsmöglichkeit** zum Preis von (2006) 3,50 Euro an. **Parken** und **Übernachten** könnten Sie hier auch: in 3. Reihe hinter hohen Hotelmauern, dicht an dicht neben Nachbar-WOMOs. Und ob Sie's glauben oder nicht: der Platz ist bereits im April voll belegt! Das Gefühl von Geborgenheit im Schutz einer Gemeinschaft scheint doch ein häufiger Leitgedanke zu sein bei der Auswahl eines Übernachtungsplatzes! Wir hören hier auch sofort Berichte über Einbrüche, Überfälle, automobile Attacken auf der Autobahn u. ä.!

Den einzig erfreulichen Anblick an dieser verunstalteten Küste bietet der **Burgberg** von PENISCOLA, dem wir uns nun kontinuierlich nähern. Verschwenden Sie keinen Gedanken an eine Bade- und Parkplatz-Kombination hier im Trubel, wir haben Besseres für Sie in petto! Am Fuß des Burgbergs biegt nämlich die Küstenstraße rechtwinklig nach rechts ab, und vor dem langen Hafengebäude erblicken wir überrascht auf einem großen Asphaltplatz bereits mehrere WOMOs. Möglichst weit hinten und rechts kann unser Womo so stehen, dass wir uns nach einem Sprung über das Mäuerchen bereits am herrlichen **Sandstrand** befinden, der die gesamte südliche Bucht der Halbinsel einnimmt.

(010) WOMO-Badeplatz: Peniscola I

Position: N 40° 21.446'; E 00° 24.221'
max. WOMOs: 5
Ausstattung/Lage: Asphalt, feiner Sandstrand, ganz allmählich tiefer werdend. Abfallbehälter; Duschen am Strand/ortsnah, direkt am Hafen
Zufahrt: s. Text

PENISCOLA, ein Ortsname, der jeden Konfirmanden zum verschämten Grinsen animiert: dabei bedeutet er nichts anderes als „Halbinsel". Wir ersteigen von **(010)** aus in einer Viertelstunde den imposanten Felskegel mit der darauf thronenden Burg, die Anfang des 15. Jh. immerhin sechs Jahre lang Papst Benedikt XIII. als Residenz diente! Meterdicke, zinnenbewehrte Mauern sind zu bewundern, mächtige Tonnengewölbe. Und: Souvenirs, Souvenirs! Den nachhaltigsten Eindruck hinterlässt allerdings die traumhafte Rundumsicht von den verschiedenen Dachterrassen aus.

Noch etwas wirklich Interessantes hat PENISCOLA uns zu bieten: etwa ab 16 Uhr kehrt nach und nach die Armada der Fischerboote in den Hafen zurück, wir können ihnen am Kai beim Ausladen zusehen; am meisten beeindrucken uns die fast eineinhalb Meter langen, oberschenkeldikken Muränen.

Souvenirs - sollte da wirklich Cola drin sein?

Die Uferstraße führt aus PENISCOLA heraus um einen bebauten Hügel herum, und bereits nach 2,3 km finden wir ein Felsplateau am Wasser als wunderbaren **Standplatz** neben einer kleinen Kiesbucht:

(011) WOMO-Badeplatz: Peniscola II
Position: N 40° 20.798'; E 00° 23.359' **max. WOMOs:** 2-3
Ausstattung/Lage: Felsplateau, Kiesstrand/ortsfern
Besonderheit: wunderschöner Blick auf PENISCOLA
Zufahrt: s. Text

Unmittelbar danach biegt ein Schotterweg *links* ab zu mehreren Standflächen oberhalb des **Felsstrandes**, jeweils für 1-2 WOMOs; ein stiller Ausklang des Tages ist hier garantiert.

(012) WOMO-Badeplatz: Peniscola III
Position: N 40° 20.573'; E 00° 23.265'
max. WOMOs: mehrmals 1-2
Ausstattung/Lage: bewachsenes Felsplateau, Kiesstrand/ortsfern
Besonderheit: wunderschöner Blick auf PENISCOLA
Zufahrt: s. Text

Dann wird die Schotterpiste zunehmend schlechter - dabei soll es doch nach etwa 2 km dort noch sooo schöne Strände geben?! Wenn Sie sich weiter wagen, oder der Weg ausgebaut werden sollte: ob Sie uns wohl Bescheid geben könnten?

Am nächsten Morgen taucht die Sonne knapp neben der Kulisse von PENISCOLA rot-orange aus dem Meer auf. Wir erfreuen uns an einem wolkenlos blauen Himmel über den weichen Konturen der Hügellandschaft, als wir unsere Tour am Kreisverkehr in PENISCOLA wieder aufnehmen (dort übrigens ein **Brunnen** - wer einen **Parkplatz** in der Nähe ergattert, könnte hier „Wasser fassen"). Richtung CASTELLON/ VALENCIA über-

Da also kommt die Sonne aus dem Meer - direkt neben Peniscola!

queren wir nach wenigen Minuten die Autobahn und verlassen den folgenden riesigen Kreisel in Richtung CASTELLON auf der N 340. Zwischen dem Meer und uns zieht sich jetzt eine Hügelkette hin mit dem **Parc Natural d'Irta**. Von einem Bergrücken aus begrüßt uns die erste Burgruine. STA. MAGDALENA DE PULPIS mit etwas düster geratener Barockkirche und im Rahmen einer 2-stündigen Wanderung zu erreichendem Kastell dürfen Sie links liegenlassen ohne schlechtes Gewissen, etwas Wichtiges versäumt zu haben. Ca. 20 km später ragt wie ein drohender Zeigefinger der Kirchturm von ALCALA DE CHIVERT aus der Ebene auf. Wir umfahren den Ort östlich auf der N 340 (z. T. 4-spurig ausgebaut), von der wir nach ALCOSSEBRE abbiegen. Jetzt sehen wir endlich auch „unser" Meer wieder! Nach längerer Stop-and-Go-Einfahrt in die Stadt folgen Sie der Palmen-bestandenen Uferstraße **dann** nach Norden, **wenn** es Sie zum **Campingplatz** (**(013)**, s. u.) zieht. Ansonsten präsentiert die Stadt dem, der sich in nördlicher Richtung durchwühlt, die volle touristische Erschließung für einen „Urlaub zwischen Mauern": Appartementhäuser und Hotels dicht an dicht, soweit das Auge reicht; viele, viele Autos, Menschen über Menschen in Urlaubskleidung. Irgendwann endet dann die Bebauung (noch?!), die ersten winzigen **Bade**strände mit Parkplätzen oberhalb (**Steilküste**) tauchen auf, im Sommer hoffnungslos überfüllt und entsprechend als WOMO-Stand- oder auch nur Parkplatz undenkbar. Dies gilt auch für die bereits mehrere Kilometer vom Stadtzentrum entfernten **Strände Playa Blanca** und **Playa Mundina**, letzterer am hohen, viereckigen weißen Leuchtturm!

Nach Norden bietet sich also nur der erwähnte **Campingplatz** an, zu dem uns eine breite Schotterstraße knapp 2 km durch Kiefernwälder mit dichtem, z.T. aus **Rosmarin** bestehenden Unterholz führt - wir sammeln!

Wer die Mischung sucht aus **Faulenzen**, **Wandern** und **Baden** in ruhiger Natur-Lage, abseits vom Massentourismus, dessen „Segnungen“ aber nicht gänzlich missen bzw. sie in kurzer Zeit erreichen können möchte, dürfte hier gut aufgehoben sein:

(013) WOMO-Campingplatz-Tipp: Ribamar/Alcossebre
Position: N 40° 16.220'; E 00° 18.406'
Öffnungszeiten: Juli und August
Ausstattung: schön schattig; Felsstrand 5 Fußminuten entfernt; Laden; Gaststätte; Ver- und Entsorgung; nächster Ort: 2 km
Besonderheit: in der Einsamkeit der Kiefer- und Pinienwälder gelegen
Zufahrt: Ab Ortsmitte ausgeschildert.

Sollten Sie diese Umgebung außerhalb der Öffnungszeiten des Campingplatzes genießen wollen: ein schlechter Schotterweg (?) führt an der südlichen Seite des Campingplatzes entlang zum Strand, wo **1-2 WOMOs** ihren **Platz** in der Einsamkeit finden.

Nach Süden folgen wir aus der Stadt der *Beschilderung „Cap i corb“* oder allgemein *„Playa accessible“*. Die **Strände** am südlichen Stadtrand laden zum Baden ein, mit Parken dürfte es schwierig werden, Stellplatz ausgeschlossen. Insgesamt verdeutlicht uns die „Urlaubsatmosphäre“ von ALCOSSEBRE die treffende Bildhaftigkeit des Ausdrucks „brechend voll“!

Erstmals die **Platia del Moro** am *südlichen Ortsausgang* bietet eine für mehrere WOMOs ausreichende **Stellfläche**; an der etwa 100 m entfernten **feinsandigen Badebucht** droht jedoch ein unübersehbares **Camping-Verbots-Schild**. Ein spanisches Camper-Paar versichert uns allerdings, diese Verbotstafeln stünden nur pro forma hier, man werde selbst in der Hochsaison nirgends weggeschickt. Wenn Sie bereit sind, dies - wie wir - zu glauben:

(014) WOMO-Badeplatz: Platia del Moro
Position: N 40° 13.851'; E 00° 16.378' **max. WOMOs:** 3-4
Ausstattung/Lage: Felsplateau, Sandstrand, Duschen am Strand/ortsnah
Zufahrt: s. Text; am südl. Ortsausgang von Alcossebre, auf Höhe einer größeren Baulücke, Kiefernwäldchen auf der gegenüberliegenden Straßenseite

Der gleich darauf folgende **Campingplatz „Playa Tropicana“** wirkt feudal, ist nur durch die Uferstraße vom Kiesstrand getrennt.

Ein ähnliches, allerdings näher an der Straße liegendes Felsplateau wie bei **(014)** finden wir wenige 100 m weiter, markiert durch einen weißen (ehemaligen Leucht-?)Turm:

(015) WOMO-Badeplatz: Playa Serradal
Position: N 40° 13.064'; E 00° 16.049' **max. WOMOs:** 3-4
Ausstattung/Lage: Felsplateau, Sandstrand/ortsfern
Zufahrt: s. Text

Wir überqueren einen schmalen Fluss, das Sträßchen hat hier die Asphaltdecke ein kurzes Stück weit eingebüßt (**merken Sie sich bitte diese Stelle für den weiten Tourenverlauf!**), und landen an der **Platia de Capicorb**, wo man bereits aller touristischen Unruhe entrückt ist.

(016) WOMO-Badeplatz: Platia de Capicorb I
Position: N 40° 12.434'; E 00° 15.588' **max. WOMOs:** 2-3
Ausstattung/Lage: Felsplateau, Steinstrand; Abfalltonne/ortsfern
Zufahrt: s. Text

Wir **baden** und rasten hier angesichts einer kleinen Ermita und der imposanten Kulisse eines Kastells, das sich bei unserem Näherkommen als interessant aufgemotzte Diskothek entpuppt.

Von hier ab entfernt sich die Straße etwas von der Küste, schlängelt sich durch Orangenhaine, über Abschnitte flankiert von Zypressen und Palmen. Ca. 1,5 km nach **(016)** taucht links der Straße überraschend eine ausgedehnte sandige Fläche auf, von Eukalyptusbäumen und Palmen bestanden, die mehrere 100 m bis zum Wasser reicht. Ein Teil des Platzes dient, wie Spuren verraten, dem Training von Moto-Cross-Rädern und Quads. Heute dringt außer Vogelgezwitscher und dem Rauschen des Windes aber kein anderes Geräusch an unser Ohr!

(017) WOMO-Badeplatz: Capicorb II
Position: N 40° 12.233'; E 00° 14.862' **Max. WOMOs:** 4-5
Ausstattung/Lage: grober Kiesstrand/ortsfern
Zufahrt: s. Text

Sie erinnern sich an unsere Bitte, die Flussüberquerung nach **(015)** im Gedächtnis zu behalten? Dorthin fahren wir jetzt *zurück*, folgen der kleinen Straße landeinwärts (handgeschriebener *Hinweis „La Palmera"*). Nach 300 m halten wir uns an der Gabelung nach *rechts* (**nicht** zur Urbanisation „La Palmera"!), nach weiteren 800 m landen wir am **privaten WOMO-Stellplatz** des freundlichen Schweizers Herrn Bachmann (gelbe Satellitenschüssel, kein Hinweis, keine Werbung!). Hier stehen bereits im April 6 Mobile, man kann sogar überwintern.

(018) WOMO-Stellplatz: Capicorb III
Position: N 40° 13.089'; E 00° 15.361' **Max. WOMOs:** bis 12
Preis: 9 Euro/ Mobil u. Nacht
Ausstattung/Lage: etwas rustikale Campingplatz-artige Ausstattung; Pool, Sauna/ortsfern
Zufahrt: s. Text

Von hier aus steuern wir wieder unsere N 340 an in *nördlicher* Richtung, die wir bei km 1021,8 verlassen (Achtung, **nicht** an der Ausfahrt ALCALA DE CHIVERT, sondern wenige 100 m danach) über eine einfache, rechtwinklige Abfahrt mit kleinem *Hinweisschild* (*Castillo*). Bitte sehr vorsichtig abbiegen mit kontinuierlichem Blick in den Rückspiegel, es wird ordentlich gebrummt auf der 340!

Unser Ziel, die **Burg** von ALCALA DE CHIVERT, sehen wir jetzt schon über uns rechts auf der Höhe in der Sonne blinken.Vorbei an einem Kirchlein, durch Mandel- und Olivenplantagen, führt uns das Asphaltsträßchen allmählich bergwärts. Ca. 1,5 km nach der Kirche endet für uns die Teerdecke, als wir in einer Rechtskurve geradeaus dem *nächsten Hinweis* folgen. Über einen abschnittsweise steilen Schotterweg erreichen wir nach weiteren 2 km unseren heutigen **Übernachtungsplatz** am Fuß der Burg, den uns auch in der Hauptreisezeit wohl kaum ein anderes WOMO streitig machen wird:

(019) WOMO-Stellplatz: Castillo de CHIVERT

Position: N 40° 18.383'; E 00° 15.330'

Max. WOMOs: 2

Ausstattung/ Lage: Abfalltonne/ortsfern

Zufahrt: s. Text

Während wir durch den warmen Kiefernwald in wenigen Minuten zur **Burgruine** stapfen, zwitschern Vögel um uns herum, Eichhörnchen keckern, ein Kuckuck ruft - auf deutsch, überraschenderweise! Während unseres Rundgangs bestaunen wir die gewaltige Ausdehnung der Anlage aus dem 12./13. Jh. und ihre strategische Lage auf der Bergnase, die uns einen grandiosen Überblick über die Weite des Tals ermöglicht; wie eine Spielzeugeisenbahn-Anlage liegt es unter uns ausgebreitet. Das entfernte Rauschen des Verkehrs auf der Autobahn und der parallelen N 340 erreicht zwar unsere Ohren, aber wir stellen uns einfach vor, es sei das Meeresrauschen von gestern abend!

Was bietet sich, weit weg von jeder Einkaufsmöglichkeit, heute als Abendessen an? Ob das geht - aus der Dose, campinggerecht und trotzdem **spanisch**?

Spanischer Kartoffel-Thunfisch-Salat

1. **350 g** abgekühlte Pell**kartoffeln** in dünne Scheiben schneiden
2. **2** hartgekochte **Eier** in Scheiben schneiden
3. Dressing: **3 EL Olivenöl** und **1 1/2 EL Weißweinessig** mit etwas **Pfeffer** verquirlen
4. Von **1 Dose Thunfisch (125 g)** das Öl abtropfen lassen
5. **2 Schalotten** oder **Frühlingszwiebeln** feinhacken
6. **2-3 Tomaten** würfeln
7. **2 EL glatte Petersilie** hacken
8. Die Hälfte der Kartoffeln in eine Schüssel geben und **salz**en, vom Thunfisch, den Eiern und den Zwiebeln je die Hälfte darüberschichten und mit der Hälfte des Dressings beträufeln. Jeweils die andere Hälfte der Zutaten darüberschichten, mit dem restlichen Dressing beträufeln, mit den Tomatenwürfeln und der Petersilie abschließen. Abgedeckt ca. 1-2 Stunden durchziehen lassen.

Den frühen Morgen in unserer Einsamkeit erleben wir in einer merkwürdigen Stimmung: kühl ist es, der Himmel bezogengrau, ein Karfreitag wie in Deutschland. Und wie zu Hause, erreicht uns auch über einen spanischen Radiosender Bachs Matthäus-Passion.

Mit der Burg von ALCALA berühren wir übrigens erstmals die Gebirgslandschaft des **Maestrazgo**, jener geschichtsträchtigen Region im Hinterland der Küste, die im Mittelalter 200 Jahre lang durch das Blühen und die Macht des Ordens der Tempelritter, der „Meister" (Maestres) geprägt wurde. Wir werden hier in den nächsten Tagen eine vom Tourismus noch kaum erreichte, von reichem kulturellen Erbe angefüllte Naturlandschaft erleben dürfen - mit Ihnen gemeinsam, natürlich! Aber Sie wollen doch baden, meinen Sie? Werden Sie auch, versprochen! Möglichkeiten zum vergnüglichen Abkühlen werden wir auch im Hinterland finden - im übrigen entfernen wir uns von der Küste kaum mehr als 50 km! Überredet?

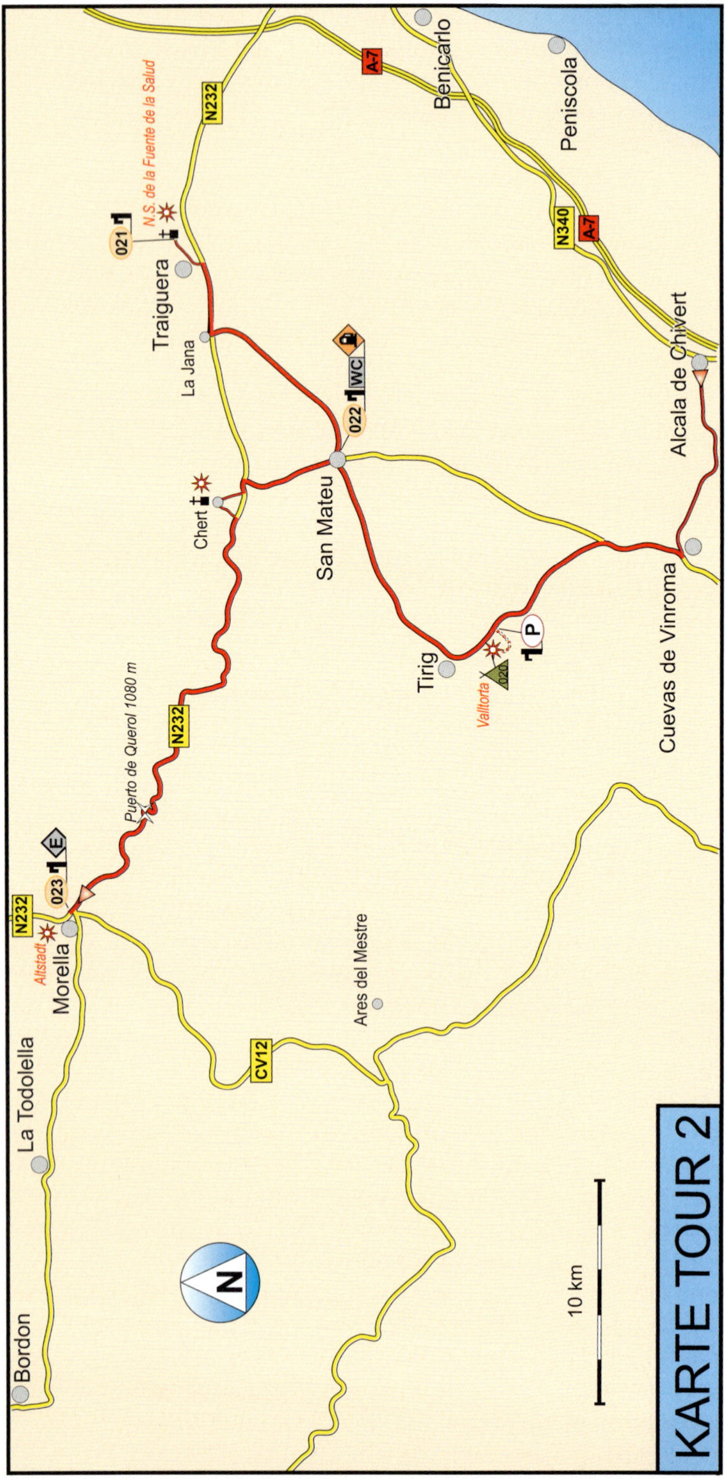
KARTE TOUR 2
Bordon
La Todolella
Morella
Altstadt
N232
023
E
Puerto de Querol 1080 m
N232
Ares del Mestre
CV12
Chert
La Jana
Traiguera
021
N.S. de la Fuente de la Salud
N232
San Mateu
022
WC
Tirig
Valltorta
020
P
Cuevas de Vinroma
Alcala de Chivert
N340
A-7
A-7
Peniscola
Benicarlo
N
10 km

TOUR 2 (ca. 110 km / 3 - 4 Tage)

Alcala de Chivert - Valltorta-Schlucht - Traiguera - San Mateu - Chert - Morella

Freie Übernachtung:	Sanktuarium N.S. de la Fuente de la Salud, San Mateu, Morella
Campingplätze:	Valltorta-Schlucht
Ver-/Entsorgung:	Womo-Stellplatz Morella
Baden:	Schwimmbad in San Mateu, Camping Valltorta
Besichtigen:	Museum/Höhle von Valltorta, Sanktuarium N.S. de la Fuente de la Salud, Altstadt von San Mateu, Kirche von Chert, Altstadt von Morella

Wer sich in der angenehmen Lage befindet, außerhalb der Sommermonate reisen zu können, muss im gebirgigen Hinterland der Küste eines bedenken: im April sinken die Nachttemperaturen vielfach ab bis auf Werte nicht weit vom Gefrierpunkt - ein morgendlicher Gang zum Waschhaus auf dem Campingplatz bei 3°C kann ganz schön Überwindung kosten! Tagsüber allerdings werden üblicherweise 20° und mehr erreicht, und das Wandern in der Sonne wird auch so früh im Jahr zum schweißtreibenden Unternehmen!

In ALCALA DE CHIVERT folgen wir zunächst der *„Centro Urbano"-Ausschilderung*, am zentralen Platz den Hinweisen Richtung MORELLA/ SAN MATEU nach *rechts*, später *„Coves de Vinroma"*. Nach einer längeren, kontinuierlich ansteigenden Geradeaus-Strecke auf das Gebirge zu schrauben wir uns mit zahlreichen Serpentinen in die Höhe, danach wieder ins Tal hinunter. Die Straße schneidet sich durch karstige, Macchiabestandene Hänge, ist glücklicherweise an allen wesentlichen Stellen durch Leitplanken gesichert. Terrassierte Olivenplantagen werden passiert, dann erreichen wir bei CUEVAS DE VINROMA die Talsohle, biegen *an der T-förmigen Kreuzung rechts* ab Richtung SAN MATEU, nach weiteren knapp 4 km wieder *rechts* Richtung TIRIG/LA VALLTORTA. Zu unserem nächsten Ziel, den berühmten **Höhlenmalereien von Valltorta**, führt uns ein kurvenreiches Asphaltsträßchen durch ausgedehnte Zitrus- und Mandelplantagen, deren braun-orangefarbener steiniger Grund vielfach zur Straße hin durch Steinmäuerchen begrenzt wird. Konzentriertes Fahren ist angesagt, zumal die Straßenkanten gelegentlich Abbrüche zeigen und zudem oft in halbmetertiefe Gräben steil abgeschrägt sind. Links von der Straße bekommen wir zum ersten Mal eine **Barraca**, eine der typischen steinernen Rundhütten, zu Gesicht; dabei ein **Picknickplatz** unter Bäumen, **Wasserhahn**. Hier biegen wir nach *links* auf einen Schotterweg ab zu **Museum** und **Campingplatz** von **Valltorta**; das *Hinweisschild* steht merkwürdigerweise erst an der nächsten Weggabelung nach 200 m.

Das **Museum** lohnt einen Besuch in jedem Fall (Mo u. Di geschlossen; Eintritt frei!). Die Präsentationen von Fundstücken und Schautafeln wie auch die Video-Vorführung finden zwar nur mit spanischer Erläuterung statt, aber dennoch sehr anschaulich: Funde wie Werkzeuge, Schmuck und Knochen; eine Übersicht über die Entwicklung des Homo sapiens; Dokumentation der Zusammenhänge mit anderen europäischen Fundstellen; Höhlenmalereien der vergangenen Jahrtausende und Verdeutlichung typischer Motive: Menschen- und Tierdarstellungen, besonders z. T. schon recht anschauliche und ausdrucksvolle Jagdszenen, immerhin bis zu 7000 Jahre alt! Fotografieren ist übrigens erlaubt!

Nicht das Autorenpaar

Der **Original-Fundort** von Valltorta kann nur im Rahmen einer **Führung um 12 Uhr** besucht werden. Eine halbe Stunde schlendert die Besuchergruppe talwärts, bevor zum Passieren einer 3 m breiten Schlucht ein stabiles Tor aufgeschlossen wird, durch das wir auf eine Metallbrücke gelangen, die in luftiger Höhe um die Felskante herumführt bis in den Bereich eines **Felsüberhanges**, keiner eigentlichen Höhle also. **Trotz des gemütlichen Tempos: es geht über Stock und Stein, deshalb bitte keine Sandalen anziehen, sondern feste Schuhe; und im Sommer dürfte eine Flasche Wasser kein Fehler sein!**

Hatten die Darstellungen im Museum uns konkrete Erwartungen mit auf den Weg gegeben, so werden wir nun vor Ort doch gewaltig enttäuscht: nicht viel mehr als handflächengroße, nur mit viel Fantasie als

Fragmente figürlicher Abbildungen wahrnehmbare rote Flecken auf ockerfarbenem Grund vermögen wir zu erkennen! Dennoch läuft unser Führer zu allergrößter Form auf, trägt gestenreich offensichtlich Jagdgeschichten vor - das Spanisch scheint dem Jägerlatein verwandt zu sein - , dehnt seinen Vortrag auf mehr als eine halbe Stunde aus im sicheren Bewusstsein, dass seine Zuhörer nicht weglaufen können. Erst als sich zunehmend Unruhe breit macht, kommt er schließlich zu einem gnädigen Ende. **Fazit**: Museumsbesuch unbedingt, Höhlenbesichtigung nur bei gesteigertem Interesse - zumal wir von den wort- und temporeich gestalteten spanischen Erläuterungen außer einzelnen Begriffen und Zahlen nichts verstehen können.

Auf den in Sichtweite unterhalb des Museums gelegenen **Campingplatz** haben sich fast nur Spanier in die Einsamkeit der Bergwelt zurückgezogen. Er bietet sich natürlich ideal als Ausgangspunkt für **Wanderungen** in die dramatische Landschaft an.

(020) WOMO-Campingplatz-Tipp: Camping de Valltorta

Position: N 40° 24.299'; E 00° 04.020'
Öffnungszeiten: April-Oktober
Ausstattung/Lage: wenig Schatten; Laden; Gaststätte; Pool; Ver- und Entsorgung; nächster Ort: 2 km
Zufahrt: unterhalb des Museums, s.a. Text

TIRIG wird nach 2 km passiert Richtung SAN MATEU, von dort folgen wir der Wegweisung nach LA JANA (9 km). Ab LA JANA geht's für knapp 4 km auf die N 232 Richtung VINAROZ, dann biegen wir nach TRAIGUERA *links* ab, jedoch nicht in den Ort hinein, sondern *geradeaus*, immer den *lilafarbenen Hinweisen* zum **Sanktuarium N.S. de la Fuente de la Salud** nach.

Wenige Minuten später erreichen wir die **mittelalterliche Pilgerstätte** in der Bergeinsamkeit. Ein Rundgang lässt uns die reiche barocke Ausschmückung von Kuppel und Tonnengewölbe bewundern, die Reste mittelalterlicher Fresken in den seitlichen Mauernischen, den wunderschönen Fliesenboden der Kirche. Es lohnt auch ein Blick in die Seitenkapelle rechts hinter dem Altargitter: das Ensemble von Ausmalung, Wand- und Bodenkacheln, Holzarbeiten (Wandpaneele, Türen, Fensterläden) und der gefliesten Treppe ist ein absolutes Kleinod! Die **Wunderquelle**, nach der das Sanktuarium benannt ist, finden wir schließlich rechts unterhalb der Kirche.

Praktisches: im vorderen Bereich der Anlage gibt's einen **Wasserhahn**, oberhalb ein Restaurant.

Stellplatz **(021)**

Wer diesen Besuch mit einer Übernachtung in völliger Abgeschiedenheit verbinden möchte, dem bieten sich dazu um das Kirchlein herum **mehrere Plätze**, so direkt vor der Umgrenzungsmauer an der nachts praktisch nicht befahrenen Straße:

(021) WOMO-Stellplatz:
Sanktuarium N.S. de la Fuente de la Salud

Position: N 40° 30.177'; E 00° 18.131' **max. WOMOs:** 2
Ausstattung/Lage: Wasserhahn/ortsfern
Zufahrt: s. Text
Sonstiges: Restaurant (Foto: s. vorh. Seite)

Möchten Sie mit uns eine **Karfreitagsprozession** erleben, die Sie nicht so bald wieder vergessen werden? Dann bitte noch einmal zurück nach SAN MATEU! Am östlichen Ortsrand finden wir *hinter der Tankstelle* einen großen Kiesplatz, gegenüber Fußballstadion und **Schwimmbad**; nicht gerade idyllisch, aber für unseren Zweck bestens geeignet. Und: der freundliche Tankwart sichert uns spontan zu, ein Auge auf uns und unser Mobil zu haben!

(022) WOMO-Stellplatz: San Mateu

Position: N 40° 27.454'; E 00° 10.790' **max. WOMOs:** 3-5
Ausstattung/Lage: Abfalltonnen, Wasserhahn und WC an der Tankstelle/am Ortsrand
Zufahrt: s. Text

Von hier aus erreichen wir in 5 Fußminuten die Arkaden-gesäumte **Plaza Mayor**, wo sich in den Straßencafés rundum das kleinstädtische Leben abspielt. Mehrere mittelalterliche Herrenhäuser und Adelspaläste in den hier einmündenden Gassen sind betrachtenswert. Am meisten beeindruckt uns natürlich die **Erzbischofskirche**: neben dem

sechseckigen Turm die Fassade mit romanischem Portal, dazwischen die blauviolette Kuppel des barocken Seitenschiffs. Selten sind so deutlich getrennt die unterschiedlichen Bauepochen an ein und demselben Kirchenschiff ablesbar: das zweite, gotische Portal finden wir, da von innen verschlossen, erst nach Umrundung der Kirche versteckt auf der südlichen Seite. Noch etwas Originelles entdecken wir auf unserem Stadtrundgang: zwei Gemeinschafts-**Waschhäuser**, offensichtlich bis in unsere Tage hinein noch in Benutzung.

Es geht auf 22 Uhr, allmählich wird es dunkel. Der Platz vor der Kirche beginnt sich mit Menschen zu füllen. Immer häufiger treffen Mitglieder der traditionellen **Bruderschaften** ein, eingehüllt in farbige Umhänge, die hohen, spitzen Hüte noch unter dem Arm. Mangels Nachwuchses musste allerdings schier unglaublicher Wandel Einzug halten: man hat sich vielfach zur „Schwesterschaft" ergänzen müssen!

Dann formiert sich der Zug, im Wiegeschritt zum Klang der Trommeln trägt die Prozession maskierter Gestalten in Büßergewändern den mit einem Tüllschleier bedeckten Leichnam Christi und einen geschmückten Marienaltar durch die Stadt, begleitet von den melodischen Klängen der Stadtkapelle. Trägt? - na ja, genau genommen hat auch hier das Rad Einzug gehalten... Eine Mischung aus Tradition und mystischer Religiosität mit einem Schuss Karneval - der Faszination dieses Schauspiels werden auch Sie sich nicht entziehen können!

Wir verlassen SAN MATEU in nördlicher Richtung. Auf dem kurzen Abschnitt zwischen der N 232 und CHERT bestimmen vermehrt Feigenbäume und -sträucher das Bild der Vegetation.

Die **Kirche von CHERT** thront oberhalb des Dörfchens; bitte beizeiten anhalten, bevor die Gassen bergan steigen und für das Womo zu schmal werden! Man kann zwar grundsätzlich den Ort auf einem sehr ramponierten Asphaltsträßchen südwestlich umfahren, vorbei am von weitem erkennbaren, weiß ummauerten Friedhof - aber Kontakt mit Zweigen der kleinen Obstbäume wird sich kaum vermeiden lassen, und ob Sie dann oben einen **Parkplatz** finden, ist zumindest **fraglich**, Wenden außerdem fast unmöglich! Zu Fuß erreichen wir aus dem Dorf den festungsartigen Kirchenbau mit seinem **5-Glocken-Giebel** (14.Jh.) in einer Viertelstunde. Die steilen Gässchen enden hier an den wenigen Häusern, die der Kirche altersmäßig kaum nachstehen dürften und die z. T. mit viel Liebe und Aufwand in den letzten Jahren zu Feriendomizilen restauriert wurden; wir sehen auch einige deutsche Autonummern. Der fast bastionsartig befestigte **Friedhof** 5 Fußminuten unterhalb lohnt einen Besuch wegen seiner typischen Gestaltung: kleine Familienmausoleen und zahlreiche **Schrankgräber**, an deren Türen Fotografien der Verstorbenen die gewünschte Familienzusammenführung im Jenseits sehr anschaulich beleben.

Die flott zu befahrende N 232 führt uns auf den nächsten Kilometern ein trockenes Flussbett entlang. Ausgedehnte Olivenpflanzungen bestimmen die Vegetation, durchsetzt von den hellgrünen Flächen der Mandelplantagen. Immer wieder fällt unser Blick in tief eingeschnittene Schluchten, die **Barrancos**. Nach dem Viadukt über den **Barranco de la Bota** klettern wir in Serpentinen einen Hügel hinauf. Wie die gelb-schwarzen Stangen am Straßenrand zeigen, dürfte es hier im Winter reichlich Schnee geben - immerhin erreichen wir auf der folgenden Passhöhe des **Puerto de Querol** 1080 m! Aufregende Blicke in die Tiefe lassen bei uns Flachländern schon mal das Gefühl leichter Beklemmung entstehen, zumal Leitplanken uns nur abschnittsweise begleiten. Karg ist die Landschaft hier oben, wenig

Baumbewuchs, und dann auch nur Wacholder und Nadelgehölz. Teils blieben die Hänge naturbelassen, teils hat man sie terrassiert, nutzt sie für Ackerbau oder als Weideflächen: winzige Areale, mühsam von Steinen befreit, die dann zu Stützmauern aufgeschichtet wurden - eine hier seit Jahrhunderten praktizierte Sisyphusarbeit. Noch einmal überqueren wir einen Pass, dann nimmt eine markante Silhouette unseren Blick und unsere Aufmerksamkeit gefangen: die über der Landschaft thro-

nende **Königin des Maestrazgo**, MORELLA, deren Altstadt sich den charakteristischen Felsen hinaufzieht, gekrönt vom **mittelalterlichen Kastell**. Dass dieses auf 1000 m Höhe liegende Städtchen im Länderdreieck Aragonien, Katalonien und Valencia in seiner prominenten strategischen Position immer wieder umkämpft und begehrt war, erklärt sich von selbst.

Bei der ersten *Ausfahrt* (*Porta San Mateu*) wird an der Umgehungsstraße auf einen **Womo-Stellplatz** in 1,3 km Entfernung hingewiesen. Zum Einkaufen im Supermarkt muss hier abgebogen werden; wir fahren aber gleich weiter hierher:

(023) WOMO-Stellplatz: MORELLA

Position: N 40° 37.435'; W 00° 05.500'
max. WOMOs: >5
Ausstattung/Lage: s. a. Text; VE kostenlos/ortsfern, d.h. 1,5 km vom östl. Stadttor
Zufahrt: von der Ausfahrt „Porta San Miguel"

Wir können diesen Platz nur in allerhöchsten Tönen loben: abseits der Staße gelegen, ruhig, mit **Traumblick** auf die phantastische, nachts beleuchtete Kulisse. Die Parzellierungsstreifen sind mit Rosmarin bewachsen, das Gelände wird von Zypressen eingefasst; im oberen Teil ein **Picknick-Platz** mit Tischen, Bänken und zusätzlichem **Wasserhahn**. Wem es von hier aus zu Fuß zu weit ist: vorbei an den Ruinen eines zweigeschossigen Viadukts (Busparkplatz), erreicht man den moderat gebührenpflichtigen **Parkplatz** am Beginn der **Altstadt**, die sich um das südliche Halbrund des Burgbergs zieht.

MORELLA, eine Stadt zum Verlieben: ob heiter...

...oder düster, ob bei Tag...

...oder bei Nacht!

MORELLA präsentiert sich als bis heute fast unangetastet erhaltenes **mittelalterliches Stadt-Ensemble**, vollständig umgeben von einer 2,5 km langen Stadtmauer mit 6 Toren. Im **Tourist-Büro** am *östlichen* **Stadttor Porta San Miguel** erhalten wir einen **Plan** (mit Empfehlungen auf deutsch), der uns in den nächsten Stunden zu den Höhepunkten führen wird. Das originellerweise in den Mauern einer Barockkirche beheimatete Medical-Center im Rücken, folgen wir der **Hauptgeschäftsgasse** nach *Westen*: viel touristisch orientiertes Angebot, aber auch „normale" Läden wie Bäcker und Schlachter. Die meisten Gassen und Gässchen verlaufen horizontal bis spiralig, sind durch senkrecht verlaufende Treppengassen miteinander verbunden. Überall zeigt sich liebevoller

Schmuck an den Häusern wie schmiedeeiserne Balkongitter und Fliesen als Bilder, Hausnummern, Balkonunterflächen.

Vom imposanten Rathausbau steigen wir die Treppengasse hinauf zur großartigen **Erzbischofskirche Santa Maria de la Maior**; ihren wunderschön gestalteten gotischen **Portalen** haben glücklicherweise nicht, wie andernorts, fanatische Bilderstürmer Schäden zugefügt wie etwa durch das Abschlagen von Köpfen. Haben sich die Augen an das düstere Kircheninnere gewöhnt, fallen kostbare Details ins Auge wie der reliefverzierte, spiralige **Aufgang zur Mittelempore**, die überreiche Barockvergoldung des gesamten Altarraums und ganz besonders der **Orgelprospekt** (1717) mit seinen waagerecht in den Raum ragenden spanischen Trompeten.

Während des Stadtrundgangs steigt der Duft von Holzkohlenfeuer und Geräuchertem in unsere Nasen, und in Anbetracht der vorgerückten Mittagsstunde fühlen wir uns nicht nur animiert, sondern fast schon legitimiert, einen der angebotenen **ganzen Schinken** zu kaufen!

Wenige Meter weiter schlägt uns das mächtige Kirchenschiff des **Franziskanerklosters** in seinen Bann, durch dessen Chorfenster die Burgmauern schimmern. Der helle Stein beeindruckt in seiner Gesamtwirkung mit der vornehm-schlichten Innenausstattung des Kirchenschiffs. Besondere Fundstükke sind in Vitrinen ausgestellt, darunter eine **Maria als Schwangere** aus dem 14.Jh.; wir erinnern uns nicht, eine vergleichbare Darstellung schon einmal gesehen zu haben. Anmutig wirkt der vollständig erhaltene **Kreuzgang** inmitten der Ruinen, in erstaunlich gutem Zustand zeigt sich ein Freskenrest in einer Seitenkapelle.

Die **Burg** wartet! Etwa 20 min benötigt man bis zur Aussichtshöhe einschließlich Fotopausen; ein Fläschchen Wasser ist für unterwegs zu empfehlen! Großartige Ausblicke bieten sich in die Runde, besonders aus dieser Perspektive wird die Wehrhaftigkeit des Städtchens deutlich!

Die Abendstimmung auf unserem Übernachtungsplatz **(023)** in der sanften Wärme eines Frühsommerabends, inmitten von blühendem Rosmarin und leuchtendem Mohn, umgeben vom lauten Gezirpe der Grillen, MORELLA vor Augen im Licht der letzten Sonnenstrahlen und bald darauf als hell beleuchteter Märchenberg - tief hat sich uns dies Bild eingegraben, erinnert uns stark an ähnliches Erleben am Mont St. Michel in der Normandie. Sie merken: man kann sich auch in unserem Alter noch verlieben!

Richtig verstehen werden Sie das allerspätestens, wenn Sie mit uns die erste **Tortilla** gegessen und diese Motive in der Umgebung genossen haben:

Gemüse-Tortilla

1. **100 g** breite **grüne Bohnen** in ca.1 cm lange Stücke schneiden, in **Salz**wasser 5 min kochen
2. **1 große**, geschälte und in gleichfalls ca. 1 cm große Würfel geschnittene **Kartoffel** dazugeben, weitere 5 min kochen
3. Gleichzeitig in der Pfanne **1** feingeschnittene **Zwiebel** und **1** in dünne Scheiben geschnittene **Knoblauchzehe** in **2 EL Olivenöl** andünsten, **50 g** klein gewürfelte **Chorizo-Wurst** kurz mit anbraten
4. Wasser abgießen, Kartoffeln und Bohnen in die Pfanne kippen, mit deren Inhalt mischen, **1** gewürfelte, geschälte **Tomate** darüber verteilen (Tomaten schälen? - kein Problem: 1 min bei den kochenden Kartoffeln und Bohnen „parken"; jetzt lässt die Haut sich leicht abziehen!)
5. **3 Eier** mit **2 EL Wasser**, **Salz** und **Pfeffer** verquirlen und über die Mischung geben; stocken lassen, dann wenden (auf einen Teller gleiten lassen und umdrehen); noch ca. 2 min backen - olé, fertig!

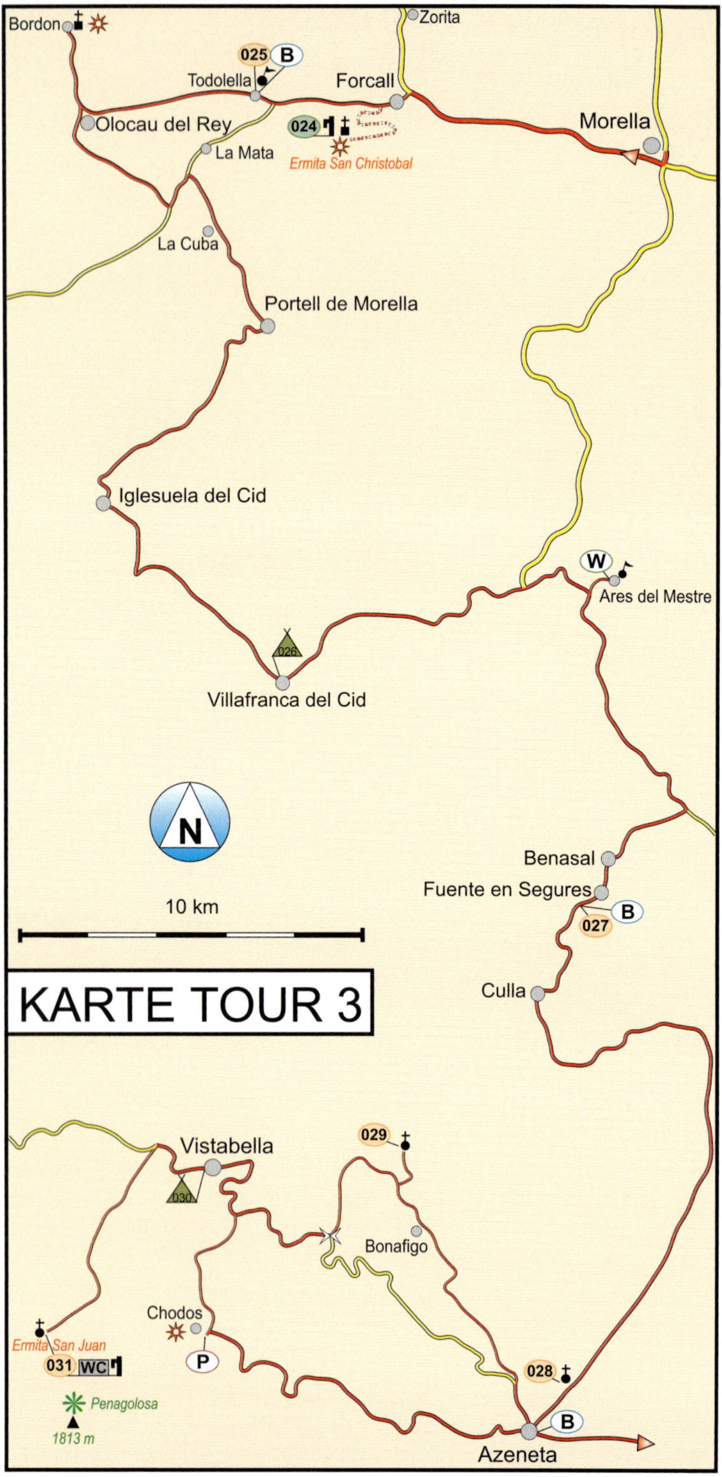
Bordon
025
B
Todolella
Forcall
Zorita
Morella
Olocau del Rey
024
La Mata
Ermita San Christobal
La Cuba
Portell de Morella
Iglesuela del Cid
W
Ares del Mestre
026
Villafranca del Cid
N
10 km
Benasal
Fuente en Segures
B
027
Culla
Vistabella
029
030
Bonafigo
Chodos
Ermita San Juan
031
WC
P
Penagolosa
1813 m
028
B
Azeneta
KARTE TOUR 3

TOUR 3 (ca. 200 km / 5-6 Tage)

Morella - Todolella - Bordon - Villafranca del Cid - Ares del Mestre - Fuente en Segures - Azeneta - Vistabella - Chodos

Freie Übernachtung:	Ermita San Christobal, Todolella, Fuente en Segures, Azeneta, bei Bonafigo, Gebiet von San Juan de Penagolosa
Campingplätze:	Villafranca del Cid, Vistabella
Ver-/Entsorgung:	Campingplätze Villafranca u. Vistabella, Stellplatz San Juan de Penagolosa
Baden:	Todolella (Juli u. August), Fuente en Segures (Sommer), Azeneta (Sommer)
Besichtigen:	Kirche von Bordon, Altstadt von Villafranca del Cid, Dorf und Burg von Ares del Mestre
Wandern:	Ermita San Christobal, Tal der Mühlen bei Ares del Mestre, Gipfel des Penagolosa
Essen:	Restaurant „El Dau“ in Vistabella

Wenn Sie, wie wir, nach dem Erlebnis des vielbesuchten MORELLA nun Lust auf ein Kontrastprogramm absoluter Einsamkeit verspüren sollten, folgen Sie uns bitte zur **Ermita San Christobal** in den Bergen über dem Dorf FORCALL. Ihr Womo sollte allerdings nicht zu den ausgesprochenen Dickschiffen gehören, und ein gelegentliches Kratzen von Zweigen an der Womo-Wand muss akzeptiert werden.

Im Süden von MORELLA verlassen wir die N 232 in Richtung ZORITA. Auf den nächsten Kilometern begleitet uns bewaldete Felslandschaft, auf den Kämmen drehen sich mehrere Ketten von Windrädern. Nach FORCALL geht's *links* ab, ein paar Kurven führen uns zur Talsohle. Wir durchfahren das Städtchen *geradeaus* Richtung OLOCÁU DEL REY und LA MATA; 2,2 km nach dem Ortsendeschild zweigt *nach links* ein Asphaltsträßchen ohne Beschilderung ab mit sehr schadhafter Oberfläche, nach wenigen 100 m in Schotter übergehend (2006 wird jedoch offensichtlich am Belag gearbeitet!). Für den folgenden Verlauf von insgesamt 7,6 km gilt: grundsätzlich problemlos zu befahren, längere Abschnitte sind betoniert - aber schmal, viele enge Kurven. Nach 2,5 km passieren wir ein halb verfallenes Gehöft; an den folgenden 2 Gabelungen bleiben wir *rechts*, an der 3., bei km 3,5, biegen wir nach *links* ab, und nach 6,3 km halten wir uns bei einem kleinen Gebäude *rechts*.

Auf einem Felsplateau endet der Weg schließlich vor der **Ermita** bzw. eigentlich der vorgebauten Herberge (Albergo), die in gleicher Größe vor die Kirche gesetzt wurde, sodass diese erst von der Rückseite her sichtbar wird. Wir finden den gesamten Gebäudekomplex verschlossen vor und genießen die unglaubliche Stille hier oben; kein Motorengeräusch dringt an unser Ohr, nur das Bimmeln der Glocken einiger Kühe unterhalb an den Hängen, vereinzelte Kuckucksrufe und das Säuseln des Windes. Selbst das leise Rauschen eines Raubvogels ist zu hören, der über uns hinweggleitet. Ein traumhafter Standplatz bietet sich hinter bzw. unterhalb des Kirchengebäudes an:

(024) WOMO-Wanderparkplatz: Ermita San Christobal

Position: N 40° 37.199'; W 00° 13.372'; Höhe: 1101 m
max. WOMOs: 2
Ausstattung/Lage: Wasserhahn in einem Notunterkunftsraum an der südl. Gebäudeseite/ortsfern
Zufahrt: s. Text

Spaziergänge oder **Wanderungen** in der Umgebung lassen uns Arten- und Farbenreichtum des Bewuchses bestaunen: haben Sie z.B. gewusst, dass Ginster auch **blaue** Blüten

Gebrüder Ginster

haben kann? Intensiver Duft von Nadelgehölz und Kräutern steigt uns in die Nase. Um das Erlebnis der **Einsamkeit** zu verdeutlichen: selbst am Ostersonntag haben außer uns nur ein paar Wanderer den Weg hier hinauf gefunden, die meiste Zeit blieben wir allein mit Schmetterlingen, Hummeln und Eidechsen!

Wer sich hier nachts vor Stille und Abgeschiedenheit möglicherweise fürchtet, dem sei zur Beruhigung versichert: auch Räuber scheuen weite Wege!

Wieder zurück auf der Hauptstraße, fahren wir ein Stückchen nach Westen, überqueren den **Rio Cantavieja**, biegen unmittelbar hinter der Brücke nach *rechts* ab auf die CV 122 Richtung TODOLELLA. Dies Örtchen, denken wir, liegt nach wenigen Häusern schon wieder hinter uns - weit gefehlt! Überraschend und mit Nachdruck lockt uns ein *Schild* zum **Schwimmbad** (Piscina); vorbei am Minigolfplatz, landen wir sozusagen in der oberen Etage des Dorfes beim Dorfgemeinschaftshaus mit Grillanlagen, Sportplatz und eben dem erfrischenden und ersehnten Nass, das allerdings nur im Juli und August seine Pforten öffnet. Und all das darf sich des Schutzes einer wenige Fußminuten entfernten Burg erfreuen - wann hat man das schon mal! Ganz ruhig wird es hier am Abend, warum also nicht hier übernachten?

(025) WOMO-Stellplatz: Todolella

Position: N 40° 38.951'; W 00° 14.684'; Höhe 808 m

max. WOMOs: 2-3

Ausstattung/Lage: Abfalltonne, Grillhütte/Ortsrand

Zufahrt: s. Text

Sonstiges: Schwimmbad

Hinter TODOLELLA klettert das winzige Sträßchen stramm mit uns in die Höhe. Knalliger Ginster färbt jetzt die Hänge intensiv gelb, immer häufiger begleitet von den enzianblauen Kissen der Färber-Alkanna (hab' ich natürlich nachgeschlagen!). Schließlich endet die schlechte Wegstrecke an der CV 121, die uns nach *rechts* Richtung BORDON führt, wo eine ganz ungewöhnliche Kirche (nein, nicht noch sooo eine!) auf uns wartet. Bei jetzt tadelloser Asphaltdecke machen die Kurven der letzten Kilometer schon fast Spaß!

Zum **Parken** bietet sich der Platz neben der Mauer an beim *Hinweisschild „Virgen de la Carrasca"*, von hier aus sind es 2 Fußminuten. Äußerlich unscheinbar, am Turm bereits mit Zeichen des Verfalls, präsentiert sich das **Kirchlein aus der Blütezeit des Templerordens**

von innen so, dass wir aus dem Staunen nicht herauskommen. Eine freundliche Dame öffnet am linken Eingang auf unser Klingeln hin, schließt mit einem gewaltigen Schlüssel die schwere Kassetten-Holztür auf, händigt uns einen Prospekt aus und lässt sich, durch unser wiederholtes Nicken im Glauben ermuntert, verstanden zu werden, zu ausführlichen Erklärungen animieren, denen wir immerhin entnehmen können, dass es sich bei der mittleren der drei rechten Seitenkapellen um den ältesten Teil der Kirche handelt, die ursprüngliche **Templerkapelle**. Entsprechend zieren Wappen der Ritter die Wände. Unglaublich reich zeigt sich die plastische Ausschmückung der Grate, die sich am runden Schlussstein mit der Darstellung eines **Christus als Weltenrichter** treffen. Überwältigt sind wir von der Üppigkeit der Ausmalungen an der gewölbten Decke des Kirchenschiffs und an den Wänden; Figürliches, überwiegend jedoch Ornamentales in Farben, die - so wird uns versichert - ohne Restaurierung ihr Leuchten bis heute bewahren konnten. Selbst die barocke Altarumrandung mindert die Ursprünglichkeit des Gesamteindrucks nicht wesentlich. Dieser Abstecher lohnt ohne Zweifel die Mühe der Anfahrt und ist uns einen Obolus in die Spendenkasse wert.

Zurück geht es auf der 226 bis OLOCAU DEL REY, das wir auf neuer Straße *westlich* umfahren. Interessante Felsformationen und -strukturen tauchen auf mit unterschiedlichen Einfärbungen, besonders deutlich an den Abbruchkanten am Straßenrand. Die Hänge ziehen sich wieder in von Trockenmauern begrenzten Terrassen aufwärts und dominieren das Bild der Landschaft - es muss unglaublich mühsam sein, hier seinen Lebensunterhalt zu verdienen! An der T-förmigen Kreuzung biegen wir *links* ab Richtung LA MATA, fahren zunächst auf eine imposante Felswand zu, dann am Rand eines Flussbettes entlang; vorbei an mehreren **Masas** (Bauernhöfen), die schon bessere Zeiten sahen. 2,7 km nach der Kreuzung sollten Sie bitte nicht erschrecken in der Annahme, sich grob verfahren zu haben: CUBA, eigentlich LA CUBA, ist ein winziges Dörfchen, vor dem wir *links* nach PORTELL DE MORELLA abbiegen. Inmitten abweisender Felslandschaft mit nur ganz geringem Bewuchs zuckeln wir recht mühsam durch Regionen um 1300 m Höhe über IGLESUELA DEL CID nach VILLAFRANCA DEL CID; das traditionsreiche Städtchen (2800 Einw.) wollen wir uns morgen genauer ansehen.

A propos Tradition und **El Cid**: der legendäre Kriegs- und Nationalheld aus der Zeit der **Reconquista** genießt bis heute hohes Ansehen, obwohl seine Erfolge nacheinander *beiden* Seiten zugute kamen - opportunistischer Wendehals oder echter Paulus?

Unser müdes Haupt betten wir heute auf dem

(026) WOMO-Campingplatz-Tipp: Villafranca del Cid

Position: N 40° 26.305'; W 00° 16.287'; Höhe: 1125 m
Öffnungszeiten: April-Oktober
Ausstattung: schattig/Gaststätte; Ver- und Entsorgung
Zufahrt: am nordwestl. Ortsrand, ausgeschildert

Wir registrieren während dieser Tour ganz besonders, wie zeitaufwändig sich die Fahrerei doch gestaltet auf diesen kurvenreichen Gebirgsstrecken, obgleich nur wenige Kilometer zwischen den einzelnen Orten liegen!

Metallbeschlagene Kirchentür

Kunstvoller Georg

VILLAFRANCA DEL CID: den unschönen Fußweg vom Campingplatz dürfen Sie sich sparen; **parken** Sie Ihr Womo am Brunnen-bestandenen Platz unmittelbar hinter dem Linksabbieger nach CASTELLON. Kommen Sie nicht in die Versuchung, geradeaus weiterzufahren: zu eng,

zugeparkt, Balkone als Alkovenfeinde. Erst ab hier jedoch beginnt das Städtchen hübsch und interessant zu werden. Die vielen schmiedeeisernen Balkone bestimmen das **Bild der Gassen**, massive Holztüren mit teilweise kunstvoll verzierten alten Beschlägen, unterschiedlich gestaltete Erker verleihen jedem Haus sein individuelles Gesicht und prägen den gediegenen, altehrwürdigen Charakter des Innenstadtbereichs. Die Gasse endet an der **Renaissance-Kirche Sta. Maria Magdalena**; unterhalb davon finden wir die **Lotja**, die Verkaufshalle aus dem 14.Jh., direkt daneben das noch etwas ältere **Rathaus**, in dem auch die **Tourist-Info** untergebracht ist.
Was passiert? Der freundliche junge Mann schließt das Büro ab und führt uns in die Kirche! Licht an, Licht aus nach unseren Wünschen, Erläuterungen auf Englisch: im linken Seitenschiff eine prachtvolle **gotische Bildtafel** mit der Geschichte des **Hl. Georg**.
Der **Altar** wurde nach den Zerstörungen durch den Bürgerkrieg in neugotischem Stil gestaltet (wie wir finden, unaufdringlich und geschickt). Warum aber **2** einander gegenüberliegende **Kanzeln** - diese Frage findet keine Antwort (Sollten Sie, lieber Mitreisender, eine plausible Erklärung finden: ob Sie uns wohl informieren?).
Auch durchs **Rathaus** werden wir geführt, bewundern die mächtigen Deckenbalken und ganz besonders das gotische Altarbild im Ratssaal.

Unsere Fahrt setzen wir auf der C 66 fort, also vor dem Brunnenplatz *nach Osten* abbiegend in Richtung CASTELLON, vorbei an der **Plaza de Torros**, der Stierkampfarena. Außerhalb der Stadt bestimmen bald wieder die Steinmäuerchen das Bild der Hochebene, die die ganze Fläche in Parzellen unterteilen.

Der Adlerhorst ARES DEL MESTRE (1200 m) thront fast drohend über steilen Hängen, was wir an diesem düster-verhangenen Vormittag Mitte April bei nicht einmal zweistelligen Temperaturen mit leichtem Frösteln wahrnehmen. **Park**möglichkeiten finden wir gleich zu Beginn des Ortes mehrere. Während uns der Weg unter den Gewölben der alten **Markthalle** aus dem 14. Jh. hindurch auf die überdimensionale Barockfassade der **Kirche** zuführt, versucht immerhin ein leises Blinzeln der Sonne die Wirkung des eiskalten Windes von Zeit zu Zeit etwas abzuschwächen. Unser **Rundgang** am Fuß des **Burgbergs** bringt uns nach zwei Minuten an und in eine tunnelartige Höhle, die den gesamten Bergkegel sozusagen unterkellert - düster, feucht und ein bisschen gruselig!
Noch mehr Gruseln gefällig? Dann folgen Sie uns auf dem gekennzeichneten **Aufgang zur Burg**. Nach der ersten Rechts-Spitzkehre der Treppe betreten wir links ein kleines Plateau mit angedeuteter Vertiefung; hier, so lasen wir, färbt sich das Regenwasser rot wie das Blut der von den Mauren geköpften Christen!
Die nach 5 min auf der Höhe des Felsklotzes erreichten Mauerreste geben zwar zur Betrachtung nicht mehr viel her, aber das **Panorama** ist absolut großartig! Steil und tief hinunter ins **Tal der Mühlen** reicht unser Blick und weckt die Wanderlust:

Die **Wanderung im Tal der Mühlen** ist auch mit Kindern problemlos durchzuführen. Erforderlich sind **Wanderschuhe** und ausreichende **Getränkemengen**. Auf eine Karte kann verzichtet werden, da verlässliche *weiß-grüne Wegmarken* an allen wichtigen Punkten auf Stein gepinselt wurden: als *Winkel* bei Richtungswechsel; *parallel* für geradeaus; *gekreuzt*, wenn's nicht weitergeht. Diese Tour vermittelt einen intensiven Eindruck von der Vielfalt, Schroffheit und Steilheit des Geländes, ist nicht nur in Bezug auf die Mühlen und ihre Geschichte informativ.

Am Platz hinter der Markthalle gehen wir nach *links*, unter einem Christophorus-geschmückten Torbogen durch, rechts wird die Gasse vom Felsmassiv des Burgbergs begrenzt. Nach etwa 100 m ein weiterer Torbogen, dann folgen wir dem Hinweis **„Barranc i Fonts des molins“** auf einem Treppenweg in die Tiefe. Steil zieht sich der terrassierte, mit Ginster und Eichen bewachsene Abhang zur Talsohle hinunter. Der Weg ist recht geröllig, Konzentration bleibt angesagt. Bald fällt unser Blick in das spitz zulaufende Ende einer Schlucht rechts von uns, dann auf den Grund des Mühlentals mit Ackerflächen und einer Mandelpflanzung.

Nach einer knappen Stunde erreichen wir das Betonsträßchen im Tal, das uns nach *links* 10 min unterhalb eines malerischen restaurierten **Mühlenanwesens** entlangführt. Auf Schotter wandern wir talaufwärts, an einem Wasserreservoir und einer offenbar brandgeschädigten Mandelplantage vorbei, bis wir schließlich auf einen Trampelpfad und zu einem kleinen Rastplatz oberhalb zweier baufälliger Schuppen geleitet werden. Lebhaftes Fröschequaken zeigt die Nähe von Feuchtigkeit an. Obwohl um ARES noch immer Nebelschwaden ziehen, kommt hier unten schon minutenweise die Sonne durch und bringt uns sofort ins Schwitzen. Schließlich landen wir am Ende des Tals, vorbei an weiteren **Mühlengebäuden**. Aus der Sicht von oben werden uns die Konstruktionen von Wasserumlenkungen, Rückhaltebecken und Geländeanordnung immer klarer. Die Markierungen leiten uns in Zweifelsfällen letztlich immer sicher nach oben auf z. T. anstrengenden Kraxelpfaden, dann durch Kiefernwald, und schließlich erreichen wir nach etwa **2,5 Stunden Gesamtzeit** wieder den Kirchplatz von ARES DEL MESTRE.

Wenn das kein Timing ist: Wir sitzen noch keine 5 Minuten im Womo, da geht ein prasselnder Regenguss nieder, der uns in den nächsten 2 Stunden nicht mehr aus seinen Klauen lässt - so etwas gibt's Mitte April also durchaus auch einmal in dieser Region!

Die flott zu befahrende CV 15 bringt uns in einer Viertelstunde zum Abzweiger nach *rechts* Richtung BENASAL und CULLA. Im 3 km südlich von BENASAL gelegenen FUENTE EN SEGURES hat sich eine regelrechte Heilbad-Industrie etabliert, und so überrascht es uns nicht sehr, als wir **dieses Ziel** insbesondere sommerlicher Wünsche auch schon 1 km außerhalb der Stadt finden: einen **Erholungspark** mit Cafeteria, **Schwimmbad**, **Picknickplätzen**, **Grillstellen** - und einer großen und weit von der Straße entfernt endenden **Parkfläche** unter hohen Bäumen, die zum **Übernachten** einlädt:

(027) WOMO-Stellplatz:
Erholungspark von Fuente en Segures

Position: N 40° 21.882'; W 00° 08.922' **max. WOMOs:** 3-5
Ausstattung/Lage: Abfalltonnen, s. a. Text/ortsfern
Zufahrt: 1 km südl. der Stadt a. d. Hauptstraße
Sonstiges: Hotel 100 m nördlich a. d. Straße

Ähnlich hoch und spektakulär wie ARES DEL MESTRE klebt CULLA auf dem Fels, das wir als nächsten Ort durchfahren. Die Zuwegung der hier angezeigten **„Zona acampada“** lässt sich mit Womo leider nicht befahren, schade! Während wir sozusagen ins Tal hinabfliegen, endet die neue Straßendecke, der ältere Asphalt fordert deutlich langsamere Gangart. Der nächste Ort, AZENETA, liegt schließlich nur noch 400 m hoch! Entsprechend zeigt sich auch die Vegetation wieder vielfältiger und im Jahreszyklus deutlich weiter voran. Das „Tal der Mandeln“ begrüßt uns, dann biegen wir nach *rechts* auf die CV 165 ab. Sind Sie schon sehr müde und suchen nichts anderes als ein ruhiges Schlafplätzchen? - dann halten Sie bitte noch vor Erreichen des Ortes nach dem *rechts von der Straße* liegenden **Friedhof** Ausschau. Die **Kapelle**, auf die eine Zypressenallee zuführt, wird Ihnen Sichtschutz zur Straße geben.

(028) WOMO-Stellplatz: Azeneta

Position: N 40° 13.510'; W 00° 09.965' **max. WOMOs:** 2-3
Ausstattung/Lage: keine/ortsfern
Zufahrt: nördl. der Stadt am Friedhof

An der südlichen Ortsausfahrt von AZENETA finden wir das **Schwimmbad** (Piscina) ausgeschildert. Unsere Tour führt allerdings am Kreisverkehr nach *rechts*, Richtung VISTABELLA, kurz darauf, direkt nach der Brücke, *rechts* ab nach BENAFIGOS. Ein knackneues Sträßchen lässt uns schon nach wenigen Minuten wieder aus luftiger Höhe auf die Welt hinunterblikken. Am Abzweiger nach BONAFIGOS (nach links) *vorbei* geht unser Weg 1,4 km später als poröses Asphaltsträßchen *rechts* ab zur **Ermita Virgen de la Ortisela** in 1 km Entfernung. Das Kirchlein am Rande eines bewaldeten Abhangs mit Blick in die Weite des Tals ist offensichtlich bekanntes und beliebtes Ausflugsziel, wie diverse **Tische**, **Bänke** und **Grillplätze** zeigen. Ein lauschiges Plätzchen für schöne Spaziergänge, den Abend und die Nacht!

(029) WOMO-Stellplatz: Ermita Virgen de la Ortisela

Position: N 40° 17.577'; W 00° 12.811'; Höhe: 800 m
max. WOMOs: 3-5
Ausstattung/Lage: Tischgruppen, Grillstellen/ortsfern
Zufahrt: s. Text

Zurück zur Hauptstraße und weiter Richtung VISTABELLA. Auf den letzten Kilometern erkennen wir unschwer, dass auch dieses Dorf mit 1200 m wieder ganz schön hoch liegt. Zum Aufenthalt mit Übernachtung bietet sich der kleine **Campingplatz** an:

(030) WOMO-Campingplatz-Tipp: Vistabella

Position: N 40° 17.745'; W 00° 17.685'; Höhe: 1250 m
Öffnungszeiten: April-Oktober
Ausstattung/Lage: schön schattig/zum Ort: 5 Fußminuten
Zufahrt: vor dem Ort kleine Umgehung rechts wählen, am Ortsende spitzwinklige Zufahrt - evtl. vorher wenden!

Das Dorf mit Bäcker und Restaurant liegt wirklich nur 5 Fußminuten entfernt. Im „El Dau" schräg gegenüber der Kirche haben wir preiswert und gut, wenngleich einfach gegessen; die Schinken-Vorspeisenplatte sollte man sich nicht entgehen lassen!

Wer sich in VISTABELLA nur die **Renaissance-Kirche** ansehen möchte, findet direkt daneben an der Umgehungsstraße einen **Parkplatz**. Das größere der beiden Portale, prachtvoll ausgestaltet, weist leider viele Beschädigungen auf. Besonders originell: **Löwenköpfe** in 2 m Höhe an den metallbeschlagenen Türen dienten als Halterungen für Türklopfer.

Begleiten Sie uns nun in die Einsamkeit des Gebirgsmassivs des **Penagolosa**, des mit 1813 m Höhe dominierenden Gipfels dieser Region. Bereits in VISTABELLA finden wir **„San Juan"** ausgeschildert; knapp 2 km nach Ortsende *links* abbiegend, passieren wir nach weiteren 100 m einen **Picknickplatz mit Quelle** direkt an der Straße. Das gesamte, fast schon voralpin wirkende Gebiet um den **Penagolosa** wurde für den Naturliebhaber in bewundernswerter Weise erschlossen: markierte Wanderwege, diverse Camping-Möglichkeiten, und mittendrin wieder einmal eine **Ermita**, eben die des **San Juan de Penagolosa**. 6,5 km nach unserer Abzweigung bekommen wir am Eingangshäuschen mehrere Prospekte, auf denen **Wandermöglichkeiten** und insgesamt **4 Camping-Areale** dargestellt sind - und gleichzeitig die Genehmigung zu deren **kostenloser Nutzung**! Wir haben Ihnen das Sortieren abgenommen: der **1. Platz** gleich unten rechts und der **Platz „Vela II“** eignen sich für Womos, die anderen beiden schon wegen der schwierigen Zufahrt eher nicht; **„Vela II“** bietet neben Schattenplätzen auch eine ausgedehnte, ebene, schattenlose Fläche an.

(031) WOMO-Wanderparkplatz:
Zona acampada „Ermita San Juan de Penagolosa“

Position: N 40° 15.080'; W 00° 21.245'; Höhe: 1270 m
Ausstattung/Lage: Grillplätze, Küchenflächen, WC, **keine** Duschen, (**kein Trink-**)**wasser**/ortsfern
Zufahrt: s. Text
Sonstiges: Das Asphaltsträßchen reicht bis zur **Ermita** selbst, wo wir auch die Koordinaten genommen und übernachtet haben (ich habe dafür ausdrücklich um Genehmigung nachgefragt!). Dort gibt's ebenfalls Wasser, im unteren Bereich auch 2 WCs, außerdem Abfalltonnen sowie eine kleine Halle mit Tischen und Bänken.

Tagsüber, insbesondere an den Wochenenden, wird es in der Umgebung der Ermita phasenweise recht unruhig, wenn Wandergruppen und Familienclans aufkreuzen - zwischendurch dann allerdings auch wieder Zeiten traumhafter Stille. Hier nehme ich mir vor, im nächsten Leben Eremit zu werden - die wohnen immer so schön! Die Abendstimmung an dieser der Welt entrückten kleinen Einsiedelei mit ihrer malerischen Einbettung in die Landschaft lässt sich am treffendsten mit „einfach nur schön“ beschreiben. Aber: so idyllisch wir die Situation im Frühjahr antreffen - im Sommer wird's hier ordentlich voll, auch auf den Campingflächen; und den leider unübersehbaren Aspekt allmählicher Verwahrlosung der Anlagen wollen wir auch nicht unterschlagen...

Der ere-mittäglich gedeckte Tisch verschafft uns die Gesellschaft einiger Gäste: mehrere Spatzen tauchen auf, eine Bachstelze, und ein Buchfink putzt vor unseren Augen in aller Ruhe sein Gefieder. Meine Frau beginnt zu sinnieren: „Woher weiß so ein Vogel, dass hier 7 braune, da 5 weiße Federn sitzen müssen, um genau diese Zeichnung zu erhalten?“ Meine Idee, der Buchfink sei, wie schon der Name verrät, eben ein sehr belesenes Tier, findet keine Würdigung!

Unter den verschiedenen **Wandertouren** suchen wir uns - natürlich - die **Gipfelbesteigung des Penagolosa** aus:

Von der **Ermita** selbst aus wird der Aufstieg mit 1 Std. 40 min angegeben. Wir wählen aber die **kürzere Variante** wie folgt: mit dem Womo gleich an der *Abzweigung unterhalb der Ermita* (Platz mit Gartenanlage) auf Naturpiste nach *rechts* bergauf, *vorbei* an der nach rechts abzweigenden Zufahrt zur Camping-Fläche „Lloma del Mig“. Die Piste ist mit wenig mehr als Schritttempo zu befahren, da steil und von Löchern und Rinnen durchzogen, die Kurven allerdings z. T. befestigt. Nach 3,1 km kreuzen sich mehrere Pisten, wir folgen dem natürlichen Verlauf *halbrechts* aufwärts, die nackte Rundung des Penagolosa ragt jetzt auch schon hoch vor uns auf. Nach weiteren 400 m erreichen wir eine große **Parkfläche**, an deren Ende *links* der Wanderweg steil nach oben führt (nicht dem Fahrweg nach rechts folgen!).
Von Zeit zu Zeit versichern uns *gelbe* bzw. *gelb-weiße Markierungen*, dass wir uns auf dem richtigen Weg befinden. Schattenlose 15 min und 1/2 Liter Schweiß später erreichen wir eine winzige **Schutzhütte**, wo offensichtlich etliche Bergsteiger gerastet haben in der vertrauensvollen, aber irrigen Annahme, auch hier käme regelmäßig die Müllabfuhr vorbei. Die gesamte Bergwelt in östlicher Richtung liegt jetzt schon unter uns. Allein für das Erlebnis der vollkommenen Stille hier oben, in der sich selbst Vogelstimmen kaum hören lassen, lohnt sich die Mühe des Aufstiegs!
Die ersten **Sendemasten** kommen nach ca. 1/2 Stunde in Sicht - hurra, wenn dort der Gipfel ist! Ab hier hat's die Steigung nun wirklich in sich, der Fels wird immer nackter, der Bewuchs verabschiedet sich allmählich. Dann kommt wirklich die **Gipfelhütte** in Sicht, und der Holzfeuerduft der letzten Minuten war doch keine Halluzination: dieser Ausguck der Feuerwache ist besetzt. Wir erhalten Erklärungen zur Landschaft und den Orten in der Tiefe, VISTABELLA und rechts daneben CHODOS. Der erhoffte Blick zur Küste bleibt uns durch den Dunst versperrt, trotzdem erleben wir einen **atemberaubenden Rundblick**. Wir bleiben allein „am Berg“ an diesem Frühlingsmorgen, ebenso wie unser Wohnmobil, das wir während des gesamten Rückwegs tief unter uns einsam auf dem Waldparkplatz stehen sehen.
Die offiziell angegebene Aufstiegszeit von **40 min** erweist sich als

realistisch. Zur Erläuterung der Steilheit (300 Höhenmeter): abwärts geht's trotz des (selben) gerölligen Pfads in knapp 30 min.

Die freundliche Waldparkfläche eignet sich übrigens zum **Übernachten** gleichfalls ausgezeichnet! Wir platzieren Tisch und Stühle zur Mittagsrast am Waldrand inmitten dieser Frühlingsboten:

Sehen Sie genau hin: die winzigen Narzissen tragen mehrere Blüten an einem Stängel!

Ein Foto von CHODOS hat unsere Neugier geweckt. Fahren Sie bitte trotz des längeren Weges wieder auf der Hauptstraße über VISTABELLA; die etwas kürzere Naturpiste unterhalb des Eingangshäuschens zum Penagolosa-Gebiet wäre für Ihr Womo eine unnötige Herausforderung und sicher nicht schneller.

Wir werden auf diesem Stück etwas aufgehalten durch Asphaltierungsarbeiten, deren Ablauf uns auch gleich die Erklärung für die häufigen Kantenabbrüche der Straßen liefert: nach Ausflicken von Schlaglöchern bespritzt man die gesamte Oberfläche mit flüssigem Teer, bestreut sie zweimal mit einer dün-

nen Schicht Sand, der von einem Lkw herabrieselt. Danach kommt die Walze zum Einsatz - das war's! Wir dürfen der zweiten Tour gleich hinterherfahren wie in Deutschland bei Glatteis hinter dem Streuwagen.

Auf dieser Fahrt fallen uns übrigens besonders viele der handballgroßen, spinnwebartig überzogenen Klumpen an Pinien und Kiefern auf, in der Nähe kahlgefressene Äste, ja, ganze Bäume. Wir lesen nach: es handelt sich um Nester der Raupen des **Pinien-Prozessionsspinners**, eines für den Nadelwaldbestand bedeutungsvollen Schädlings. Putzig ist ihre Eigenschaft, sich im Gänsemarsch, zu hunderten in einer Prozession eben, zur Nahrungssuche fortzubewegen; weniger putzig aber die Fähigkeit, per Kontaktgift auch auf der menschlichen Haut Verätzungen und allergische Reaktionen hervorrufen zu können - vor Berührung wird gewarnt!

Nach VISTABELLA geht es wieder in großzügigen Schwüngen talwärts, und kurz nach der Brücke **„Font des Molins"** biegen wir *rechts* nach CHODOS ab. Das **Dorf in exponierter Felslage** kommt in unser Blickfeld. An der ersten Kreuzung folgen wir der unbezeichneten Asphaltstraße nach *links* (*nicht* rechts zum Ort), an deren Ende *rechts* über ein Brücklein, danach sofort *links* auf Asphalt unterhalb des Felsens entlang - dieses Sträßchen finden wir in keiner unserer Karten verzeichnet. An der folgenden Gabelung geht es *rechts* auf Schotter weiter. Wenn Sie dieses Fotomotiv (bei hoffentlich besseren Lichtverhältnissen als wir) mit einer ländlich-friedlichen Rast verbinden möchten, dann finden Sie *nach 400 m links* vor den leider hässlichen Stallgebäuden eines landwirtschaftlichen Betriebes, direkt neben einer Viehtränke, ein kleines Wiesenge-

lände neben einem schrägen, Wacholder-bestandenen Felsplateau. In den Hügeln dahinter grasen Kühe, das Bimmeln ihrer Glocken und gelegentliches lautes Froschgequake sind die einzigen Laute, die uns umgeben. Nur der Anblick der Stallgebäude hindert uns daran, Ihnen dieses Plätzchen mit seiner Bilderbuch-Aussicht auf das spektakulär platzierte CHODOS auch als **Übernachtungsplatz** zu offerieren. Sollten Sie's anders sehen und doch hier den Tag beschließen wollen - Sie wären nicht die ersten, soviel sei verraten! Andernfalls: die Küste liegt nur etwa 40 km entfernt, unsere Übernachtungsvorschläge der **Tour 4** sind bei Bedarf schnell erreicht!

Landschaft bei CHODOS

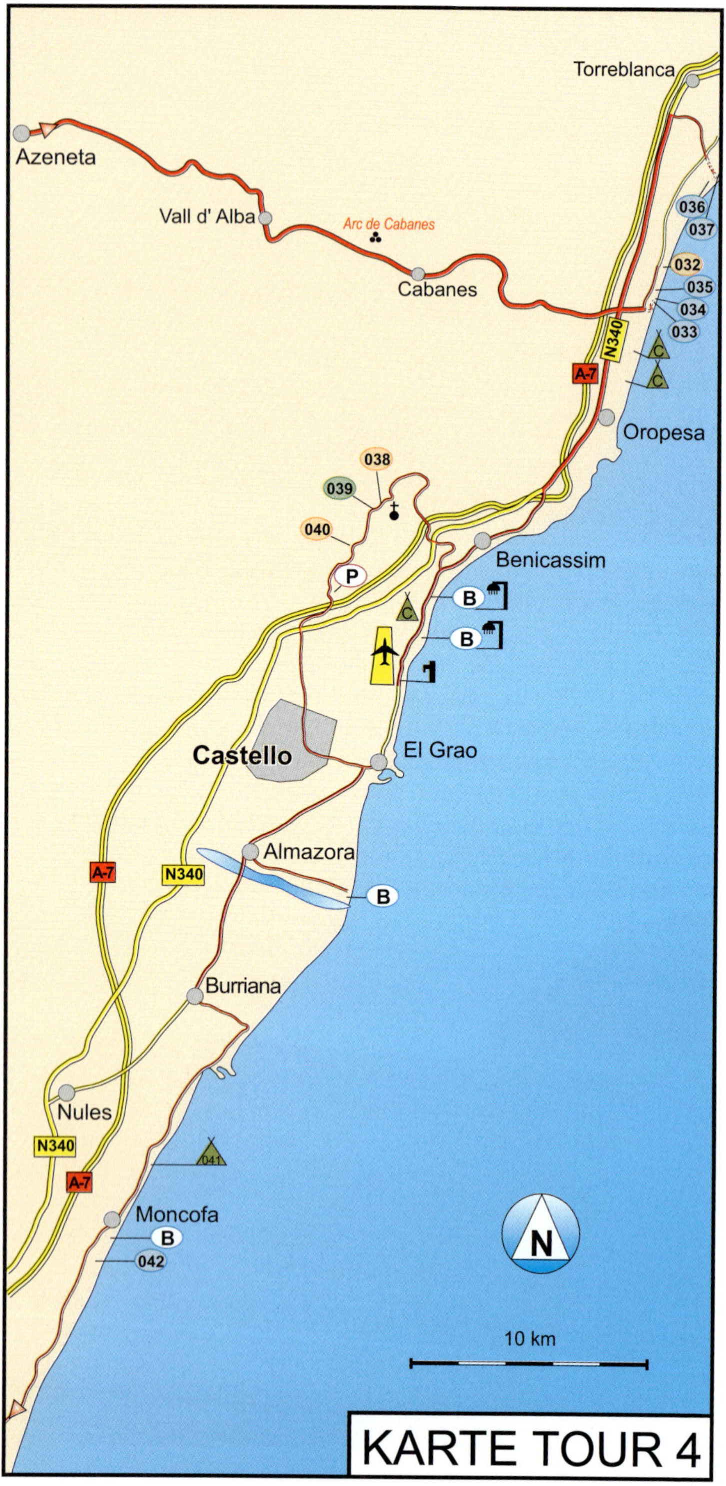
Torreblanca
Azeneta
Vall d' Alba
Arc de Cabanes
Cabanes
036
037
032
035
034
033
N340
A-7
C
C
Oropesa
038
039
040
P
Benicassim
B
B
C
El Grao
Castello
Almazora
A-7
N340
B
Burriana
Nules
N340
A-7
041
Moncofa
B
042
N
10 km

KARTE TOUR 4

TOUR 4 (ca. 100 km / 3-4 Tage)

Azeneta - Cabanes - Torre de la Sal - Torrenostra -Oropesa - Benicassim - El Grao de Castello - Almazora - Burriana - Platja de Moncofa

Freie Übernachtung:	Naturpark „Prat de Cabanes“, Naturpark „Desierta de las Palmas“
Campingplätze:	Platja de Nules
Baden:	Azeneta, Benicassim, Platja de Almazora, Platja de Nules, Platja de Moncofa, an unseren Badeplätzen
Besichtigen:	Arc de Cabanes, Karmeliterkloster und Info-Zentrum im Naturpark „Desierta de las Palmas“, Fischereihafen von El Grao
Wandern:	Umgebung des Karmeliterklosters im Naturpark „Desierta de las Palmas“

Zu wesentlichen kulturellen und landschaftlichen Höhepunkten des **Maestrazgo** haben Sie uns in den letzten Tagen tapfer begleitet, jetzt lassen wir uns wieder an die **Küste** locken!

Am Ortsbeginn von AZENETA halten wir uns Richtung LES USERES/LA VALL D'ALBA, am folgenden Kreisverkehr nach PELEJANA bzw. CASTELLO; kurz vor Ortsende wird (erinnern Sie sich?) auf das **Schwimmbad** hingewiesen. Der **Col de la Bassa** mit 505 m stellt sich vor der Abfahrt zur Küste noch einmal in unseren Weg. Am 1. Kreisverkehr in VALL D'ALBA geht's Richtung CASTELLO, an den nächsten Kreiseln Richtung CABANES weiter. Nach Passieren einer ausgedehnten Industriezone weist uns dann ein *lilafarbenes Schild* zum **Arc de Cabanes**, an der nächsten Kreuzung bitte *rechts*; 700 m weiter präsentiert sie sich dann inmitten eines Kreisverkehrs, die gar nicht so besonders stolz wirkende Hinterlassenschaft der Römer, ein schlichter **Torbogen** - aber **hier** ist **er** berühmt, wir sind eben nicht in Orange!

Am Ende der folgenden Kiefernallee überqueren wir die Hauptstraße CV 10, fahren nach einer „*Rechts-Links*-Kombination“ weiter *geradeaus* durch CABANES hindurch, dann am Kreisverkehr beim Ortsausgang in Richtung RIBERA DE CABANES. Jetzt geht's aber wirklich zum allerletzten Mal bergauf, dann gibt das kleine Vorgebirge den Blick aufs Meer endlich wieder frei - d. h. fast, davor erhebt sich die Skyline der Bettenburgen von OROPESA. Nach Überqueren der Autobahn kreuzen wir

Wann hat man sonst schon mal Gelegenheit, sein Womo so ins rechte Licht zu rücken?

mit gebührender Vorsicht die N 340 in Richtung TORRE DE LA SAL, unterkreuzen die Bahn (3,20 m Höhe) und sind nun beinahe schon am **Strand**: beim ersten *braunen Hinweisschild* zum **Naturpark „Prat de Cabanes“** (nach *rechts*) fahren wir zunächst nach *links* in das **Feuchtgebiet** hinein, das sich zwischen Strand und Dorf erstreckt mit der entsprechend typischen Flora und Fauna, dazwischen größeren Gartenanlagen mit breiten Bewässerungsteichen. Ab der nächsten Abbiegemöglichkeit führt der Weg nach rechts zu einer **Parkfläche** mitten in diesem Feuchtgebiet. Den besonderen Charme dieses Platzes machen die vielfältigen Bewohner der Umgebung bzw. ihre Stimmen aus, nämlich Enten, Möwen, Frösche, und nicht zuletzt auch die Tatsache, dass er Ihnen wohl auch im Sommer nicht so leicht streitig gemacht werden wird wegen des erforderlichen Fußweges zum Strand. Wir verbrachten jedenfalls hier eine einsame und ungestörte Nacht!

(032) WOMO-Stellplatz: Prat de Cabanes I

Position: N 40° 08.796'; E 00° 10.159' **max. WOMOs:** 2-3
Ausstattung/Lage: keine/ortsfern
Zufahrt: s. Text
Sonstiges: 10 min Spazierweg zum Strand durch meterhohes Schilf

Wenn Sie am eben erwähnten *braunen Hinweisschild* nicht, wie vorhin, abbiegen, sondern *geradeaus fahren*, links an dem großen Gebäude vorbei und an dessen Ende auf Schotterpiste weiter, finden sich inmitten von Zistrosen, Binsen, Strandflieder und Hornmohn mehrere Parkflächen auf oder hinter dem Strand:

(033) WOMO-Badeplatz: Torre de la Sal I

Position: N 40° 08.282'; E 00° 10.065' **max. WOMOs:** 3
Ausstattung/Lage: keine/ortsfern
Zufahrt: s. Text
Sonstiges: direkt am Fels-Sandstrand mit Blick aufs Wasser

(034) WOMO-Badeplatz: Torre de la Sal II

Position: N 40° 08.377'; E 00° 10.111'
max. WOMOs: 2-3
Ausstattung/Lage: keine/ortsfern
Zufahrt: s. a. Text; ab **(033)** 200 m weiter den Weg hinein
Sonstiges: 2 feste Steinflächen 50 m hinter dem Strandwall; Kies-Felsstrand

(035) WOMO-Badeplatz: Torre de la Sal III

Position: N 40° 08.504'; E 00° 10.223' **max. WOMOs:** 2-3
Ausstattung/Lage: keine/ortsfern
Zufahrt: s. a. Text; ab **(034)** 50 m weiter bis zum Ende des befahrbaren Weges
Sonstiges: direkt hinter dem Strandwall

Allgemeines zu dieser Region und den Stellplätzen **(032)** bis **(035)**: wir befinden uns in einem **Naturpark**-Gelände, besonders rücksichtsvolles Verhalten der Besucher wird erwartet! Feuchtgebiet: das heißt allerdings auch, dass in der abendlichen Dämmerungsphase Mücken nicht auszuschließen sind - wir haben erfolgreich auf Seewind und Schwalben als unsere Helfer vertraut! Die Lage der Plätze hinter dem Kieselwall bedeutet zwar einerseits fehlende Sicht aufs Wasser, andererseits aber auch deutliche Abmilderung des kräftigen Brandungsgeräusches! Für Naturliebhaber lassen sich diese 4 Plätze, wie auch die beiden nächsten, in ihrer Besonderheit, Schönheit und Stille kaum überbieten. Wer an Sumpfvögeln, z. B. Reihern, interessiert ist, bekommt hier eine Menge zu beobachten und zu belauschen! OROPESAs Hochhäuser im Hintergrund können wir unter diesen Umständen gedanklich ausblenden.

Sollten Sie mal wieder einen Campingplatz ansteuern wollen - oder müssen: zurück zu unserer Zuwegung der Plätze **(033)-(035)**; über das strandnächste Asphaltsträßchen nach Süden erreicht man mehrere nebeneinanderliegende, z. T. bis fast ans Wasser reichende **Campingplätze**.

Die ausgedehnten Gartenanlagen ziehen sich zwischen der N 340 und der Küste in einem viele Kilometer langen und mehrere Kilometer breiten Streifen bis TORREBLANCA /TORRENOSTRA hin. Der **Steinstrand** kann in diesem Abschnitt nur zu Fuß oder per Fahrrad erreicht werden. Dort, wo die Hochhaus-Bebauung in TORRENOSTRA wieder das Bild der Küste bestimmt, fanden wir überraschenderweise doch Möglichkeiten, **Bade**tage - und die dazugehörigen Nächte - in traumhaft schöner, naturbelassener Umgebung zu erleben! Wir verlassen die N 340 direkt hinter dem *Schild Torreblanca/Centre Urba*, 300 m nach der unübersehbaren, ockerfarbenen, beflaggten **Raststätte „Piero“** auf einer kleinen Asphaltstraße Richtung Meer. Nach Überqueren der parallel zum Ufer verlaufenden kleinen Straße bringt uns eine Naturpiste nach 1,4 km zum Strand, wo wir *rechts* direkt am Beobachtungsturm landen:

(036) WOMO-Badeplatz: Prat de Cabanes II

Position: N 40° 11.069'; E 00° 12.586'
max. WOMOs: 2-3
Ausstattung/Lage: keine/ortsfern
Zufahrt: s. Text
Sonstiges: Kiesstrand. Zelten-Verboten-Schild auf dem Weg - also bitte kein Vorzelt aufbauen!

An den Grabenrändern neben der Zufahrt konnten wir mehrfach handtellergroße **Wasserschildkröten** beobachten. Ein Suppenrezept an dieser Stelle hat mir meine Frau allerdings ausdrücklich verboten!

Fahren Sie, statt nach rechts zu **(036)**, an der Gabelung *nach links* in Richtung der Bebauung von TORRENOSTRA, werden Sie weitere **Bademöglichkeiten** mit **Parkflächen** direkt am Weg finden. Die große, freie (wie lange noch?) Fläche unmittelbar vor dem ersten Appartementhaus kann wegen des teilweise sandigen Untergrunds nur stellenweise als Standplatz genutzt werden, Vorsicht!

(037) WOMO-Badeplatz: Prat de Cabanes III

Position: N 40° 11.329'; E 00° 12.926' **max. WOMOs:** 2-3
Ausstattung/Lage: keine/ortsnah
Zufahrt: s. Text
Sonstiges: direkt am Sandstrand

Sollten Sie hier in einem der nächsten Jahre enttäuscht und vergeblich Ausschau halten, weil der Bauboom den Platz hat verschwinden lassen: unsere Plätze **(016)** bis **(018)** südlich von ALCOSSEBRE liegen fast in Steinwurfweite, und zur Entschädigung können wir Ihnen unterwegs dorthin diese **Fotomotive** rund um eine Hazienda am Straßenrand in Aussicht stellen, an denen wir uns kaum satt sehen können:

Wer möchte hier nicht Landwirt sein?

Im gesamten städtischen Strandbereich von TORRENOSTRA sind Wohnmobile/ Wohnwagen, übrigens auch Hunde, **verboten**, wie zahlreiche Schilder verdeutlichen. Für **Badeaktivitäten** bietet sich der **feinsandige Strand** (mit **Kinderspielplätzen**, **Duschen**, Palmenbepflanzung) in idealer Weise an, und **Park**möglichkeiten finden sich problemlos in 2. Reihe hinter der Uferbebauung. Am nördlichen Ortsausgang gibt es **Park**möglichkeiten sogar direkt am - hier allerdings wieder steinigen - Strand (nicht für Wohn**wagen**). Zum Übernachten locken mehrere **Campingplätze**, vom Strand jedoch allesamt mehr oder weniger weit entfernt.

Auch an OROPESAs Strandpromenade werden Hunde und Wohnmobile ausgesperrt, letztere sogar mit **Halte-**, nicht nur Park**verbot**! Aber wir wollen ja auch gar nicht hierbleiben: riesige Hotelkästen, **Campingplätze** fern vom Strand, permanenter Rummelplatz, überdachte Golfanlage, viel „Kunst am Bau" - danke, hier hat der Womo-Urlauber eh nichts zu suchen! Nein, uns hat OROPESA eigentlich nur den (leider etwas unsystematisch ausgeschilderten) *Consum*-**Supermarkt** zu bieten mit toller **Fischtheke**!

Aber was erwartet uns wohl weiter südlich? Die N 340 verlassen wir an der *Ausfahrt „BENICASSIM per la costa"* nach links. Der mondäne Badeort präsentiert stolze Villen in parkähnlichen Gärten, vornehm in 2. Reihe, im mittleren und südlichen Teil dann leider die üblichen Hochhäuser den Strand entlang. Mehrere **Campingplätze**, aber nicht ein einziger mit Kontakt zum Wasser. Im Ortsbereich bleibt die Uferpromenade in großen Teilen Fußgängerzone, ganz im Süden entlang der Strecke *„CASTELLO per la costa"* finden wir den schönen **Sandstrand** (mit **Duschen**) über ca. 2 km naturbelassen mit schmalem Dünengürtel, zum **Baden** locken reichlich **Parkplätze** entlang der Straße. Der nahe Flugplatz (Sportmaschinen, Hubschrauber) dürfte den Aufenthalt vom Unterhaltungswert her anreichern. Vor dem Kreisel am Ende der Promenade entdeckt das geübte Auge eine Metallsäule mit 2 **Wasserhähnen**.

Genug gebadet, Lust auf Entdeckungen? Oder wollen Sie überredet werden, quengeln die Kinder ? Egal - diesen **Ausflug** müssen Sie einfach mit uns machen, sonst verpassen Sie ein großartiges Erlebnis; außerdem dauert er nur ein paar Stunden und hat - liebe Kinder! - durchaus Abenteuer-Charakter!

Zurück zur N 340. Die rötlichen, gezackten Felsen des **Naturparks Desierta de las Palmas** leuchten in der Morgensonne, als wir uns an der Ausfahrt *„BENICASSIM/Cambio de sentide“* auf den Weg zum **Karmeliterkloster** inmitten des Parks begeben (aus dem Kreisverkehr heraus beschildert). Das Blau des Schopflavendels und diverse Gelbtöne dominieren die dicht bewachsenen Hänge, nachdem wir 1,3 km später die Autobahn überquert haben. Weitere 3 bis 4 km später genießen wir erstmals die grandiosen Ausblicke aus der Bergwelt zur Küste wie auch zu den knapp über uns liegenden höheren Gipfeln.

Plötzlich taucht in der Senke links die **Ruine des alten Klosters** auf; im dunstigen Hintergrund die Skyline von BENICASSIM - ausgeprägtere Gegensätze kann ein Anblick kaum vermitteln! In der nächsten Linkskurve begrüßt uns die **Quelle des San Jose** mit **Kapelle** (**Picknickplatz** unterhalb). Wenige 100 m weiter halten wir links auf dem **Parkplatz** zu Füßen des weißen Kreuzes:

(038) WOMO-Wanderparkplatz:
Karmeliterkloster Desierta de las Palmas I

Position: N 40° 04.681'; E 00° 01.883'; Höhe: 380 m
max. WOMOs: 2-3
Ausstattung/Lage: keine/ortsfern
Zufahrt: s. Text
Sonstiges: Restaurant bei **(039)**, ca. 300 m entfernt. Bildtafel mit Erläuterungen zur Geschichte des Klosters

Ob Sie diesen Platz nur als Ausgangspunkt für unsere **Wanderung** nutzen wollen oder sich in Anbetracht des unvergleichlichen Ausblicks zu einer Übernachtung entschließen (nachts dürfte hier so gut wie kein Auto vorbeikommen), das wollen wir letztlich Ihrer Entscheidung überlassen.

Wenige Meter später lockt uns an einer Statue eine Abfahrt nach links zum **Restaurant**, das außerhalb der Hauptsaison bis ca. 17-18 Uhr, im Juli und August etwa bis Mitternacht geöffnet bleibt. Das Tor zum Restaurant-Gelände wird zwar nachts verschlossen, aber man kann sehr gut davor mit **Blick auf die Klosterruine** stehen und die Nacht verbringen, wie uns der Wirt ausdrücklich bestätigt!

(039) WOMO-Wanderparkplatz:
Karmeliterkloster Desierta de las Palmas II

Position: N 40° 04.477'; E 00° 01.774' **max. WOMOs:** 2-3
Ausstattung/Lage: keine/ortsfern
Zufahrt: s. Text
Sonstiges: beim Restaurant

Das **alte Kloster** wurde bereits wenige Jahrzehnte nach seiner Gründung 1697 wieder aufgegeben wegen erheblicher baulicher Schäden infolge mehrfacher Erdbeben. Die **Ruine** mit emporragendem Glockengiebel liegt malerisch unter uns auf einem Plateau inmitten einer Mandelplantage. In einer Seitenkapelle des schlichten **Neubaus** oberhalb unseres Standplatzes befinden sich die Schrankgräber der Padres sowie mehrere geschichtsträchtige Ausstellungsstücke in einer Vitrine. Wer möchte, kann außerdem das Mini-Museum zur Klostergeschichte besuchen. Wer gar Sorgen hat und deshalb nach dem berühmten **Likör** Ausschau hält: hier können Sie ihn karme-literweise erwerben!

Zur **Ruine**: die gesamte Anlage ist leider von einem massiven Metallzaun umgeben. Wie gern hätten wir uns die aus der Ferne deutlich erkennbaren Reste des **Kreuzgangs** genauer angesehen! Auf unserer etwa **1-stündigen Exkursion** in der Umgebung der Anlage (Sie wissen schon: feste Schuhe, Trinkflasche!) kamen wir jedoch nicht nahe genug heran, immer hatten letztlich Dornen oder ein paar steile Meter Höhenunterschied etwas dagegen. Dennoch möchten wir Ihnen die kleine Wanderung durch die Stille dieser in sich abgeschlossenen Gebirgswelt, mit geradezu überschäumender Frühjahrsblüte, als wirklich unglaubliches Erlebnis dringend

empfehlen. Die Wanderpfade folgen übrigens teilweise einem ehemaligen Kreuzweg, wie zahlreiche **Kapellchen** an den Hängen schließen lassen.

Einen knappen Kilometer weiter erwartet uns ein liebevoll angelegtes **Informationszentrum zum Naturpark** (Eintritt frei, 15,30-16,30 geschl.). Für Womos empfehlen wir das **Parken** bereits unten vor dem Eingangstor! Nicht nur viele **Pflanzen** der Region im **Lehrgarten**, auch kleine Teiche mit **Wasser-**

schildkröten in allen Größen finden wir vor; weiter oben dann ihre **Verwandten vom Lande** in mehreren Gehegen. Für Erwachsene wie Kinder jedenfalls ein kurzweiliger Besuch!

500 m entfernt hält *„Bruno“* Rast für uns bereit und, falls der Tag sich dem Ende zuneigen sollte, danach auch die verdiente Ruhe:

(040) WOMO-Stellplatz: Desierta de las Palmas III

Position: N 40° 04.068'; E 00° 01.278' **max. WOMOs:** 3-4
Ausstattung/Lage: Abfall/ortsfern
Zufahrt: s. Text
Sonstiges: von hohen Kiefern bestandener, ruhiger Platz gegenüber Bar/Restaurant „Bruno“

Auf den folgenden Kilometern befinden wir uns bereits wieder im Anflug auf die geballte Zivilisation in Form der Hochhauskette an der Küste. Mit Erreichen der Ebene passieren wir links mehrere größere **Picknickplätze**, schon in Sicht- und Hörweite der Autobahn. Gute 8 km seit dem Info-Zentrum hat uns die N 340 wieder in Richtung *„CASTELLO"* und *„Port"*. Uns reizt an CASTELLO eigentlich nur der **Fischereihafen** (Port pesquer) im Vorort EL GRAO, einer der bedeutendsten Spaniens; ansonsten lassen wir die touristisch nicht allzu attraktive 140.000-Einwohner-Stadt links liegen. Auch hier bereitet es echtes Vergnügen, dem **Einlaufen und Entladen der Fischerboote** (etwa ab 15 Uhr) zuzusehen. Das Auktionsgeschäft allerdings,

in manchen Reiseführern immer noch als großes Spektakel beschrieben, geht völlig nüchtern über die Bühne. Und etwa Fisch hier direkt vom Boot zu kaufen, wie wir erhofften - so viel Hafenidylle gibt's längst nicht mehr!

Von EL GRAO fahren wir Richtung ALMAZORA, dann ein kurzes Stück BURRIANA, schließlich *„Platja"*; präzisere Angaben sind hier 2006 nicht möglich wegen ausgedehnter Stra-

ßenbaustellen. Das Landsträßchen Richtung Meer führt durch Zitrusplantagen, soweit das Auge reicht; wir bekommen ständig den süß-herben Duft in die Nase, der ja für die Bezeichnung dieses Küstenabschnitts verantwortlich war (**Azahar** = Orangenblütenduft). Einige Kilometer weiter erreichen wir die Küste, halten geradewegs auf ein Wohnwagen- Verbotsschild zu. Auf etwa 1 km Länge in südlicher Richtung bietet hier der Sand-Kies-**Strand** diverse **Bademöglichkeiten mit Parkflächen** an der Straße. Dann verlässt die Straße wieder die unmittelbare Küstennähe, wir umrunden das Naturparkareal der Mündung des **Riu Millars**, die uns zu einer Schleife landeinwärts zwingt. Die nun südlich der Flussmündung folgenden Strände erweisen sich leider mit ihrer gesamten Besiedlung als unerfreulich: nach links gammelige Datschas, viel Schutt, Geröll und Müll; nach rechts zwar Sandstrand, aber bei jeder Strandzufahrt **Wohnmobil-Verbotsschilder**, die immerhin aber als einzige einen gepflegten Eindruck machen. Danach wird dann der Küstenverlauf durch mächtige Steinquader gegen die Brandung geschützt, Baden ist also gar nicht möglich. Als einzige Übernachtungsmöglichkeit begegnet uns hier der

(041) WOMO-Campingplatz-Tipp:
Camping Playa/ Platja de Nules

Position: N 39° 48.644'; W 00° 07.574'
Öffnungszeiten: ganzjährig
Ausstattung/Lage: beschattete Stellplätze/ortsfern
Zufahrt: s. Text
Sonstiges: nur durch einen Wall vom Strand getrennt

und auch den möchten wir nur der Vollständigkeit halber erwähnen für den Fall, dass Sie sich auf unseren Spuren in diese Gegend verirren, und das abends auf den letzten Drücker. Immerhin endet er am Wasser, wirkt aber genau so rummelig wie die ganze Umgebung, s. o.. Summa summarum: als Womogeeignete Region lässt sich die Gegend südlich von CASTELLO wahrhaftig nicht bezeichnen!

PLATJA DE MONCOFA: hier lockt wieder kilometerlanger **Sandstrand**, im gesamten Küstenbereich jedoch bebaut, im nördlichen Teil gar direkt bis ans Wasser. Selbst die Küstenstraße verläuft hier *hinter* der ersten - allerdings fast nur 1 - 2-stöckigen - Häuserreihe. Insgesamt hat sich dieser Ort etwas moderater ins Tourismusgeschäft geworfen, es gibt keine Riesenkästen. Ein kurzer **Badestop** wäre durchaus möglich (ohne Hund), **Parkplätze** sind vorhanden. Einen **Campingplatz** gibt's auch, allerdings ein paar 100 m vom Strand entfernt.

Am südlichen Ende der Bebauung plötzlich eine echte Überraschung: ein ausgedehntes, völlig naturbelassenes Gelände, ca. 1 km lang, mit z. T. zum **Baden** nutzbarem **Strand**! Wie lange diese freundliche Baulücke wohl noch bestehen wird? - hohe Kräne an ihren beiden Enden verheißen auf längere Frist nichts Gutes?!

(042) WOMO-Badeplatz: Platja de Moncofa

Position: N 39° 47.317'; W 00° 08.379' **max. WOMOs:** 5
Ausstattung/Lage: keine/ortsnah
Zufahrt: am südl. Ende der Strandbebauung von Platja de Moncofa
Sonstiges: Sand-Kies-Strand

KARTE TOUR 5
Benicassim
Castello
A-7
Almazora
Villareal
A-7
Nules
044
043
P
Ribesalbes
Stausee von Sitjar
Onda
N
10 km
Toga
Espadilla
Zucaina
045
Aranuel
Cirat
046
B
P
Montanejos
Stausee von Montanejos
Caudiel
047
Novalliches
Jerica
Stausee von Regajo
C
048
Navajas
Wasserfall
Segorbe
Altura
049
Kartause Valldecrist

TOUR 5 (ca. 110 km / 5-6 Tage)

Onda - Ribesalbes - Montanejo - Jerica - Navajas - Segorbe - Altura

Freie Übernachtung:	Stausee von Sichar, bei Cirat, Montanejo,Jerica, Stausee von Regajo, Kartause Valldecrist
Campingplätze:	Navajas, Segorbe, Altura
Baden:	Stausee von Sichar, Montanejo (Thermalquelle), Navajas
Besichtigen:	Altstadt und Keramikmuseum von Onda, Altstadt von Jerica, Wasserfall (=Salto) von Navajas, Altstadt/Kathedrale von Segorbe, Kartause Valldecrist
Wandern:	bei Montanejos

Wir wissen nicht, wo Sie gestern Ihre Bade-Aktivitäten beendet haben. Falls eine gewisse Sonnenmüdigkeit eingetreten sein sollte, Sie und Ihre Lieben mal wieder Lust auf ein paar **Unternehmungen** bekommen: begleiten Sie uns doch einfach! Wir müssen uns dazu in ONDA treffen, einer durch ihre Fliesenproduktion bekannten Kleinstadt, die aber auch noch einiges andere zu bieten hat.

Kilometerlang ist die Zufahrtsstraße aus Richtung Küste von Keramik-Betrieben gesäumt. Mit Beginn des eigentlichen Ortes verlockt uns zunächst ein **Supermarkt** des französischen *Carrefour*-Konzerns zum Großeinkauf. Freudig registrieren wir einen kleinen Tupfer französischer Lebensart an der Fischtheke in der Weise, wie die Auslagen präsentiert, ja, fast zelebriert werden. An der **Tourist-Info** (gut ausgeschildert, **Parkplatz**) erhalten wir Prospekte und vor allem einen **Stadtplan**. Die Parkflächen in der engen Innenstadt dürften für Womos über 6 m Länge nicht ausreichen, aber die

Entfernungen sind auch wirklich in wenigen Minuten zu Fuß zu bewältigen! Zunächst reizt uns die **Burg**: bereits im 9. Jh. von den Mauren hoch oben auf dem Felskegel errichtet, wurde sie im Zuge der Reconquista im 13. Jh. zu ihrer jetzigen Größe erweitert. Wir ereichen sie in 5

Minuten durch die verwinkelten Gassen der den Hügel hinaufkletternden **Altstadt**. Ein weiter Rundblick bietet sich uns, besonders reizvoll hinüber zur **Ruine der Ermitage** auf der Höhe des Kalvarienbergs sowie auf den Altstadtkern mit den beiden **blauen Kuppeln** der Hauptkirche inmitten des Gewirrs der flekkig-ockerfarbenen Dachflächen. In den restaurierten Gebäudeteilen der **Burg** werden wechselnde Ausstellungen gezeigt, u. a. bewundernswerte Steinschmuck-Fragmente aus maurischer Zeit. Aber ein bisschen enttäuscht werden wir auch: von den 300 Türmen der Burg, nach denen sie im Volksmund benannt wird, findet sich sozusagen nichts mehr! Wie auch unsere beiden nächsten Ziele in ONDA, bleibt die Burg übrigens zwischen 14 und 16 Uhr geschlossen.

Der Rückweg, jetzt durch andere Gassen, vermittelt wie der Aufstieg das originäre Flair einer historischen Kleinstadt dieser Region ohne verfälschende Einflüsse durch den Tourismus. Unseren Espresso schlürfen wir im Mittelalter-Atmosphäre ausstrahlenden Zentrum, näm-

lich unter den Arkaden der **Plaza del Almudi**. Leider zeigen sich selbst diese altehrwürdigen Mauern nicht gefeit vor den Schmierereien hirnloser Sprayer! Die **Kirche „de la Sangre“** finden *wir* leider verschlossen vor; da mag uns die daneben angebrachte Tafel noch so viel Interessantes über ihr Innenleben erzählen, sogar auf deutsch - das Äußere ist unansehnlich, das Portal weitgehend zerstört, der Weg also vergeblich; versuchen *Sie* es aber bitte trotzdem!

Das große Gebäude des **„Museo del Taulell“** (**Keramik**museum) liegt erhöht in einer Wohnsiedlung am westlichen Ortsausgang, wenige

100 Meter von der Tourist-Info entfernt, mit Blick über die Stadt und auf den Burgberg. Sie müssen kein spezielles Interesse mitbringen: diese Ausstellung präsentiert anschaulich und abwechslungsreich die Historie sowohl der Keramik, beginnend mit Beispielen des Ishtar-Tors in Babylon über römische Kacheln bis zur heutigen Kunst- und Industrie-

fliese, wie auch der Produktionsverfahren selbst. Falls Sie für Ihr Häuschen Neu- oder Umbaupläne erwägen oder Anregungen zur Verschönerung benötigen: hier finden Sie ganz sicher neue Gedanken! Eintritt: mal wieder kostenlos!

Und noch ein **Museum** hat ONDA zu bieten, das **naturkundliche**, falls Sie mögen: **„El Carmen"** dürfte die Augen auch größerer Kinder zum Leuchten bringen, toll dargebotene Biologie! Hier kostet's allerdings Eintritt. Der große **Parkplatz** davor, ruhig und abgelegen am Stadtrand, zieht durch seine exponierte Lage mit dem hohen Schiff einer neugotischen Kirche die Blicke auf sich und eignet sich auf jeden Fall ideal für eine Mittagsrast.

Stadt genug; wir verlassen ONDA nach *Norden* Richtung RIBESALBES auf der CV 20, biegen kurz nach dem Ortsende *rechts* ab auf die CV 191; nach ca. 1 km führt ein schlechtes, aber immerhin asphaltiertes Sträßchen nach *rechts* zum **Stau-**

see von Sichar (oder **Sitjar**). Bereits knappe 3 km später blikken wir auf die milchig-grüne Wasserfläche links unter uns. Vor einem weißen Gebäudekomplex wartet ein erstes **Picknick-**

Areal in einem Kiefernwäldchen, allerdings ohne direkten Zugang zum Wasser; das felsige Ufer ist sehr steil. Hier hat uns die Einsamkeit wieder; außer Möwengeschrei erreicht kein Laut unser Ohr! Gleich danach dann eine große Schotterfläche, diesmal mit direktem Seezugang - hier kann man tatsächlich auch **in die Wellen tauchen**! In Anbetracht des leider allgegenwärtigen Unrats (es ist nicht zu fassen!) dürften **Badeschuhe** unerlässlich sein. Ob die Müllsituation anders wäre, wenn Abfalltonnen dastünden?

(043) WOMO-Badeplatz: Stausee von Sichar I

Position: N 40° 00.654'; W 00° 14.051' **max. WOMOs:** 2-3
Ausstattung/Lage: keine; am Seestrand/ortsfern
Zufahrt: von ONDA auf der CV 20 nach Norden > CV 191 nach rechts; nach 1 km rechts abbiegen; s. a. Text

Auf der anderen Straßenseite gibt's einen weiteren **Parkplatz**. Die dahinterliegende Schlucht unterhalb der Staumauer sieht für Wander-Unternehmungen verlockend aus!

Nach Überfahren der Staumauer steigt die Straße etwas an, entfernt sich vom See. Entstanden ist er übrigens durch das Aufstauen des **Rio Millars**, dessen Mündung wir vor ein paar Tagen weiträumig umfahren mussten - erinnern Sie sich? Ca. 8,5 km nach Verlassen von ONDA treffen wir auf die CV 189, die wir Richtung RIBESALBES nach *links* weiterfahren. Weitere 6 km später entdecken wir links unter uns im Wäldchen am Seeufer mehrere **Picknick**-Sitzgruppen, dann taucht eine größere **„Zona recreativa"** direkt am Seeufer auf. Etliche Familien und Gruppen junger Leute genießen bei unserer Ankunft bereits das Leben am und im Wasser, haben ihre Zelte - und Radios - installiert.

(044) WOMO-Badeplatz: Stausee von Sichar II

Position: N 40° 01.296'; W 00° 14.365'
max. WOMOs: 3
Ausstattung/Lage: Tische und Bänke, Grillhäuschen, Abfalltonnen; am Seestrand/ortsfern
Zufahrt: von **(043)** weiter am Seeufer entlang, s. a. Text

Zu bedenken gibt es an diesen und vergleichbaren Plätzen immer: nicht nur Sie und wir freuen uns an ihnen, Autos mit Liebespaaren kreuzen gelegentlich nachts auf, und die Jugend der Umgebung feiert hier gern, laut und ausgiebig an den Wochenenden, und zwar ganze Nächte durch! **Toiletten** gibt's übrigens **nicht**! Unter diesen Voraussetzungen erfahren Begriffe wie **Wochenendverkehr** und **Seeschifferei** hier eine ganz andere Deutung!

Auch RIBESALBES lebt mit und von der Keramikherstellung, wie abgeschabte Berghänge und Fabrikanlagen anzeigen. Wir überqueren in der Stadt erneut den **Millars**-Fluss, registrieren im Vorbeifahren eine Metallsäule mit **Wasserhahn** direkt *nach der Brücke links*; wenige 100 m weiter *rechts*, am Ende eines hell-ockerfarbenen Gebäudes, **einen weiteren**. Die Straße entfernt sich bald vom See, wir werfen letzte Blicke auf die dunkelgrüne Oberfläche. 4 km nach Ortsende, ONDA schon wieder vor Augen, wechseln wir auf die CV 20 nach *rechts.* Die 37 km bis MONTANEJO lassen sich trotz der zahlreichen Kurven auf vorzüglich ausgebauter Straße relativ zügig bewältigen. Dörfer wie ESPADILLA in spektakulärer Lage, Burgruinen auf der Höhe, fruchtbare Trockentäler lösen sich ab. Hinter TOGA, nach etwa 15 km, treten wir dann ein in die wirklich atemberaubende Welt der steilen Felswände und tiefen Schluchten, für die das Tal des **Rio Millars** *(***Mijares***)* berühmt ist. Ca. 11 km vor MONTANEJO überqueren wir auf einer mehrbogigen Brücke den Fluss und erblicken unmittelbar danach ein *Schild „Zona acampada“*: direkt am Fluss, das Dörfchen CIRAT kommt schon in Sicht, liegt der

(045) WOMO-Stellplatz: Cirat

Position: N 40° 03.465'; W 00° 27.448' **max. WOMOs:** 4-5

Ausstattung/Lage: Sanitärhäuschen incl. (kalter) Dusche, Abfalltonnen, Frischwasser, rustikales Außen-Spülbecken, Grillhäuschen im unteren Platzteil/ortsfern

Zufahrt: s. Text; betonierte Zufahrt, auch für längere Womos möglich

Sonstiges: Angeln und Sitzbaden möglich. 3 Euro/Womo/Tag werden von einem Gemeindeangestellten eingesammelt

Die Müllkippe oberhalb am Hang muss man optisch ausblenden. Ausländer trifft man hier auch im Sommer selten an, für Spanier scheint der Platz jedoch ein „verbreiteter Geheimtipp“ zu sein. Sollten Sie die Zufahrt verpasst haben: 1 km *hinter* CIRAT findet man rechts von der Straße eine Park- und Wendebucht mit Aussichtsplattform - und **Wasserhahn**.

Hatten wir schon weiter unten im Tal Metallseile für Kletterkünstler an den Felswänden hängen sehen, so begleitet uns jetzt über und neben der Straße eine Metallnetz-Konstruktion zur Sicherung der Fahrbahn gegen Steinschlag aus der z. T. überhängenden Wand. Wie man sieht, konnten einige Brocken immerhin schon unschädlich gemacht werden! Wir hoffen auf den nächsten Metern, dass unsere - und natürlich auch Ihre - Durchfahrt steinschlagfrei bleibt! Kurz darauf linkerhand eine **Parkbucht**; die dortige

Trinkwasserquelle wird von Einheimischen für den Hausgebrauch genutzt. Einen **Brunnen** finden wir außerdem am Kirchplatz des gleich folgenden Dorfes ARANUEL.

Das **Traditions-Heilbad** MONTANEJO kauert sich zwischen hoch aufragende Felswände, die inzwischen das 2. touristische Standbein des Ortes begründen, das Felsklettern. Wir überqueren am Ortsausgang (Hinweis nach ZUCAINA) unseren Rio (zum wievielten Mal?) nach *rechts*, biegen sofort nach der Brücke *links* ab und landen auf einer ausgedehnten **Parkfläche** in unmittelbarer Flussnähe; hier befinden sich die Sportanlagen (Tennis- und Fußballplatz öffentlich zugänglich!), **Picknick-Sitzgruppen**, ein **Kinderspielplatz**!

(046) WOMO-Stellplatz: Montanejo

Position: N 40° 04.410'; W 00° 31.586'; Höhe: 460 m
max. WOMOs: 2-3
Ausstattung/Lage: Sitzgruppen, Abfalltonnen, Wasserhahn beim Kinderspielplatz/ortsnah
Zufahrt: nördl. Ortsausgang, unterhalb der Brücke über d. Rio Millars
Sonstiges: Angeln, Wandern, Baden (s.Text)

Wunderschöne **Spaziergänge und Wanderungen** halten Flusstal und Felswelt vor. Zu viel mehr als einem abkühlenden Fußbad reicht die Wassertiefe hier zwar nicht aus, das **Angler**herz dürfte angesichts der Riesenforellen allerdings höher schlagen. Aber zum Thema **Badeerlebnis** haben wir ohnehin etwas ganz Besonderes mit Ihnen vor: ein ca. 15-minütiger Spaziergang flussaufwärts bringt uns zu einer weiteren **„Zona recreativa“** mit Tischen, Kinderspielplatz und - der **„Piscina natural“**, einem von Felswänden umgebenen **Naturschwimmbecken** mit ca. 1,5 m Wassertiefe, daneben Liegeflächen am Ufer. Das Beste aber: das Becken wird von einer reichlich strö-

menden **Thermalquelle** gespeist und erreicht schon im April etwa 20°C! Sogar eine **Wasserrutsche** für die Kleinen gibt es! **Sanitäre Anlagen** stehen in den Sommermonaten zur Verfügung. Wenn Sie übrigens unterhalb des das Schwimmbecken begrenzenden Brückleins den Flussgrund aufmerksam beobachten, werden Ihnen aufsteigende Blasen Stellen weiterer warmer Zuströme aufzeigen.

Als wir MONTANEJO verlassen, entdecken wir am oberen Ortsausgang Richtung JERICA noch einen weiteren **Rastplatz mit Brunnen**.

Nur in der Nähe der vereinzelten Ortschaften zeigt sich die Felslandschaft kultiviert; großartige Ausblicke in eine gewaltige Naturlandschaft tun sich immer wieder auf. Von der folgenden Passhöhe an werden die Konturen dann zunehmend weicher, ab CAUDIEL nimmt auch die Vegetation wieder zu.

Die vom markanten **Turm** überragte Kulisse der Stadt JERICA taucht vor uns auf. Von der **Tourist-Info** weist man uns auf die **„Zona acampada“** gleich um die Ecke. Wir finden ein Plätzchen über dem Fluss vor mit Blick auf die Stadt, deren

Zentrum zu Fuß in Minuten zu erreichen ist. Ein Wanderweg führt in 20 min zur **Ruine des Kastells** in Sichtweite.

(047) WOMO-Stellplatz: „Zona acampada“ in Jerica

Position: N 39° 54.701'; W 00° 34.443'; Höhe: 467 m
max. WOMOs: 3-4
Ausstattung/Lage: Sanitärhäuschen incl. (kalter) Dusche, Abfalltonnen, Grillstelle/ortsnah
Zufahrt: am besten von der letzten Straße vor den Sportanlagen nach links; Vorsicht, unangenehme Betonkante auf Höhe der kleinen Brücke!
Sonstiges: kostenfrei

Der **Turm** auf der Spitze des Burgbergs ist für uns das erste Beispiel des sog. **Mudejar-Stils**. Zu Beginn des 17. Jh. machte die Stadtverwaltung viel Geld locker für dieses aufwändig geschmückte Bauwerk, das heutige Wahrzeichen der Stadt. Von den Resten der Befestigungsanlagen zu seinen Füßen aus genießen wir weite Ausblicke über den Ort und sein Umland. Am besten lässt sich der Turm in seiner vollen Pracht bewun-

dern von der 200 m entfernt auf dem gegenüberliegenden Hügel stehenden, z.T. verfallenen **Ermita San Roque** aus. Am Ende unseres mehrstündigen Bummels durch die Altstadt sehen wir uns in JERICA deutlich nachhaltiger beeindruckt von der **Authentizität dieses Gesamtensembles** einer typischen, vom Tourismus nicht verbogenen Stadt als vorher in ONDA. JERICA erweist sich als liebenswerte Kleinstadt, in der man durchaus auch mehrere Tage verbringen möchte, soviel Interessantes gibt es hier zu entdecken: Kirchen, alte Portale, der Arkaden-gesäumte Rathausplatz, eine Villa wie aus dem Märchen...

Wir verlassen JERICA, passieren NOVALLICHES auf der 212 und erblicken gut 2 km weiter den **Stausee von Regajo**. Knapp 4 km weiter ist er dann auch offiziell nach *rechts* ausgeschildert, 1 km später überqueren wir ihn bereits. Noch 800 m weiter, und Holzfeuerduft kitzelt unsere Nasen: auf diesem gut besuchten **Ausflugsplatz** im Wald wird gebrutzelt und gegrillt, gefeiert, Fußball gespielt, der Feiertag des San ? Spanien-typisch begangen:

(048) WOMO-Stellplatz: Stausee von Regajo

Position: N 39° 53.490'; W 00° 31.335' **max. WOMOs:** 3
Ausstattung/Lage: Sitzgruppen, Grillplätze, Abfalltonnen/ortsfern
Zufahrt: s. Text
Sonstiges: Fußgängerbrücke über den See, Seezugang in wenigen Metern Entfernung

Im Frühjahr 2006 lagen in diesem Wald etliche entwurzelte Bäume nach einem Sturm, wohl deshalb klebten mehrere Camping-Verbotsschilder in der Runde - was aber der Attraktivität des Platzes keinen Abbruch tat, s. o.! Abends blieben wir die einzigen „Bewohner“, schliefen wunderbar in dieser extra-ruhigen Umgebung.

Das Dorf NAVAJAS (mit **Campingplatz**, wer möchte?) umfahren wir im Bogen nach *links* und folgen der Beschilderung zum **„Salto“**, dem **Wasserfall**. Falls jemand sich bereits ins Dorf verirrt hat: die Bahnunterführung mit 2,8 m-Höhenbegrenzung hat unsere 3 Meter klaglos passieren lassen. Die Straße endet an einer Wendeplatte, größere Womos finden hier keinen Platz, deshalb bitte **vorher** in einer Seitenstraße **parken**! Zu Fuß geht's hinter der Absperrung bergab; 3 min später nehmen wir die *Treppe* nach unten und spazieren jetzt das verwunschene Bachtal entlang, bleiben immer auf der rechten Bachseite. 5 min später haben wir dann das über die Kante des porösen Felsens aus etwa 50 m herabstürzende Wasser auch schon vor Augen und Ohren: den ersten Wasserfall in mehreren Etappen; den eigentlichen, berühmten 100 m weiter im freien Fall, wesentlich spektakulärer. Die von Löchern und Höhlen durchbrochene Wand bannt mit skurrilsten Oberflächenverformungen unsere Aufmerksamkeit. Wer in den Gumpen des Bachlaufs **baden** möchte, wird offiziell eingeladen: eine **Liegewiese**, die obligatorischen **Picknicktische**, mehrere **Trinkwasserbrunnen**, selbst **Toiletten** runden das Angebot des **Erholungsgeländes** ab - ein idealer **Natur-Abenteuer-Spielplatz für Kinder**!

Die traditionsreiche Bischofsstadt **SEGORBE** (8000 Einw., **Campingplatz**) bietet eine Menge Geschichte zum Anfassen, wir interessieren uns besonders für die **Kathedrale**, deren kantiger Turm über den Dächern der Innenstadt aufragt. **Parken** Sie ruhig ein paar Straßen vom Zentrum entfernt, die Wege im Städtchen sind kurz! Bei verschlossenem Hauptportal führt der Weg zum Kirchen-Museum ins Innere (geöffnet: 11 - 13,30 und 17 - 19 Uhr; Eintritt 3 Euro), wo wir an einem Vormittag Ende April die einzigen Besucher bleiben! Die im Kern aus dem 15. Jh. stammende **Kathedrale** hat durch vielfältigen Umbau von ihrer ursprünglichen Erscheinung Wesentliches verloren, die Modelle in der ersten Seitenkapelle verdeutlichen dies anschaulich. Dennoch bleibt, was sich uns bietet, ein tief beeindruckendes Erlebnis: auf den asymmetrischen **Kreuzgang** hin richten sich 8 in der Runde angebaute **Kapellen** aus, die **mittelalterliche Kunstwerke** bergen in einer Fülle und Schönheit, dass wir aus dem Staunen und Bewundern nicht herauskommen! Prachtvolle Altarwände des 14. bis 16. Jh., Reisealtäre, Plastiken und Statuen; dazu begleiten uns während des Rundwegs die Klänge von Mozarts Krönungsmesse. Das Kirchenschiff selbst zeigt sich heute prunkvoll-klassizistisch ausgestaltet. **Drei Orgelprospekte** schimmern weiß, silber- und goldfarben - haben Sie so etwas schon mal gesehen? Hier begleitet uns nun Orgelmusik vom Band, sogar bis auf die Toilette (in SEGORBE können Sie in der Kirche austreten, ohne aus der Kirche auszutreten!).

Einen kurzen Blick hinein lohnt auch die direkt unterhalb der Kathedrale gelegene **Iglesia del Seminario** wegen ihrer, sagen wir, ungewöhnlichen Art der Ausgestaltung.

Der Bummel durch die Altstadt lässt uns manch mittelalterliches Detail entdecken wie z. B. dieses **Örtchen** hoch oben an der südlichen Wand der Kathedrale, das wohl erst nach Abriss des angebauten Hauses wieder sichtbar wurde; Stadtmauerreste mit Rundtürmen, einige Bögen des

Aquädukts aus dem 14. Jh., dazu viel Fliesenschmuck. Sogar in den Bürgersteig eingelassen hat man **Relieffliesen mit dem Stadtwappen**! Immer wieder erfreut sich während unseres Schlenderns durch die kaum 3 m breiten Gassen unser Blick an den unterschiedlich geschmückten Balkonen, alten Haustüren, versteckten, lauschigen Plätzen, längst nicht mehr gewürdigten, winzigen, originellen baulichen Details - allerdings bleibt so auch manch marode Ecke nicht verborgen!

Wir verlassen SEGORBE in Richtung des nur ein paar Steinwürfe entfernten ALTURA, halten auf die malerische blaue Kuppel und den Turm der Kirche zu, wählen jedoch die südliche Umgehungsstraße. Am großen Gebäude mit **Tankstelle** und der *Aufschrift „Sagrado Corazon de Jesus coop."* biegen wir *links* ab, um nach 900 m die **Ruinen des Klosters Valldecrist** zu finden.

Die Überbleibsel einer ehemals prachtvollen und reichen Kirchen- oder **Klosteranlage** in der Einsamkeit einer schönen Landschaft dem fortschreitenden Verfall preisgegeben zu sehen, wird den Betrachter immer ein bisschen wehmütig stimmen. Durch die Gitterstäbe der verschlossenen Pforten in der hohen Klostermauer werden wir am Betreten des Geländes leider gehindert. Auch unser listiges Umrunden der gesamten Anlage führt nicht zu einem erhofften verborgenen oder vergessenen Türchen irgendwo im rückwärtigen Teil. So bleibt uns das Erspüren einer besonderen, fast intimen Situation in der Stille der durchwärmten, blühenden Landschaft, in der uns nur einige Eichhörnchen Gesellschaft leisten. Käuzchen locken uns schließlich in einen ungestörten Schlaf neben der Klostermauer. Vorher allerdings gibt's noch etwas Leckeres zum Abendessen - wie schön, dass auch die Spanier Kartoffeln mögen!

Spanische Kartoffeln

1. **500 g Frühkartoffeln** bürsten (oder schälen)
2. **1 Zwiebel** in Spalten schneiden
3. **1 grüne Paprika** in Streifen schneiden
4. **2 EL Olivenöl** in der Pfanne erhitzen, Kartoffeln und Zwiebeln unter ständigem Rühren ca. 5 min anbraten, die Paprika, **1** gepresste **Knoblauchzehe, 1/2 TL Chilipulver** (oder **Tabasco** oder **Sambal-Oleg**), **1 TL Senf, 300 g passierte Tomaten** (am einfachsten aus der Dose) und **300 ml Gemüsebrühe** dazugeben, umrühren und ca. 25 min bei geringer Hitze köcheln lassen (bis die Kartoffeln gar sind). Mit **Salz** und **Pfeffer** abschmecken, mit **Petersilie** bestreuen.

(049) WOMO-Stellplatz: Kartause Valldecrist

Position: N 39° 50.474'; W 00° 30.513' **max. WOMOs:** 2-3
Ausstattung/Lage: Wasserhahn, Abfall/ortsfern
Zufahrt: s. Text (Foto s. nächste Seite)

Valldecrist-Kaleidoskop

Von den vielen dicken Kiefernzapfen, die über uns hingen, ist in der Nacht kein einziger auf unser Dach gefallen - vielen Dank! Und noch eine kleine Freude hält der Morgen bereit: da der Landwirt das Tor geöffnet hat, können wir uns ein paar Minuten lang im und am Klostergarten erfreuen; ein Zugang zu den Gebäuden ist jedoch auch von hier aus nicht möglich.

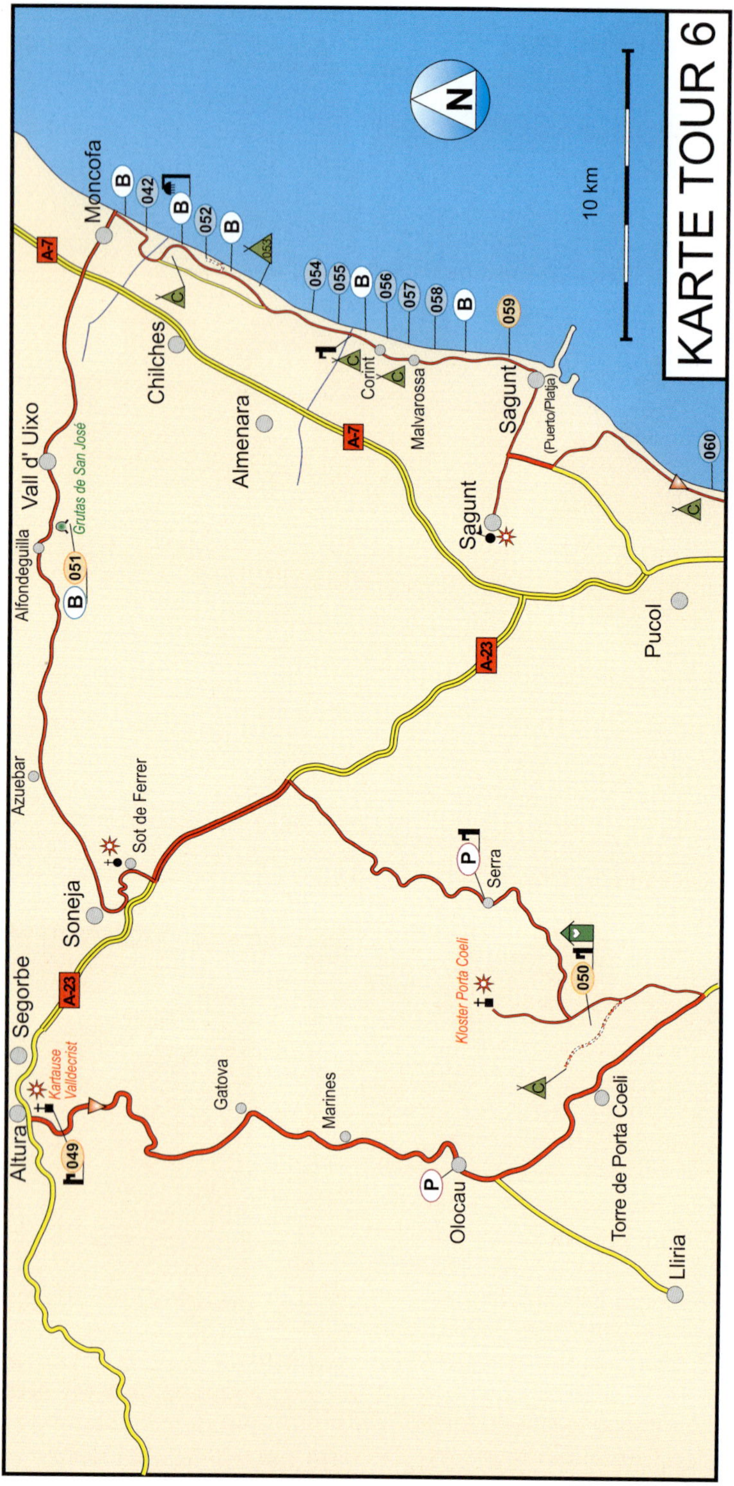
KARTE TOUR 6
N
10 km
Moncofa
042
052
053
054
055
056
057
058
059
060
A-7
Chilches
Almenara
Corint
Malvarossa
Sagunt
(Puerto/Platja)
Vall d' Uixo
Grutas de San José
Alfondeguilla
051
A-23
Pucol
Azuebar
Sot de Ferrer
Serra
Soneja
050
Kloster Porta Coeli
Segorbe
Kartause Valldecrist
Altura
049
Gatova
Marines
Olocau
Torre de Porta Coeli
Lliria

TOUR 6 (ca. 150 km / 5-6 Tage)

Torre de Porta Coeli - Sot de Ferrer - Vall d'Uixo - Platja de Moncofa - die Küste entlang - Sagunt

Freie Übernachtung:	Zona acampada „Porta Coeli", bei den Höhlen von Vall d'Uixo, Platja de Moncofa **(042)**, Platja de Chilches, Platja de Almenara, Platja de Malvarossa, Sagunt, Platja de Pucol
Campingplätze:	Bei Kloster Porta Coeli, Platja de Moncofa, südl. Platja de Chilches, Platja de Almenara, Platja de Pucol
Baden:	an den Womo-Badeplätzen, Schwimmbäder in Sot de Ferrer und bei den Höhlen von Vall d'Uixo, Platja de Moncofa, Platja de Chilches, Sagunt **(059)**
Besichtigen:	Sot de Ferrer: Dorf und Kalvarienberg, Höhlen „Grutas de San Jose" bei Vall d'Uixo, Sagunt
Wandern:	„Klostertour Porta Coeli"

Wieder zurück an der Umgehungsstraße von ALTURA, lenken wir unser Womo nach *links* Richtung GATOVA; direkt am Kreisverkehr der **Campingplatz** von ALTURA, wir „bewundern" seine strategische Lage. Auf den folgenden Kilometern bestimmen wieder terrassierte Olivenhänge das Bild der Landschaft. Das kurvenreiche und schmale Sträßchen fordert zeitliche Würdigung, als es uns in immer baumärmere Regionen trägt - immerhin aber doch ein bisschen flotter als die Radfahrer („Warum machen die das?" fragt meine Frau...). Am höchsten Punkt erreichen wir schließlich 711 m! GATOVA wird

auf der CV 25 umfahren, danach durchschneidet die Straße deutlich großzügiger die felsige Landschaft bis hinunter zur Talsohle. Vom *Ortsschild* „MARINES" lassen Sie sich nicht erschrecken von wegen „viel zu weit gefahren" - es gibt später an dieser Straße noch einen Ort gleichen Namens! Auch dieses Dörfchen bleibt links liegen. Wir durchfahren jetzt eine beeindruckende, majestätische, verschachtelte Felslandschaft, die sich erst bei OLOCAU wieder weitet. An dessen Ortsanfang mal wieder ein **Picknickplatz**; ansonsten bleiben wir auf der Umgehung CV 25. Nach 2 km ist die Weite der Ebene schließlich wieder erreicht, am Kreisverkehr halten wir uns Richtung BETERA auf der CV 333. Auf Höhe der Urbanisation TORRE DE PORTA COELI passieren wir ein ausgedehntes, offensichtlich neu angelegtes Parkgelände. Jetzt geht's schnurgerade an einem Militärgebiet entlang, und am 2. der folgenden Kreisverkehre biegen wir zu einem ganz besonderen Ziel ab: 8 km sind angezeigt bis zum **Kloster „Porta coeli"** (Himmelspforte). Minuten später ein Hinweis **„Campingplatz"** nach links auf Schotter, dem wir folgen; aber zu unserer Überraschung landen wir nach 300 m an einer riesigen **„Zona acampada"** mit vielen, vielen Spaniern, die hier mit Jung und Alt feiern, grillen, grölen - wieder hat ein regionaler Heiliger Gedenktag!

(050) WOMO-Stellplatz: Zona acampada „Porta coeli"

Position: N 39° 38.826'; W 00° 28.567'
max. WOMOs: 5
Ausstattung/Lage: Picknicktische, Wasserstellen, Abfall, Grillhäuschen, Toiletten/ortsfern
Zufahrt: s. Text

Am Abend bleiben wir mutterseelenallein - Waldeinsamkeit pur.

Am Ende des Schotterwegs versichern wir uns am nächsten Tag noch sicherheitshalber der Existenz des ausgewiesenen **Campingplatzes**.

Zurück zur Asphaltstraße, *links* ab Richtung Kloster; nach 1,3 km finden wir von dieser Straße aus eine weitere **Zufahrt** zur **„Zona acampada"**.

Das **Kloster** selbst bleibt uns normalen Sterblichen verschlossen, Besuch oder gar Besichtigung nicht möglich! Mehr als 200 Jahre nach der Aufklärung stößt uns diese Absonderung von der Welt doch eigentümlich auf - fürchten die Padres das Gedränge am Einlass zum Himmel?

Wenn wir also schon nicht hineinkommen (jedenfalls jetzt noch nicht), dann wollen wir uns doch zumindest ein bisschen mit dieser verheißungsvollen Gegend vertraut machen. **Parken** ist nur möglich unmittelbar vor der Stelle, wo sich die Zufahrtsstraße zum Kloster in den rötli-

chen Fels schneidet, bevor sie in eine Zypressenallee übergeht. Im Gepäck für die **1,5 Std.-Wanderung**: wie immer ausreichend zu trinken, und diesmal unbedingt **unser Büchlein**, um unterwegs gelegentlich die Wegebeschreibung nachlesen zu können; und es müssen **Wanderschuhe** getragen werden!
Wir kraxeln vom Parkplatz aus das schräge Felsplateau nach *rechts* (Osten) hinauf, folgen einem der zahlreichen Pfade und finden an der Mauer eines verfallenen Gebäudes vorbei unseren Weg zwischen Agaven, Zwergpalmen, Kakteen und Rosmarin zunächst einfach in Richtung auf das Kloster zu, bis zu diesem **Foto-Ausguck**:

Zurück zur Hausruine, dann wenden wir uns in südöstlicher Richtung auf ein zugemauertes **Kapellchen** zu. An seiner Rückseite finden wir einen Pfad abwärts bis zu einer ebenen, grasbewachsenen Fläche, einer offensichtlich aufgegebenen Nussbaumpflanzung (15 min seit Beginn). Wir bleiben zunächst an ihrem Rand im ausgetrockneten, gerölligen Bachbett, unterkreuzen nach weiteren 5 min eine Stromleitung am Ende der Grasfläche. Ab hier gibt's auch wieder Schatten und einen vorgegebenen Weg, dem wir nach *links* folgen durch würzigen Pinien- und Kieferndurft. 25 min nach Beginn dann erneut nach *links* auf breitem Schotterweg, an der Gabelung nach 50 m *rechts* (links durch Kette verschlossen). Das Kloster mit seinen ausgedehnten Plantagen von Zitrusfrüchten und Oliven liegt erst vor, dann links neben und schließlich hinter uns. Nach insgesamt 35 min bleiben wir an der nächsten Gabelung wieder *links*; dicke Ginsterbüsche begleiten uns jetzt an der östlichen Grenze des Klosterbesitzes.
Am Ende des bepflanzten Terrains, ca. 100 m nach Beginn des Kiefernwaldes auf der linken Seite, wenden wir uns auf einem Pfad nach *links* in den Wald und auf den Berg zu, der die nördliche Rückwand des Klosterbesitzes bildet. 2 min später queren wir das Bachbett, landen nach 5 min bergauf unterhalb einer „Kakteen-Familie" und folgen dem schmalen, aber erkennbaren Pfad nach *links* (Westen). Weitere 5 min später erreichen wir ein kleines Plateau, wo es offensichtlich Planierungsbemühungen gegeben hat. Von hier aus halten wir uns auf dem ebenen Pfad nach Westen. Unterhalb eines Kakteenhangs führt uns dieser Weg schließlich am oberen Rand der Orangenpflanzung vorbei, dann bergab auf die Betonpiste zu, die die Plantage teilt. Es zirpt, summt

und duftet um uns herum, die Orangen leuchten verführerisch! Wir haben keine einzige gepflückt, das sei versichert - aber eine am Boden liegende schmeckte ganz hervorragend!
Ca. 100 m vor dem erkennbaren Ende der Betonpiste biegen wir nach *rechts* in den Schotterweg ein, haben kurz darauf die Klosterkirche wieder im Blick. Von der nächsten Betonpiste führt dann ein Schotterweg nach *links*, dem wir scharf rechts herum folgen, immer an der Kante der Pflanzung entlang. Ein kleines Plateau mit aufgeschichtetem Holz wird erreicht, dann sehen wir unser zugemauertes Kapellchen vom Hinweg wieder. Den Rest dürfen wir Ihrem pfadfinderischen Spürsinn überlassen; schwer zu finden ist er nicht, wie die Spuren von Motorrad-Trial-Fahrern zeigen.

Wieder zurück auf der Asphaltstraße, vorbei an der Zufahrt einer Krebsklinik inmitten von Olivenhainen, an „unserer" **Zona acampada** und an vielen weiteren **Picknickarealen** beidseits des Weges, folgen wir der kleinen Straße nach SERRA. Auch diese Tour führt, überwiegend im 30 km/h-Tempo, durch schroffe Felslandschaft. Wir durchfahren den unteren Teil dieses schmucken Dörfchens, an dessen Ortsausgang ein malerisches **Picknickplätzchen mit Wasserstelle** passiert wird. Kurz danach segeln wir aus etwa 500 m schluchtiger Höhe wieder talwärts, vertrauen uns in der Ebene der schon von weitem sichtbaren A 23 an in Richtung SEGORBE/TERUEL; allerdings nur für 6 km, bis zur Ausfahrt SOT DE FERRER.

Wir parken am Beginn des verschlafenen Dorfes. Vorbei am kleinen **Brunnenplatz**, an dem gerade ein historisches Gebäude mit viel Aufwand renoviert wird, und am winzigen, von Duftrosenbögen und -sträuchern umstandenen **Kirchplatz** mit den mächtigen Fronten der **Kirche** (18. Jh.) und des **Palacio** (14. Jh.), suchen und finden wir unseren Weg an der Kirche entlang durch die *Calle San Miguel*, direkt vor den Sportanlagen (mit **Schwimmbad**!) dann rechts hinauf durch die *Calle del Calvario*. Zugegeben, **Kalvarienberge** gibt's in Spanien in großer Zahl, sicher auch kunsthistorisch

wesentlich bedeutendere als diesen; in seinem Gesamtanblick jedoch mit Kirche und Dorf hat sich dieser in besonderer Weise in unser Gedächtnis eingeprägt. Natürlich sind die Kreuzwegstationen als **Kachelbilder** ausgeführt. Der schweißtreibende Aufstieg wird mit einem eindrucksvollen 180°-Panorama belohnt.

Zurück zum Kreisverkehr; zunächst Richtung TERUEL, dann folgen wir der Ausschilderung nach SONEJA; von dort nach AZUEBAR, dessen kastellbekrönter Kegel uns locken will. Keine Zeit - es ruft die **Höhle von San José** in VALL D' UIXO, und die hat über Mittag lange geschlossen (13,15 h letzter, 15,30 h erneuter Einlass).

Was wir übrigens in der gesamten in den letzten Wochen bereisten Region vermissen, so fällt uns jetzt auf, ist **Wein** - nicht der treue Begleiter in Flaschen, nein, Weinberge. Ob der Boden hier ungeeignet ist?

Noch ein paar Kilometer flotter Bergauf- und Bergab-Fahrt, ALFONDEGUILLA wird passiert, und als nach einer schroffen Felswand der Blick endlich wieder weiter wird, weist uns ein Kreisverkehr zu den

Höhlen „Grutas de San Jose“ mit allem, was dazugehört (**Gokart-Bahn**, **Schwimmbad**, **Restaurants**, **Schnellimbisse**, **Souvenirläden**, **Kinderspielplatz**). Man hat sich für Wochenenden und Sommermonate gerüstet, wie der fast kilometerlange Parkplatz zeigt - lieber Josef, Dein Geschäft brummt offensichtlich!
Die **Bootstour** erschließt, so lesen wir, 800 m der insgesamt fast 3 km langen Höhle. Während er seine 12 Fahrgäste durch die unterirdischen Gewässer stakt, fordert der Gondoliere auch unsere Mitarbeit: die Felsdecke senkt sich in mehreren Tunneln bis auf 50 cm über Bootsrand-Höhe, da heißt es aufmerksam sein und Köpfe einziehen! Bei unseren sehr fröhlichen „geladenen Gästen“ an Bord, deren Busreise sie gera-

dewegs von einer Sektprobe hierher geführt hat, gibt's schmerzhafte Beulen! Die von einem kurzen Fußweg unterbrochene Fahrt durch diese seit prähistorischer Zeit von Menschen besuchte Höhle wird zum beeindruckenden 45-minütigen Erlebnis für Alt und Jung. Man verdeutlicht dem Besucher mit Hilfe akzentuierter Beleuchtung das Wesentliche an Decken- und Wandformationen, verzichtet dabei auf kitschige Effekthascherei. Eintritt 2006: Erw. 6,50, Kinder 3,50 Euro.

Liebe Eltern, hier liegt der Familie zu angemessenem Preis für einen Erlebnistag alles Notwendige zu Füßen, und **übernachten** können Sie auf dem **Parkplatz** überdies kostenlos:

(051) WOMO-Stellplatz: Höhlen von San José

Position: N 39° 49.353'; W 00° 15.049' **max. WOMOs:** >5
Ausstattung/Lage: Abfalltonnen/Ortsrand
Zufahrt: Soneja > Alfondeguilla > in Vall d' Uixo ausgeschildert
Sonstiges: u. a. Schwimmbad, s. Text

Jetzt rasch wieder an die **Küste** zurück? - kein Problem, bis **(042)** in PLATJA DE MONCOFA brauchen wir nur ein paar Minuten!

Weiter nach Süden geht es von **(042)** direkt am Strand dann nicht mehr, eine Flussmündung verstellt uns den Weg. Als markante Wegmarke im Ort PLATJA DE MONCOFA nutzen wir bei der Weiterfahrt das von Rasenflächen und Kinderspielplatz umgebene, nicht zu übersehene **grüne Boot**. Unmittelbar dahinter biegt eine rumpelige Asphaltstraße nach *links* ab und führt uns parallel zum Küstenverlauf. Nach 900 m biegen wir auf breiterer Straße erneut nach *links* ab, überqueren das Flüschen, das uns eben noch den Weg versperrte, und erreichen weitere 1,6 km später nach *links* den Strand (*Hinweis „Camping"*). Der **Campingplatz** „Los Narantos" liegt einige 100 m vom Wasser entfernt hinter der Bebauung. Wir fahren durch bis zum Strand, finden dort **Bade**- und **Parkmöglichkeiten**, sogar eine **Dusche**!

Das nach Süden anschließende ausgedehnte Brachland reicht bis zur nächsten Bebauungszone, es bietet leider keine Womo-geeignete Zufahrtsmöglichkeit. Erst mit Beginn der Bebauung können wir uns dem Strand wieder annähern; **Baden und Parken** sind hier überall möglich (Kiesstrand). Wer bei Erreichen des Ufers bereit ist, nach *links*

200 - 400 m Kiespiste auf sich zu nehmen, findet das eine oder andere, von Mittagsblumen gesäumte Plätzchen entlang des Weges, der an einem kleinen weißen Funktionsgebäude endet. Hier steht man wieder auf Brachland am **Strand**, die Bebauung ist mehrere 100 m entfernt:

(052) WOMO-Badeplatz: Platja de Chilches

Position: N 39° 46.474'; W 00° 08.947'
max. WOMOs: 2-3
Ausstattung/Lage: keine/ortsfern
Zufahrt: s. Text
Sonstiges: Sand-Kies-Stein-Strand

Leider zeigt sich auch in dieser Region der Bauboom ungebrochen, wenngleich mit vergleichsweise freundlicherem Gesicht; überwiegend maximal 3-stöckige Häuser entstehen an der hübsch gestalteten (und gepflegten!) Uferpromenade. Einige 100 m südlich der letzten Häuser von PLATJA DE CHILCHES finden wir schließlich, endlich einmal unmittelbar **am Wasser** gelegen und zudem gepflegt wirkend, den

(053) WOMO-Campingplatz-Tipp: Camping Mediteraneo

Position: N 39° 45.416'; W 00° 09.826'
Öffnungszeiten: ganzjährig
Ausstattung/Lage: z.T. schattig/nächster Ort: 500 m
Zufahrt: vom südl. Strand-Bebauungsende von Platja de Chilches am Strand entlang auf Schotter

Auch im Bereich der Zufahrt zum Campingplatz gäbe es **Bade-**, **Park-** und **Übernachtungsmöglichkeiten**, allerdings eben in Sichtweite des Campingplatzes. Sollte der Platz im Sommer sehr voll sein...

Zurück ins „Dorf"; die gelb-ockerfarbenen Hochhäuser von PLATJA DE CHILCHES links von uns, wählen wir das küstennächste Asphaltsträßchen Richtung Süden, begleitet von einem Bewässerungsgraben und einer steinernen Wasserrinne. Die nächste Möglichkeit entlang eines Grabens zum Strand endet an einem Wasserregulierungshäuschen, und dem Camperherz zur Freude finden sich etliche unberührte Brachflächen direkt hinter dem Strand:

(054) WOMO-Badeplatz: Platja de Almenara Nord

Position: N 39° 44.834'; W 00° 10.362' **max. WOMOs:** 4-5
Ausstattung/Lage: keine/ortsfern
Zufahrt: s. Text
Sonstiges: Sand-Kies-Stein-Strand

Bei unserem Anhalten stürmten übrigens vier winzige, magere Kätzchen aus dem Schilf auf uns zu mit dem geradezu aggressiven Vorsatz, adoptiert zu werden. Nach „Fütterung der Raubkatzen“ verdankte eines der Viechlein sein Leben der Tatsache, dass meine Frau beim Starten des Motors nur drei davonspringen sah und nach 20 m meinte, das Maunzen sei immer noch zu hören: ein Kätzchen hatte begonnen, sich auf Teilen der Vorderachse heimisch zu fühlen!

Zurück nach *links* über das Brückchen, dann vorbei an einem verlassenen Fabrikgelände, erreichen wir die Uferpromenade, entdecken kurz vorher einen **Wasserhahn**. Die Bebauung dieser Strandzone darf als hübsch und stilvoll bezeichnet werden, keine Hochhäuser - und, kaum zu glauben, am südlichen Ende noch einmal ausgedehnte Brachflächen vor der vordersten Villenreihe! Die ausdrücklich deklarierte **Bade**zone wartet mit **Hunde**- und **Angel**-, nicht aber Camping-**Verbot** auf. Trotz regen Strandlebens tagsüber dürfte es hier selbst im Sommer abends recht leer werden an diesem von Steinen durchsetzten **Sand-Kies-Strand**, der so weit reicht, wie wir gucken können!

(055) WOMO-Badeplatz: Platja de Almenara Süd

Position: N 39° 44.063'; W 00° 10.953' **max. WOMOs:** >5
Ausstattung/Lage: Duschen, Abfalltonnen alle 150 m/ortsnah
Zufahrt: s. Text; an der südlichen Uferpromenade des Ortes
Sonstiges: Sand-Kies-Stein-Strand. Hunde- und Angel-Verbot. Vorsicht: der Untergrund ist außerhalb der Kieszufahrten kritisch auf Tragfähigkeit zu prüfen!

Baden und Parken ist hier über Kilometer immer wieder möglich.

Mit der Bebauung endet schließlich auch die Asphaltdecke. Entlang den nun folgenden 300 m Naturpiste bieten sich weitere **Bade-/Parkmöglichkeiten** an, einen Stellplatz finden wir dann erst wieder am Ende der Piste unmittelbar vor dem Sperrwerk, hinter dem auch die Bebauung wieder beginnt:

(056) WOMO-Badeplatz: Platja de Malvarossa I

Position: N 39° 43.343'; W 00° 11.319' **max. WOMOs:** 2
Ausstattung/Lage: keine/ortsnah
Zufahrt: s. Text
Sonstiges: Sand-Kies-Strand

Zurück nach PLATJA DE ALMENARA und auf der küstennächsten Straße weiter Richtung Süden. Die Gokart-Bahn weist uns den Weg, vorbei an 2 strandfern gelegenen **Campingplätzen**, weiter Richtung MALVAROSSA. Über zwei kurz aufeinander folgende Strandzufahrten erreichen wir großzügige **Parkplätze** direkt am Uferstreifen, die nicht nur zum **Baden** locken, sondern geradezu zum Bleiben über Nacht auffordern:

(057) WOMO-Badeplatz: Platja de Malvarossa II

Position: N 39° 42.898'; W 00° 11.573'
max. WOMOs: 3-5
Ausstattung/Lage: Abfalltonnen, Duschen für Kinder - oder doch die Füße?/ortsnah
Zufahrt: s. Text
Sonstiges: Sand-Kies-Strand

Teppiche von Mittagsblumen schmücken den ca. 100 m tiefen Dünenstreifen, daneben erfreut uns ein Oleanderwäldchen.

Einen weiteren schönen Platz, und zwar am **Nudistenstrand**, findet, wer in südlicher Richtung vor dem nächsten kleinen Kanal wieder meerwärts, also nach *links*, abbiegt:

(058) WOMO-Badeplatz: Platja de Malvarossa III

Position: N 39° 42.742'; W 00° 11.592' **max. WOMOs:** 3
Ausstattung/Lage: Abfalltonne, Fußduschen/ortsnah
Zufahrt: s. Text
Sonstiges: Sandstrand. Hundeverbot. **Nudistenstrand**.

Bei PLATJA DE ALMANDÀ findet der **Bade**willige eine letzte Möglichkeit am Sandstrand mit ca. 100 m tiefem Dünengürtel bei ausreichendem **Park**platz-Angebot.

Kurz darauf zeigt uns dann das Gewimmel der Baukräne über den Häusern an, dass wir bereits die Vorort-Zone von SA-

GUNT erreicht haben. Wir folgen den *Hinweisen „Platja“* und *„Tourist-Info“*, finden letzterer direkt gegenüber den Stellplatz

(059) WOMO-Stellplatz: Sagunt

Position: N 39° 39.589'; W 00° 12.716' **max. WOMOs:** >5
Ausstattung/Lage: großer Schotterplatz, Abfalltonnen/im Ort
Zufahrt: s. Text; gegenüber Tourist-Info
Sonstiges: feiner Sandstrand 2 Fußminuten entfernt

und vertrauen der Zusicherung in der Tourist-Info, die Kriminalitätsfrage sei hier kein Thema.

Mit dem **Stadtplan** (kostenlos in der Tourist-Info zu bekommen) finden wir leicht zum **Parkplatz** am Rand der einige Kilometer entfernten **Altstadt**, *rechts unterhalb der Ringstraße* im ausgetrockneten Flussbett.

Die 60.000-Einwohner-Stadt **SAGUNT** war bereits in der Antike vielfach begehrt und entsprechend umkämpft. Als bedeutende Hafenstadt mit befestigter Burganlage in exponierter Position auf einem Bergrükken, wurde sie immerhin zum Anlass für den 2. Punischen Krieg zwischen Hannibals Karthago und Rom 219 v. Chr. - erinnern Sie sich noch? Auf ihre Zeit als **größte römische Enklave** reichen auch die Ursprünge der noch heute in ihren Ausmaßen gewaltigen, nämlich fast 1 km langen **Burganlage** zurück, heute das Wahrzeichen der Stadt.

Einen tröstenden Motivationsanreger in Anbetracht der Hitze können wir Ihnen zur Besichtigung der Altstadt mit auf den Weg geben: die Entfernungen zu den wesentlichen Sehenswürdigkeiten sind recht gering! Bereits während des Fußweges zur **Burg**, die, von weitem sichtbar, über der **Altstadt** thront, bewundern wir, sozusagen im Vorübergehen, die **Säulen**- und **Arkaden**-umstandene **Plaza major**, das mächtige, kantige Gebäude der **Kirche Santa Maria** aus dem 14. Jh. mit schmiedeeisernem Turmaufsatz und **Türverkleidungen aus Messing**. Wir durchstreifen Gassen des ehemaligen **Judenviertels**, finden mit Mühe die Mauerreste des **Diana-Tempels** aus römischer Zeit - und all das eingebettet in eine Mixtur aus anhaltendem Verfall und Schutt hier, Bemühen um Sanierung und Restaurierung dort.

Wie sich's gehört, kommt das Beste zuletzt: durchgehend bis 20 Uhr (und kostenfrei) zu besichtigen sind das **römische Theater** (nicht

Amphitheater, wie wir mehrfach fälschlicherweise geschrieben sahen) und die **riesige Burganlage** oberhalb. Die bereits in der Antike gerühmte Lage des 6000 (!) Plätze umfassenden Theaters in der Landschaft, mit einem Blick von den Rängen über die Bühne hinweg bis weit hinunter zur Küste, lässt sich aus dem jetzigen, durch Überrestaurierung und eine 20 m hohe Wand hinter der Bühne verfälschten Zustand leider kaum noch erahnen. Immerhin wurden Originalfunde wie Säulen, Kapitelle, Freskenteile einigermaßen geschickt eingebaut. Die typische Atmosphäre jedoch, wie etwa in Orange, ist perdu!

Stadt hinter, Stadt vor uns: VALENCIA wartet! Da wäre natürlich ein ruhiges Übernachtungsplätzchen, sozusagen zum Luftholen, das Ziel unserer Wünsche - von Baden wagen wir gar nicht zu träumen! Was wir in diesem stadtnahen Küstenbereich eigentlich für ausgeschlossen hielten, findet sich dann aber doch! Zwischen den Häusern von PLATJA DE PUCOL (dort, falls gewünscht, **Camping Valencia**; in „3. Reihe") und PLATJA DE PUIG, dem Bade-Vorort von VALENCIA, bietet eine ca. 500 m lange, unbebaute, ca. 100 m tiefe, feste Kiesfläche fast beliebig vielen Womos eine Tag- und Nacht-Bleibe:

(060) WOMO-Badeplatz: Platja de Pucol

Position: N 39° 35.768'; W 00° 16.158'
max. WOMOs: >5
Ausstattung/Lage: keine/ortsfern
Zufahrt: direkt von PUCOL auf den Strand zu, am südl. Ende der sichtbaren Bebauung
Sonstiges: wunderbarer Sandstrand

Viel schöner geht's gar nicht! Die Gebäude und Silos von SAGUNT am nördlichen Horizont sind weit weg, und wir bleiben hier, ob Sie's glauben oder nicht, Ende April mal wieder mutterseelenallein mit Meer, Sonne und diesen

Sardinen auf Sagunter Art *(Vorspeise)*

Pro Person **100 g Sardinen** (oder andere max. 12 cm lange Fische).
1. Kopf abdrehen und die daran hängenden Innereien entfernen. Gräte drinlassen, sonst zerfallen die Fische! Waschen, mit Küchenpapier trokkentupfen.
2. **Mehl**ieren.
3. In viel heißem **Olivenöl 2** ungeschälte, mit dem Handballen gequetschte **Knoblauchzehen** anrösten, bei Braunfärbung herausnehmen.
4. Jetzt die Fische in diesem *sehr heißen* Öl ca. 5 min ausbraten, dabei 1x wenden.
5. Auf einen Teller geben, **salz**en, mit **Zitrone** und **Weißbrot** servieren.

Sollten Sie hier in der Nacht einmal aufwachen und die Nachtigall hören: die kennen wir, herzliche Grüße!

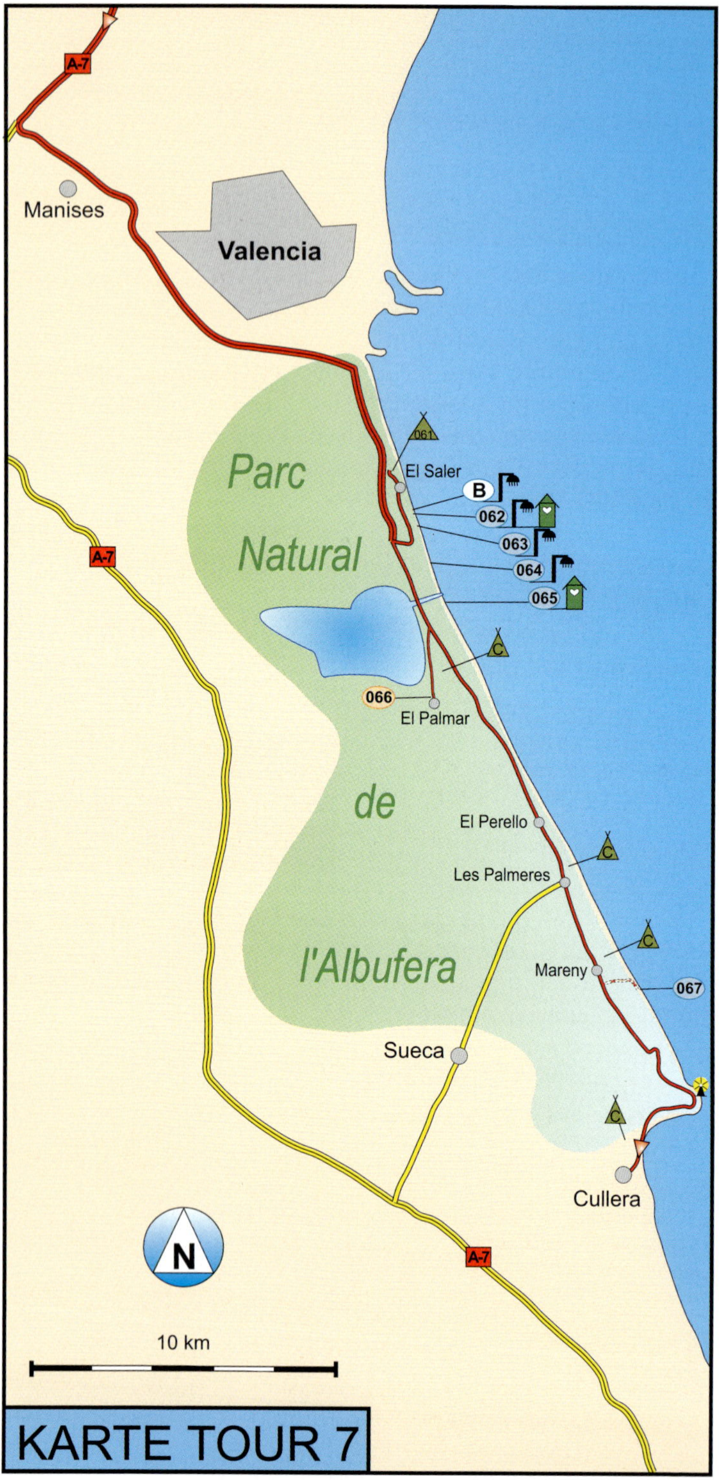
A-7
Manises
Valencia
Parc Natural de l'Albufera
061
El Saler
B
062
063
064
065
C
066
El Palmar
El Perello
Les Palmeres
Mareny
067
Sueca
Cullera
N
10 km

KARTE TOUR 7

TOUR 7 (ca. 40 km / 4 Tage)

Valencia - El Saler - El Palmar - Cullera

Freie Übernachtung:	El Saler, El Palmar, Mareny
Campingplätze:	El Saler
Baden:	gesamter Küstenabschnitt, u. a. Naturistenstrand bei Mareny
Besichtigen:	Altstadt von Valencia, Museum „Ciudad de les Arts i les Ciencies", El Palmar mit Naturpark Albufera

Zugegeben, die Hochhauskulisse von VALENCIA, der mit 800.000 Einwohnern drittgrößten Stadt Spaniens, in topfebener Landschaft und mit der sichtbaren Smogglocke darüber, lädt auf den ersten Blick nicht gerade freundlich zum Besuch ein. Die **Altstadt** jedoch, in der sich fast alles für den Touristen Wesentliche und Sehenswürdige konzentriert, erstreckt sich zentral über einen durchaus zu Fuß zu bewältigenden Bereich.

Minimal einen Tag müssen Sie zweifellos für diese faszinierende Stadt reservieren, das steht fest! Wo wollen wir ohne Sorge um Hab und Gut unser Womo platzieren? Aus unserer Sicht gibt es in vergleichbaren Situationen nur **eine** vernünftige Alternative, wenn man alle Aspekte wie Praktikabilität, Bequemlichkeit und nicht zuletzt auch Sicherheit berücksichtigen möchte: einen stadtnahen **Campingplatz** aufsuchen und sich von dort mit öffentlichen Verkehrsmitteln auf den Weg machen. Alles Andere bringt Stress und vermeidbare Anspannung!

Unser **Campingplatz**-Vorschlag liegt im Süden von VALENCIA. Wer sich **durch** das Gewühl der Stadt kämpfen möchte, wird bei inkonsequenter Ausschilderung und ungewohnter Verkehrsregelung (es gibt z.B. Haltelinien mit Ampelregelung **innerhalb** der riesigen Kreisverkehre!) kaum weniger Zeit, dafür aber deutlich mehr Nervenkraft verbrauchen als bei **weiträumiger Autobahn-Umfahrung**.

Wir wählen von den 2 direkt nebeneinander liegenden Plätzen in PLATJES EL SALER diesen aus:

(061) WOMO-Campingplatz-Tipp: Camping-Park El Saler

Position: N 39° 23.391'; W 00° 19.995'
Öffnungszeiten: ganzjährig. **Ausstattung/Lage:** schön schattig; strandnah; Ver- und Entsorgung/am Ortsrand
Zufahrt: direkt am Kreisverkehr zu Ortsanfang
Sonstiges: Diskothek und Gokart-Bahn wenige 100 m entfernt

Man weiß hier um seinen besonderen Wert: 25 Euro kostet die Übernachtung für ein Womo mit 2 Personen! Aber dafür gibt's auch **Stadt-** und **Fahrplan** umsonst, und der **Bus** (1 Euro p. P.) fährt etwa **stündlich** vor dem Eingang ab.

Auf unserer Fahrt ins Zentrum von VALENCIA wechseln sich Bauschutt-Flächen mit kleinen landwirtschaftlichen Arealen ab. Am Straßennetz wird unermüdlich - und extrem großzügig dimensioniert - aller Orten weitergebaut. Nach gerademal einer Viertelstunde passieren wir die gigantische **Museumsanlage Ciudad de les Arts i les Ciencies** (s. u.), weitere 10 min später steigen wir an der **Plaza del Torro** aus. Und laufen erstmal gegen eine Wand: der klimatisierte Bus hat uns verheimlicht, dass wir am heutigen späten Vormittag Ende April 30° Schattentemperatur erleben!

Der berühmte **Bahnhof** direkt nebenan ist unser erstes Ziel - wir kommen aus dem Bewundern nicht heraus! Jugendstil in seiner schönsten und üppigsten Form - und gepflegt! Fassade, Glasfenster, dekorierte Säulen, es ist eine Pracht! Den Bahnhof im Rücken, nimmt uns sofort die Atmosphäre des großstädtischen **Rathausplatzes** gefangen: reich verzierte, vielstöckige Jugendstil-Gebäude, eines schöner als das andere, und alle in herausgeputztem Zustand. Ob das **Rathaus** (Ajuntament) links oder etwas zurück rechts das **Telegrafenamt**, breite Straßen, weite Plätze, glasüberdachte Passagen, dazwischen immer wieder Grünflächen und Bäume: ein Ensemble, das fasziniert! Am nördlichen Ende der **Plaza Ajuntament** biegen wir vor dem Gebäude der Deutschen Bank nach rechts ein in die *Carrer de los Barcas*, und gegenüber dem wunderschönen Komplex der Banco de Valencia lassen wir uns in der **Tourist-Info** einige Fragen beantworten und einen sehr

detaillierten **Stadtplan** schenken. Von dort aus die *Carrer Poeta Querol* geradeaus und vorbei an der monumentalen Front der **San-Andreas-Kirche**, landen wir am **Palacio de dos Aguas**; dieses im Kern gotische Gebäude führt uns seine heute über und über geschmückte Rokoko-Fassade vor.

Als Zentrum der Altstadt gilt die **Plaza de la Reina**. Zunächst fällt der hohe, schlanke, sechseckige **Turm** der **Santa-Catalina-Kirche** ins Auge, dahinter dann sofort das verschachtelte, wunderschön verzierte Gemäuer der **Kathedrale**. Das helle gotische Schiff ist gesäumt von barocken Seitenkapellen, die uns ihre kostbaren Kirchenschätze präsentieren, während ein Oboenkonzert unseren Rundgang untermalt. Mit dem **Turm Miguelete** ersteigen wir über 207 Stufen eines der Wahrzeichen VALENCIAs und bewundern aus dieser Höhe die Schönheit des **achteckigen Turms** über der Vierung mit seiner Doppelreihe filigran ausgeformter, schlichter Glasfenster. Wir genießen den umfassenden Blick

über die Stadt, während die Klänge der Straßenmusikanten zu uns heraufschallen. Die Kathedrale ist übrigens **nicht**, wie vielfach zu lesen, über Mittag **geschlossen**!

Kunstvolles auch im Alltag: Sehen Sie sich bitte zwischendurch einmal die Auslagen der Eisdielen an: jede Sorte weist eine kunstvolle Oberflächenverzierung auf!

Die **Markthalle** finden wir wenige Minuten westlich der Plaza de la Reina; riesig und gleichfalls innen wie außen in reinem Jugendstil bewahrt. Und darin ein Angebot, dass uns die Augen tränen!

Die **Lonja**, die ehemalige Seidenbörse gegenüber, gilt als besonderes architektonisches Juwel des späten 15. Jahrhunderts. Ist der Anblick der Fassade mit ihrem kunstvollen Portal und den ausgeschmückten Fensternischen schon beeindruckend, verschlägt uns der hohe, schlichte Raum mit seinen schlanken **gedrehten Säulen** und dem Netz von Graten beim Eintreten fast den Atem.

Unser **praktischer Rat** für die Altstadterkundung, **spätestens um 10 Uhr** zu beginnen, ergibt sich aus dem Umstand, dass Markthalle und Lonja um 14 Uhr schließen! Wem es zu Fuß zu mühsam sein sollte: ab Rathausplatz fährt ein Sight-Seeing-Bus, der beliebig verlassen und wieder bestiegen werden kann.

VALENCIA wirbt intensiv mit seiner Attraktion der **Ciudad de les Arts i les Ciencies**, einem geradezu gigantischen Komplex aus mehreren Museen:

1. das der **Wissenschaft**, wo man uns über Bau und Funktion des menschlichen Organismus' einschließlich praktischer Anwendungen wie Free-Climbing etc. belehrt. Das Vergnügen wird allerdings gemindert durch die Tatsache, dass die meisten Erklärungen zwar in beiden spanischen Sprachen abgefasst sind, aber nur weniges zusätzlich in englisch. Physikalische Experimente, Biologisches, die Entwicklung vom Ei bis (fast) zum halben Hähnchen, ein Planetarium mit Vorführungen, Geheimnisse der Tierwelt und der Menschheit bis hin zum Raumfahrt-Zeitalter; und überall zusätzliche Video-Vorführungen, die allerdings teilweise Sondereintritt kosten,
2. im sogen. **L'Hemisferic** werden diverse Filme, meist Zeichentrick- u. ä. angeboten.
3. Stolz und Krönung der Anlage ist das **Oceanografic**: diverse Aquarien, dabei wirklich beeindruckend der ca. 50 m lange Unterwassertunnel: wann kann man schon einmal einen Rochen über sich segeln sehen! Ansonsten umschwimmen uns hier einige der Tierchen, die wir gestern mit Preisschild in der Markthalle sahen. Ein Seehundbecken, Arktisabteilung und Delfinarium runden das Angebot ab, nicht alles immer zugänglich, insbesondere außerhalb der Hauptsaison!

Insgesamt ein wahrhaft monströses Angebot und keines für Fußkranke, es sind beträchtliche Entfernungen auch zwischen den Gebäuden zurückzulegen! Ob das museale Spektrum, die Dimension der Anlage und der Preis (für eine vierköpfige Familie müssen summa summarum doch etwa 100 Euro kalkuliert werden) in einem akzeptablen Verhältnis zueinander stehen, möchten wir Ihrer Würdigung überlassen. Um Ihnen gegebenenfalls zusätzliche Schweißtropfen am Ende des Museumsbesuches zu ersparen, noch ein kleiner Hinweis: **Abfahrtspunkt** „unseres Busses" nach EL SALER ist die runde Litfaßsäule am westlichen Rand des Geländes, vor dem **Centro Commercial El Saler/***Carrefour***-Markt**.

Selbstverständlich bietet eine Großstadt wie VALENCIA noch unendlich viel mehr an Sehenswürdigkeiten, Museen, Flohmärkten; die berühmteste der jährlichen Veranstaltungen ist das Frühlingsfest **Las Fallas** Mitte März. Wer sich für Keramik interessiert, muss unbedingt den Vorort MANISES besuchen, in dem Fliesenschmuck ganze Straßenzüge prägt!

Sollten Sie nun allerdings etwas stadtmüde geworden sein und sich wieder Badefreuden hingeben wollen: folgen Sie uns einfach!

Vom Campingplatz **(061)** aus durchfahren wir den 500 m südlich liegenden Ort EL SALER mit Einkaufsmöglichkeiten und Restaurants, biegen gleich hinter der kurzen Geschäftszeile *links* ab zum Strand. Diese Straße wie auch die nächste (und bereits die erste direkt am Campingplatz) sind nur Stichstraßen zu großen **Parkplätzen** am intensiv besuchten **Sandstrand**; grün bemütztes Aufsichtspersonal reguliert den Zufluß. Den hier noch ausgeschilderten Campingplatz gibt's nicht mehr.

Zwar bleibt die Situation an allen Zufahrten grundsätzlich gleich: Stichstraße zum **Parkplatz**, von dort Holzbohlenweg zum **Strand**, den entlang ein breiter **Rad-Fuß-Weg** führt; doch mit jedem Meter Entfernung von VALENCIA werden Frequentierung und Reglementierung lockerer. Am kilometerlangen feinen **Sandstrand** finden wir **Duschen** und schließlich, schon ein paar Kilometer von EL SALER entfernt, sogar einen Platz, der sich auch zum **Übernachten** anbietet:

(062) WOMO-Badeplatz: El Saler I/Tallafoc de la rambla

Position: N 39° 22.511'; W 00° 19.397' **max. WOMOs:** 2-3

Ausstattung/Lage: Sandstrand, Duschen/ortsfern

Zufahrt: 1. Kreisel südl. El Saler mit *Hinweis Tallafoc de la rambla*

Sonstiges: Restaurant, daneben öfftl. WC; Zelten und Hunde verboten. Hinter der Dünenkette, d.h. kein Blick aufs Wasser.

Der Unterhaltungswert des Strandes wird erhöht durch den regen Schiffsverkehr von und nach VALENCIA, der wenige Kilometer entfernt vor unseren Augen abläuft. Im Frühjahr ein einsamer Traum, im Sommer stark besucht - aber der **Strand** ist immerhin auch fast 6 km lang!

Seit EL SALER begleitet uns übrigens ein breiter, kiefernbestandener Dünengürtel zwischen unserer CV 500 und dem Ufer. Am nächsten Kreisel folgen wir der *Beschilderung „Platjes Sidi Saler"* und stoßen, wenn wir uns am Strand nach *links* (Norden) orientieren (*Hinweis zum Hotel Sidi Saler*), auf mehrere einzeln stehende Appartementhäuser, vor denen im Dünengürtel 7 große asphaltierte **Parkflächen** auf uns warten, keine 50 m vom **Badestrand** entfernt und mit Blick aufs Wasser! Zugegeben, die Bettenburgen hinter uns sind keine Augenweide, aber wir können sie ignorieren.

(063) WOMO-Badeplatz: El Saler II/Sidi Saler

Position: N 39° 21.760'; W 00° 19.090' **max. WOMOs:** 2-3

Ausstattung/Lage: Sandstrand, Duschen, Abfalltonnen/ortsfern

Zufahrt: s. Text (Foto s. nächste Seite)

bei **(063)**

Fahren wir in *südlicher* Richtung an der *Hotelanlage „Sidi Saler“* vorbei, biegt unmittelbar vor den nächsten Gebäuden (*Hinweis: Acsesso*) noch ein weiterer Weg zu einem großen Strand-**Parkplatz** mit Schotterbelag ab, und wir finden dort eine ähnliche Situation vor wie bei **(063)**:

(064) WOMO-Badeplatz: El Saler III/Sidi Saler

Position: N 39° 21.423'; W 00° 18.939'
max. WOMOs: 2-3
Ausstattung/Lage: feiner Sandstrand, Duschen, Abfalltonnen/ortsnah
Zufahrt: s. Text

Zurück auf der Hauptstraße, erwartet uns ein erster Blick auf die ausgedehnte Wasserfläche des **Parc Natural de l'Albufera**, eines flachen Süßwassersees von etwa 6 km Durchmesser, der sich trotz zunehmender Verlandung und Überdüngung noch immer seinen besonderen Charakter als Vogelschutzgebiet hat bewahren können - und seine kulinarischen Reize! Eine **Beobachtungsplattform** rechts der Straße mit Ferngläsern und Bootsverleih wirbt um Besucher.

Bald danach überquert die Straße einen Kanal, dann gibt's erneut eine Abbiegemöglichkeit nach *links* bis zu einem **Binnensee**; wer vor seinem Ufer nach *rechts* (Süden) und in einer Schleife den Strand entlang bis an den Kanal fährt, findet Vergleichbares wie **(063)** und **(064)**. Wieder wird eine ganze Menge verboten, so Zelten und Hunde, andererseits ist ein öffentliches **WC** angezeigt. **Mehrere Parkflächen** liegen unmittelbar hinter der Dünenzone, deshalb bietet sich vom Womo aus kein Blick aufs Wasser, aber dafür lockt der selbe tolle **Strand**!

(065) WOMO-Badeplatz: Platja de la Devesa

Position: N 39° 20.769'; W 00° 18.626' **max. WOMOs:** 2-3
Ausstattung/Lage: feiner Sandstrand; öfftl. WC/ortsfern
Zufahrt: s. Text
Sonstiges: Zelten und Hunde verboten

Im und am See, insbesondere auf einer kleinen Insel, tummeln sich zahlreiche Wasservögel; uns allerdings ist das Baden in diesem Gewässer verboten.

Von der Hauptstraße biegen wir genau *1 km südlich* der **Beobachtungsplattform** beim *Hinweis „El Palmar"* nach *rechts* in eine Schilfallee ab. Plötzlich öffnet sich eine gänzlich andere Landschaft: akkurat parzelliert, mit meterhohem Schilf bestanden, mit dem auch die Dächer einiger der typischen **Baracas** (Hütten) gedeckt wurden. Nach dem 3. schmalen Brücklein erreichen wir EL PALMAR. Schon mehrfach vor dem

Städtchen und dort dann an jeder Ecke lädt man zur **Bootsfahrt** in den Kanälen und auf dem See von Albufera ein. Einige wenige der ehemaligen Fast-Nur-Dach-Fischerhütten sind in diesem recht unaufdringlich vom Tourismus geprägten Dorf noch verblieben. Zahlreiche Restaurants bieten die heimischen Spezialitäten an: Reisgerichte wie **Arroz a banda** und diverse **Paellas**, wenngleich oft als abgespeckte „Touri-Variante". Der früheren Armut

der Fischer und Landarbeiter verdanken wir heute diese Köstlichkeiten, die als ursprüngliches Reste-Essen zahllose variantenreiche Verfeinerungen erfuhren, als bekannteste die (auch im Camping realisierbare)

Paella Valenciana

1. Ca. **600 g Hähnchenfleisch** in kleine Stücke zerteilen
2. **1/8 l Olivenöl** in einer Pfanne erhitzen, das Fleisch darin braten, bis es fast gar ist, mit **Salz** und **Pfeffer** würzen und zunächst wieder aus der Pfanne nehmen.
3. In dem Öl **1 große** gehackte **Zwiebel** glasig dünsten, **1** kleingeschnittene **rote Paprika**, **2** zerdrückte **Knoblauchzehen**, **200 g Tintenfischringe** (oder **-streifen**), **300 g** (spanischen Rundkorn-) **Reis** dazugeben, umrühren, mit **3/4 l Fleischbrühe** aufgießen, in der **1-2 Päckchen Safran** aufgelöst sind (alles muss gut bedeckt sein).
4. Bei kleiner Hitze 15 min ziehen lassen, das Hähnchenfleisch und **200 g** (Tiefkühl-)**Erbsen** unterheben. Ca. **12 große**, **frische Muscheln** und ca. **8 Langustinos** darauf arrangieren (leicht in den Reis eindrükken); **1-2 Gläser trockenen Weißwein** darübergießen.
5. Zugedeckt weitere 15 min garen - jetzt müssen die Muscheln sich geöffnet haben!
6. Mit **Zitronen**spalten garnieren - auch im Camping isst das Auge mit!

Es sind - siehe Entstehungsgeschichte - im Übrigen diverse Variationen unter dieser Überschrift möglich, z.B. auch mit anderen Fleischsorten, anderem Meeresgetier, s. Foto!

Ein **Spaziergang** am südwestlichen Rand des Ortes lässt etwas von der Besonderheit dieser Lebenssituation erfahren, in der heute natürlich die Fischerei nur noch eine geringe, der Fremdenverkehr dafür die wesentliche Rolle für den Lebensunterhalt spielt. Unterschiedliche Reiher- und Sumpfvögel können wir hier beobachten; die durchwärmte Stille entführt vorübergehend in eine andere Welt.

Für eine **Bootstour** auf den Kanälen und dem See sind 4 - 5 Euro p. P. für 45 Minuten anzulegen - wobei der Außenbordmotor die Idylle etwas schmälert!

Wie wär's mit einer Übernachtungsmöglichkeit am westlichen Ortsrand, direkt neben dem Kanal, etwa nach einem Abendessen (und -trinken) in einem der Restaurants? Auch der große **Busparkplatz** unmittelbar vor Ortsbeginn rechts könnte Sie Ihren Tag ruhig beschließen lassen:

(066) WOMO-Stellplatz: El Palmar

Position: N 39° 18.906'; W 00° 19.091' **max. WOMOs:** >5
Ausstattung/Lage: Schotterplatz/ortsnah
Zufahrt: vor Ortsbeginn rechts

Am nächsten Morgen geht es auf der CV 500 weiter Richtung Süden. Nach 1,9 km passieren wir den **Campingplatz** „Devesa Gardens“ rechts von der Straße, danach den Golfplatz „El Saler“, dann überqueren wir den breiten Kanal. Von hier an präsentiert sich nun die Küste absolut zubetoniert: EL PERELLO, LES PALMERES, MARENY - zum **Baden** können Sie hier natürlich überall an den wunderschönen **Strand** fahren und auf eine Parkmöglichkeit hoffen, aber freies Übernachten ist ausgeschlossen. Die beiden letztgenannten Orte halten **strandferne Campingplätze** vor...

Badehose in Deutschland vergessen? - auch kein Problem: ein über 1 km langer Küstenabschnitt ist vor CULLERA (noch?) nicht bebaut und lockt mit einem **Nacktbadestrand**! Genau 2 km nach dem *Ortsende-Schild „Mareny de San Lorenz“*, der nächste Kreisverkehr ist schon zu sehen, geht es auf Höhe des Vorwegweisers *links* ab (aus der Gegenrichtung lesbares großes *Schild „Naturist Playa 500 m“*) zu

(067) WOMO-Badeplatz: San Lorenz

Position: N 39° 12.529'; W 00° 14.113' **max. WOMOs:** 2-3

Ausstattung/Lage: keine/ortsfern
Zufahrt: s. Text; 1,4 km schmale Zufahrt (Oleander und Schilf streifen das Womo), die letzten 400 m auf Schotter
Sonstiges: Sandstrand vom feinsten! Weitere Stellmöglichkeiten im südl. Bereich des Areals

Als Platz zugegebenermaßen nicht sehr anheimelnd: von Tamarisken umstandener **Parkplatz**, mehrere Gebäuderuinen in der Nähe, aufgegebene Gartengrundstücke - aber der **feinsandige Strand** hinter der Düne ist ein absoluter Traum!

Der weiße Leuchtturm-Komplex von CULLERA blendet über der tiefblauen Wasserfläche, ein Postkartenmotiv, wenn man hier anhalten könnte. In dieser Stadt stehen die Bettenburgen (100.000 Gästebetten!) so dicht beieinander, dass sie sich gegenseitig die Sonne wegsperren. So gesehen, hat's der **Campingplatz** noch gut: er liegt am Berg!

Nein, da lockt uns Schöneres, hier verlassen wir die Küste gern!

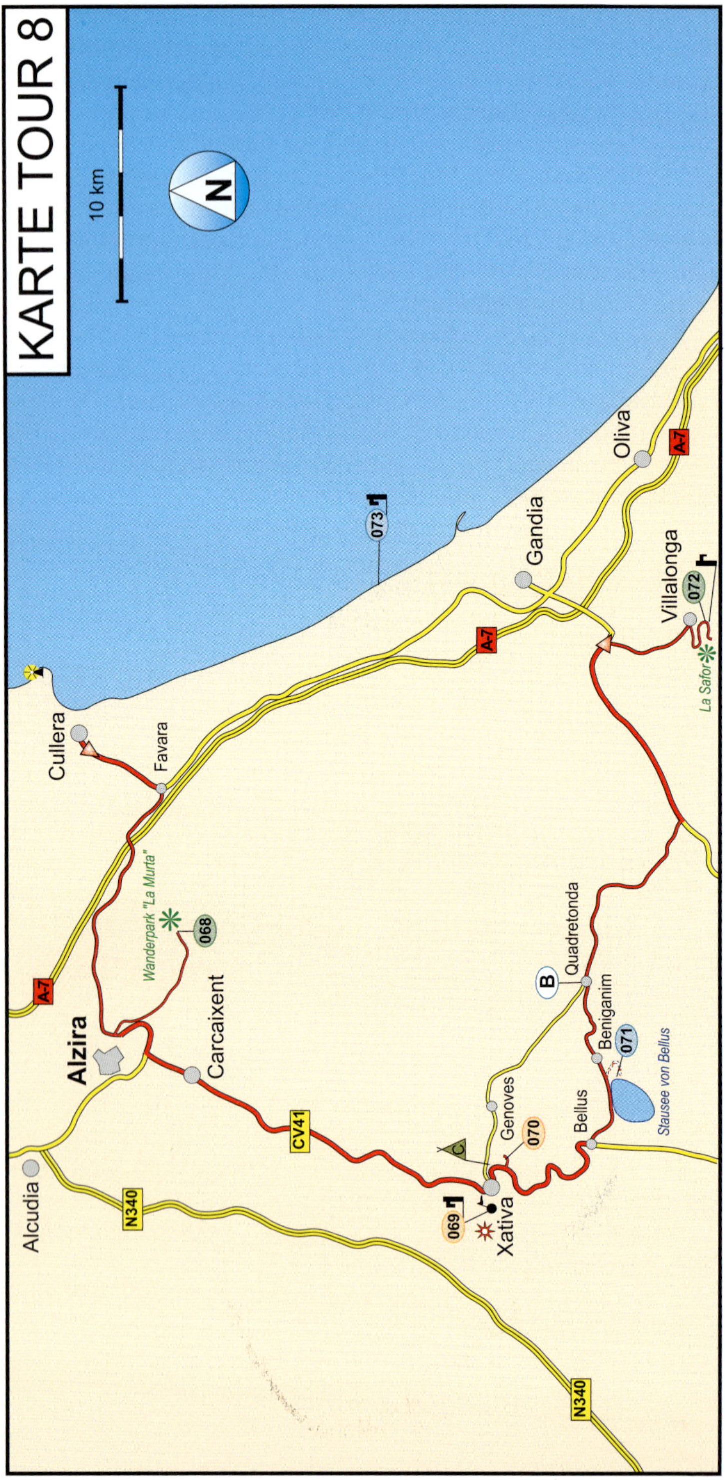
KARTE TOUR 8
10 km
N
073
Cullera
Favara
Gandia
Oliva
A-7
A-7
A-7
Villalonga
072
La Safor
Wanderpark "La Murta"
068
Alzira
Carcaixent
Quadretonda
B
Beniganim
071
Stausee von Bellus
Bellus
Genoves
070
CV41
C
Xativa
069
Alcudia
N340
N340

TOUR 8 (ca. 70 km / 4 Tage)

Alzira - Xativa - Beniganim - Quadretonda - Villalonga

Freie Übernachtung:	Wanderpark „La Murta“ bei ALZIRA, in und bei XATIVA, Stausee von BELLUS, „La Safor“ bei VILLALONGA
Baden:	Stausee von BELLUS, Schwimmbad in QUADRETONDA
Besichtigen:	Burg und Altstadt von Xativa
Wandern:	beim Hieronymitenkloster „La Murta“, „Naturtheater“ von „La Safor“

Von der Küste weg führt unser Weg auf der N 332 zunächst nach FAVARA, dann weiter nach ALZIRA; hier möchten wir Sie gern zu einer eher ungewöhnlichen, stimmungsreichen **Wanderung** einladen.

Am 1. Kreisverkehr (*Lidl*) folgen wir der Ausfahrt *Hospital*, am nächsten, 500 m weiter, finden wir **La Murta** (die Myrte) schon ausgeschildert. Der kleine **Parkplatz** unmittelbar vor dem Eingang in den **Wanderpark** garantiert traumhafte nächtliche Ruhe:

(068) WOMO-Wanderparkplatz: Wanderpark „La Murta“

Position: N 39° 07.920'; W 00° 22.301'
Ausstattung/Lage: keine/ortsfern

max. WOMOs: 1
Zufahrt: s. a. Text; vom 2. Kreisverkehr der Ausschilderung „La Murta“ folgen, nach 4 km am Friedhof vorbei, dann rechts ab durch Orangenhaine, die letzten 150 m auf Schotter
Sonstiges: Wirklich nur 1 Womo der 6-m-Klasse! Bitte längs an der Wand stehen wegen Feuerwehrzufahrt!

Sollte der Platz schon besetzt sein, bietet sich als Alternative das **Parken** 200 m zurück direkt an der Mauer an.

Für die **Wanderung** im Bereich des ehemaligen **Hieronymiten-Klosters** bringt uns die Info-Tafel am Eingang des Parks nur bedingt Erleuchtung, da es weder das entsprechende Kartenmaterial noch Mar-

kierungen im Gelände gibt. Aber: wir werden von der freundlichen Parkwächterin mit Namen und Herkunftsland registriert, damit hier keiner verloren gehe!
Richten Sie sich heute bitte auf eine **2,5-stündige Wanderung** ein, die mit größeren Kindern nicht nur durchführbar, sondern auch für sie wirklich interessant ist!
Mühe und Anstrengung werden hier ungewöhnlich belohnt: ein **eisernes Kreuz** wird leicht zu erreichen sein, und am Ende winkt Ihnen gar das des **Kardinals**!
Wir wandern auf breitem Schotterweg in die Spitze des Tals hinein, von hohen, teils bewaldeten, felsigen Hängen flankiert. Nach 10 min erreichen wir bereits das **Eisenkreuz**, nach 2 weiteren unser erstes großes Ziel: die **Klosteranlage**, die im 15. Jh. als Bau begonnen, im 19. dann wieder aufgegeben wurde. Von den Mauern steht noch Einiges, u.a. die Fassade des Kirchenschiffs, vieles wurde inzwischen gesichert und konserviert. Wir entdecken Details wie Fliesenböden und Kacheldekors, die ausgeklügelte Wasserleitung zum Befüllen zweier übereinander platzierter Zisternen...

Was uns jedoch wieder einmal am meisten beeindruckt, sind die Stille und Abgeschiedenheit in dieser wunderschönen Landschaft!
Mit der Sonne erwachen die Vögel und erfüllen die hohen Bäume um uns herum mit Leben. Sollten Sie übrigens bei der Fortsetzung der Wanderung in Richtung „Creu del Cardenal“, in der Nähe des Wegweisers, die Fangnetze entdecken: nichts Böses denken - hier wirkt die

Zwergpalme

Wilde Gladiole

Weißer Ginster

Sterne in blau...

...Sterne in rosa

Blauer Lein

Binsenlilie

Ornithologie mit dem Beringen der Vögel, nicht der Appetit eines versprengten Hieronymiten!

Werfen Sie doch hier bitte einen Blick nach Süden: das **Gipfelkreuz** - dort hoch oben ist es, dort wollen wir hin!
Ab jetzt steigt der breite Naturweg stetig an, bietet zum Glück immer wieder schattige Abschnitte. Wir erleben im Frühjahr Blüten in allen Variationen und Farben, gelb, violett, intensive, warme Blautöne, dunkles Lila, Weiß. Die Klosterruine wird inmitten des Meers aus dichtem Grün immer kleiner, liegt bei jedem Ausblick tiefer unter uns. 25 min nach Verlassen des Klosterkomplexes befinden wir uns unterhalb einer hoch aufragenden Felswand. Nach einer kurzen Senke wird der Weg dann steiler, und von einem *nach links* weisenden **Holzschild** an führt uns ein schmaler Pfad weiter in die Höhe. An den Wochenenden teilen Sie sich übrigens diese Wanderung garantiert mit Einheimischen, von denen uns einige bereits morgens um 10 Uhr unterhalb des Gipfels wieder entgegen kommen. Nach 45 min (ab Kloster) erreichen wir einen Sattel, und unser Blick fällt in die weite Ebene bis zur Küste mit dem dunstigen Blau des Mittelmeeers. Auf den letzten 10 min bis zum Kreuz müssen dann gelegentlich die Hände den Füßen etwas zur Hilfe kommen. Unter dem **Gipfelkreuz** informiert uns unser GPS-Gerät, dass wir **545 m** Höhe erreicht haben: davon waren es immerhin 350 seit dem Beginn unserer Wanderung vor 1 Stunde!

Wir verlassen ALZIRA mit einem schwer bepackten Womo - der hiesige *Carrefour*-**Supermarkt** sprengt alle bisher gesehenen Dimensionen und ist wegen seiner merkwürdigen Sortierung für immer neue Überraschungen gut: da noch 'ne Käsetheke, dort noch ein Crevetten-Sonderangebot; Fische aller Sorten und Größen, auch Mischpakete mit Muscheln, Fischstückchen, großen und kleinen Langustinos, Tintenfisch; eine 2-Personen-Paella-Pfanne inkl. 3 kg Reis für 3,95 Euro, ein Wein-Sonderangebot! **Was** wir heute kochen, ist damit klar: einen Klassiker dieser Region, **Arroz a banda**. Und **wo**? Bitte noch 20 km Geduld!

Wir halten uns am östlichen, dann südlichen Rand von ALZIRA und finden problemlos die Strecke nach CARCAIXENT, ab dort nach XATIVA. Mit den Köstlichkeiten im Gepäck, lockt uns heute der frühe Feierabend, **XATIVA en detail** muss bis morgen warten.

Der Ort zeigt ein sehr städtisches Straßenbild mit hohen Geschäfts- und Wohnhäusern, mächtigen, schattenspendenden Platanen und - Achtung - in Richtung Burgberg sofort sehr schmal werdenden Gassen! Ersparen Sie sich unnötige Anspannung, bitten Sie in der **Tourist-Info** in der Hauptstraße um einen **Stadtplan** (falls geschlossen, auch in der **Polizeistation** in der Nähe zu bekommen).

Der nicht ausgeschilderte, praktisch nur von Dauercampern besuchte **Campingplatz** liegt an der Straße nach GENOVES. Wir finden lieber **hier** ein „Zuhause": auf halber Höhe zwischen **Burg** und Stadt liegt, auch für größere Womos, ein Übernachtungsplatz, von dem aus die Burg zu Fuß in 20 min zu erreichen ist:

(069) WOMO-Stellplatz: Xativa

Position: N 38° 59.144'; W 00° 31.213'
max. WOMOs: 3-4
Ausstattung/Lage: Abfalltonne/ortsnah
Zufahrt: vom Ambulatorium an der Plaza del Espanoleto bergauf, an der T-Kreuzung links, dann immer der Beschilderung zur Burg folgen. Schließlich fährt man auf das untere Ende der Stadtmauer direkt zu, von hier aus noch eine Serpentine
Sonstiges: im Bereich der leider sehr verwahrlosten Picknickzone direkt oberhalb gibt es einen **Wasserhahn**.

Zum frühen Abendessen also jetzt, wie versprochen, das Rezept für

Arroz a banda

1. 1 **Zwiebel** schälen und würfeln
2. **4 El Olivenöl** in der Pfanne erhitzen, die Zwiebel darin anbraten (sie darf nicht braun werden!)
3. **250 g** (spanischen Rundkorn-**) Reis** ungewaschen hinzugeben und unter Rühren 2-3 min erhitzen, bis die Körner glasig sind (auf keinen Fall bräunen!)
4. **1/2 l Fischbrühe** (gibt's im Glas zu kaufen) mit **Salz** und 1-2 Päckchen **Safran** vermischen, unter den Reis rühren, den Reis bei schwacher Hitze in ca. 25 min ausquellen lassen.
5. Ca. 10 min vor Ende der Garzeit **Fisch** in mundgerechten Stücken, **kleine** (geschälte) **Garnelen** bzw. **Crevetten**, **Krabben** und/oder **kleine Sardinen** vorsichtig unter den Reis heben.
6. Dazu **Weißbrot** und **Ajoli** = Knoblauch-Dipp (s. Crevetten-Rezept in Tour 12)

2 Anmerkungen:

a) Was nach Beliebigkeit klingt in Bezug auf Art und Menge der Meeresfrüchte, ist auch so gemeint: entscheiden Sie bitte selbst nach Verfügbarkeit, Appetit und Hunger!

b) Die Bezeichnung „a banda" (am Rand) weist auf die ursprüngliche Art hin, den Reis und die übrigen Zutaten getrennt zu servieren. Da diese Gewohnheit jedoch selbst in **dem** Arroz-a-banda-Dorf EL PALMAR verlassen wurde, fügen wir uns dem dortigen Brauch!

Wenn Sie zum Kochen lieber einsamer stehen möchten: zu unserer Stellplatz-Empfehlung **(070)** fahren Sie nur ein paar Minuten!

XATIVAs mittelalterliche **Burg** ist nicht nur imposante Ruine: in der riesigen **Oberburg**, dem **Major**-Teil, befinden sich noch intakte Wohngebäude, darin eine kleine Ausstellung zur Historie älterer und jüngerer

Vorbesitzer. Der Aufgang wird begleitet von einem kleinen **Lehrgarten** mit der Möglichkeit, etwas **Gewürzkunde** zu betreiben. Bescheidene Eintrittspreise und durchgehende Öffnung über Mittag lassen den Besucher mit Muße nach Fotomotiven im Bereich der verschachtelten Anlage Ausschau halten!
Ein **Touristenbähnchen** fährt übrigens von der Hauptstraße bis zum Eingang der Burg, falls Sie sich die Anstrengung des Aufstiegs ersparen - oder Ihren Kindern eine Freude bereiten möchten!
Abwärts folgen wir dem *Treppenweg* ab der **Cova dels Leons** (Löwenhöhle). Während an einem Sonntag (wie bei unserem Besuch) die

ganze Region auf den Beinen bzw. Rädern zu sein scheint, bleibt man auf *diesem Pfad* allein! Eine **Nevera**, ein Schneespeicher, leider verschlossen, liegt am Weg; bis ins 20. Jh. hinein hat man hier im Winter Schnee gebunkert, der im Sommer portionsweise zur Kühlung von Speisen benutzt und sogar verkauft wurde!

Die schmucke **Kirche San Filiu** aus dem 13. Jh., älteste der Kirchen von XATIVA, treffen wir zwar ebenfalls verschlossen an, erfreuen uns aber an ihrem säulengestützten Vordach und dem schlichten romanischen Portal - und werden von dieser fotogenen Ballerina überrascht!
Das Bild der **Altstadt** ist uns schon aus anderen Orten in ähnlicher Weise vertraut: enge Gassen, schmiedeeiserne Balkone, neben Altehrwürdigem und Malerischem auch viel Verfall, viel Schutt, viel Abfall.

Am Ende einer Gasse ragt der Turm der **Colegialkirche** aus dem 15.Jh. in die Höhe, daneben ihre gewaltige Fassade. Direkt gegenüber zieht die mit zwei kunstvollen Portalen geschmückte Front des alten **Hospitals** (15.Jh.) unsere Aufmerksamkeit auf sich.
An etlichen der umliegenden Häuser sind farbenfrohe **Ka-**

chelbilder mit religiösen Motiven zu bewundern.
Eines fehlt noch bei unserem Altstadtbummel: das **Museo Municipal/ del Almundin** (über Mittag, ca. 14 bis 16 Uhr, und Montag geschlos-

sen). Die Besichtigung des Baus selbst (16.Jh.) mit seinem säulen-umstandenen **Innenhof** lohnt ebenso wie ein Rundgang durch die unterschiedlichen Ausstellungen: vom anschaulichen Modell der Stadt, das die Situation im 15 .- 16. Jh. widerspiegelt, archäologischen Funden aus den verschiedenen Epochen der Stadtentwicklung (römisch, arabisch dominiert) über ein steinernes **Medaillon einer Calvarienszene** bis zu zahlreichen Bildern alter und moderner Maler - und natürlich im Blickpunkt des Interesses der **kopfüber aufgehängte Philipp V.** . So rächt sich nämlich die Stadt am Bourbonen-König bis heute für die Tatsache, dass er sie angezündet hat! Ganz schön nachtragend - schließlich ist die Tat 300 Jahre her!

Reißfest und **Reisfest**, beides besitzt in XATIVA jahrhundertealte Tradition: Europas erste bedeutende Papierproduktion - aus Reis - wurde hier von den Mauren ins Leben gerufen, und das wird alljährlich am letzten Sonntag im April gefeiert. Dann ist die Innenstadt gesperrt, Böller knallen, Musik allerorten - und Jung und Alt tafelt an langen Tischen auf der Straße die **Cassola**, das XATIVA-typische Reisgericht.

Wir verlassen XATIVA auf der N 340 Richtung ALICANTE/ BENIGANIM. Was mag der *„Club de Camp"* wohl sein, der 1,8 km nach Verlassen der Stadt *links* von der Straße angezeigt wird? Einen privaten Sportclub finden wir 600 m weiter vor - und diesen wunderschönen, am Abend völlig leeren Parkplatz unter Bäumen:

(070) WOMO-Stellplatz: Club de Camp Bixquert

Position: N 38° 58.880'; W 00° 29.923'
max. WOMOs: 2-3
Ausstattung/ Lage: keine/ ortsnah
Zufahrt: s. Text
Sonstiges: nur mittelgroße Womos

Mehrere Hähne um uns herum begrüßen froh den nächsten Tag, bald konkurrieren ein Spatzen- und ein Taubenchor, ein Kuckuck meldet sich als Solist, Hundegebell reißt uns dann wirklich aus den Federn. Aber kein Motorengeräusch vor 9 Uhr!

Jetzt verlassen wir die Region XATIVA aber wirklich. Auf der kurvenreichen N 340 passieren wir BELIUS, biegen *links* ab Richtung BENIGANIM, fahren über die **Staumauer** des **Embalse de Bellus**. Besäßen wir nur unsere 1:150.000-Karte, gäb's jetzt ratlose Gesichter: darin ist der Stausee überhaupt nicht vermerkt! Umso größer unsere Freude über diesen schönen Platz direkt am Seeufer:

(071) WOMO-Badeplatz: Embalse de Bellus

Position: N 38° 56.225'; W 00° 28.574'
max. WOMOs: 3
Ausstattung/Lage: keine/ortsfern
Zufahrt: gleich hinter der Staumauer *rechts* auf rumpeliger Naturpiste, nach 100 m *links*, sofort wieder *rechts*, insgesamt 600 m

Zahlreiche **weitere Plätze** bieten sich im Übrigen rund um den See über diverse andere Zufahrten an, u. a. auf einer gegenüberliegenden, wenige 100 m entfernten Halbinsel.

Bei unserem Erwachen am nächsten Morgen hält sich die Sonne vornehm zurück. Hochnebelartige Bewölkung liegt über dem See, aus der sogar ein paar Tropfen fallen.

Über BENIGANIM halten wir uns jetzt weiter Richtung GANDIA. Zum ersten Mal in dieser Region tauchen Weinanbauflächen auf, daneben Aprikosenplantagen. Falls Sie vom Baden im Stausee nicht so begeistert waren: in QUADRETONDA wartet auch ein **Schwimmbad** auf Gäste! Die Straße wird schließlich 4-spurig; wir passieren das imposante Gebäude des **Klosters des San Jeronimo**. Wer danach mit uns Ausfahrt 37 Richtung ADOR fährt, wird heute noch ein **Riesentheater** erleben!

Am Kreisverkehr vor der Kulisse markanter Kegel folgen wir der Ausschilderung nach VILLALONGA, dort gleich am Ortsanfang dem *Wegweiser „La Safor"* nach *rechts*, dann steil aufwärts auf Asphalt, vorbei an einem Steinbruch (erste **Parkmöglichkeit für Wanderungen** in die Schlucht von Safor), und erreichen 300 m weiter diese **Parkfläche** *rechts*, die sich im Zusammenhang mit einer nachmittäglichen oder für den nächsten Morgen geplanten **Wanderung** für ruhiges **Übernachten** anbietet; zwar nah am Sträßchen, aber dieses führt nur in die Berge zur Versorgung einer Handvoll Villen, nachts stört uns kein Auto. Ca. 150 m oberhalb finden Sie an der Straße ein hellblaues Häuschen mit dem Hinweis **„Agua no chlorada"** - dort können Sie, wie die Einheimischen, Ihren Vorrat auffüllen.

(072) WOMO-Wanderparkplatz: La Safor

Position: N 38° 52.365';W 00° 14.718' **max. WOMOs:** 2
Ausstattung/Lage: Wasser in 150 m, s. Text/in der Natur
Zufahrt: s. Text; ab Wegweiser am Ortsanfang von VILLALONGA noch 3,5 km

Von diesem Platz führt ein 5-Minuten-Weg, nicht befahrbar, auf der gegenüberliegenden Straßenseite hangaufwärts. Das riesige Halbrund der Felswand vor uns lässt sich tatsächlich, wie wir es gelesen haben, mit den Zuschauerrängen eines gigantischen griechischen **Theaters** vergleichen, dessen Bühne wir nun betreten. Aber wie sieht es wohl von oben aus, vom obersten Rang sozusagen?

Von **(072)** aus erreichen wir nach 3 km auf Schlagloch-Asphalt die *„Casa Tarzan"*, wenden und parken dort. Wer auch die letzten 500 m bis zum offiziellen Parkplatz am eigentlichen Beginn unserer **„Theaterwanderung"** noch fahren möchte, möge Steilheit und Untergrund der Schotterpiste vorher prüfen, das erste Stück nach Asphalt-Ende könnte für Fronttriebler problematisch werden; danach folgt fester Betonuntergrund.

Vom **Parkplatz** (mit Info-Tafel) steigen wir den schmalen Pfad zum **Cim de la Safor** durch Macchiabewuchs hinauf. Nach anstrengenden 15 min „Direttissima" landen wir am Wegweiser *„Finestra"*, folgen dieser Richtung. Zeitweise wird der Einsatz der Hände nötig, um sich in kurzen Kletterpassagen auch an den kleinen Eichenstämmen hochziehen zu können.

Zugegeben, bei dieser Anstrengung haben es die winzigen weißgelben und blauen Blütensterne neben dem Pfad schwer, unsere Aufmerksamkeit auf sich zu ziehen, zumal unser Blick dauernd durch Schweißtropfen getrübt wird. 50 min nach Beginn unseres Aufstiegs erreichen wir schließlich den Kamm, und es tun sich wahrhaft grandiose Ausblicke auf! Aber - die Regie lässt uns ein bisschen im Stich: wir bleiben eingehüllt in dicke Nebelschwaden, die aus dem Kessel herauf an uns vorbeiziehen. Sonnenschein dringt nur hinter uns ins Tal, sodass wir von der Halbrund-Gestaltung des „Cirque de Safor" von hier oben an diesem Vormittag nichts erfassen können. Das werden **Sie** hoffentlich eindrucksvoller erleben dürfen! Kalkulieren Sie für die Tour insgesamt 1,5 Stunden ein, auch der Rückweg erfordert wegen der Steilheit und des schwierigen Untergrundes Kraft und Konzentration! Größere Kinder bewältigen diese Wanderung übrigens auch!

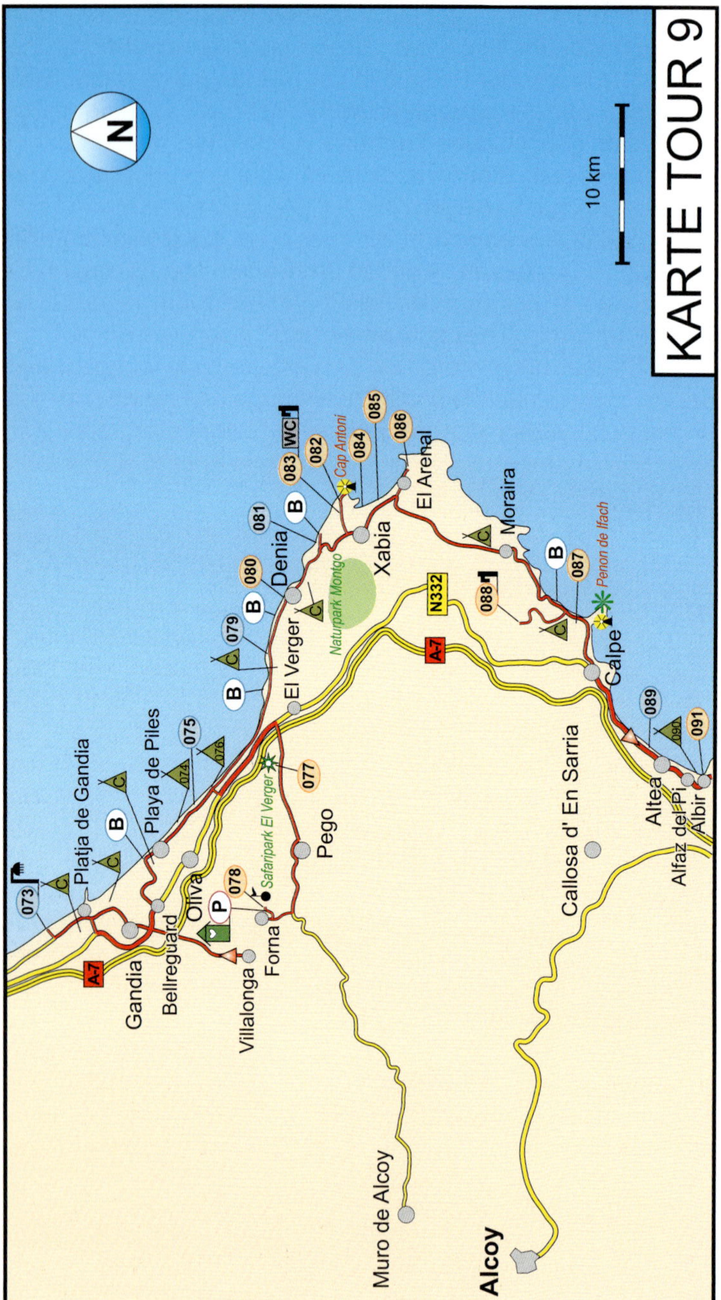
KARTE TOUR 9
N
10 km
Gandia
Bellreguard
Villalonga
Forna
Oliva
Platja de Gandia
Playa de Piles
Pego
Safaripark El Verger
El Verger
Denia
Naturpark Montgo
Xabia
Cap Antoni
El Arenal
Moraira
Penon de Ifach
Calpe
Callosa d' En Sarria
Altea
Alfaz del Pi
Albir
Muro de Alcoy
Alcoy
A-7
N332
WC
073
074
075
076
077
078
079
080
081
082
083
084
085
086
087
088
089
090
091

TOUR 9 (ca. 90 km / 5-7 Tage)

Gandia- Bellreguard - Oliva - El Verger - Forna - Denia - Xabia - Moraira - Calpe - Altea

Freie Übernachtung:	Gandia, Playa de Oliva, Safaripark El Verger, El Palmar, Denia, Cabo San Antoni, Xabia, in und bei Calpe, Altea
Campingplätze:	Oliva, Altea
Baden:	an den Womo-Badeplätzen, Gandia, Bellreguard, Playa de Oliva, Denia, Xabia, Altea
Besichtigen:	Safaripark El Verger, Burg von Forna, Hafen und Fischhalle von Denia, Altstadt von Xabia
Wandern:	Naturpark Montgo, Penon de Ifach (Calpe)

Wir verlassen VILLALONGA in Richtung GANDIA, es zieht uns wieder ans Meer. Um es gleich vorwegzunehmen: diese 60.000-Einwohner-Stadt mag Wohnmobile in ihrer Strandregion nicht! Selbst auf dem Parkplatz am Hafen ist Wohnmobil-**Halteverbot** ausgeschildert! Andererseits: den 3 km langen **Sandstrand** finden wir bereits im Frühjahr voll, voll, voll, das Bild der Stadt geprägt durch uniforme Appartement- und Hotel-Hochhäuser. Menschen, Straßenverkehr, Lärm, eben: **Massentourismus**. Was uns zudem besonders unangenehm auffällt: viele zerbröselte Autoscheiben glänzen auf den Parkplätzen!

Hatten wir eigentlich vor, dem Herzogspalast der Familie Borgia einen Besuch abzustatten (Mo-Fr. 11 - 17 Uhr, 50-minütige Führung alle Stunde) - jetzt suchen wir unser Heil in der Flucht. 2 **Campingplätze** werden angeboten, mitten im Gewühl, weit weg vom Strand - danke!

Was nun? Kaum zu glauben, aber unmittelbar nördlich des Bebauungsendes von PLATJA DE GANDIA gibt es noch eine **naturbelassene Strandzone** mit Dünen, über die Holzstege an den traumhaft schönen **Strand** führen, und diesen **Parkplatz** mit schmaler Asphaltzufahrt:

(073) WOMO-Badeplatz: Platja de Gandia

Position: N 39° 01.651'; W 00° 10.828' **max. WOMOs:** 2-3
Ausstattung/Lage: Sandstrand, Duschen, Abfallbehälter/ortsfern
Zufahrt: 800 m nach dem nördlichsten Kreisel von GANDIA Richtung XERACO von der Uferstraße CV 670 *rechts* abbiegen, unmittelbar nach einer einzeln stehenden Palme und einer anschließenden Palmenpflanzung; 600 m schmale Asphalt-Zufahrt.
Sonstiges: tagsüber viele Badegäste, ab ca. 22 Uhr leer. Da hinter den Dünen gelegen, kein Blick aufs Wasser (Foto s. nächste Seite)

Nicht verschweigen dürfen wir, dass wir auch in der Nacht gelegentlich Autos hörten mit Menschen, die die Liebe zu diesem Platz und wohl auch zueinander hierhertrieb!

bei **(073)**

Am westlichen Rand der Bebauung von PLATJA DE GANDIA, außerhalb allen Gedränges, lässt sich in einem *Intermarché*- **Supermarkt** mit Lust einkaufen, u. a. blinzeln uns an der Fischtheke große Crevetten als „Promotion“ an für knapp 9 Euro/Kilo. Diesem Grundstock für unser Festessen heute abend gesellen wir einen trockenen Sherry zu - Fortsetzung folgt.

Die N 332 führt uns dann Richtung OLIVA. In BELLREGUARD folgen wir der *Ausschilderung „Platja“*; auch hier Bebauung bis direkt ans Wasser. Die enorme Ausdehnung der Parkflächen lässt sichere Rückschlüsse zu auf die Größenordnung des sommerlichen Badebetriebs! **Baden und Parken** sind entsprechend fast überall möglich, Stellplätze fürs Womo finden wir nicht, aber einen **Campingplatz** weit weg vom Wasser. Nahtlos geht der Ort über in PLAYA DE PILES - alles wie gehabt.

OLIVA: gut, die Stadt hat nur ein Drittel der Einwohnerzahl von GANDIA, aber das dürfte nicht entscheidend sein. Man hat sich hier in der Strandregion wirklich bemüht, der Bebauung einen freundlichen, lockeren, maßvollen Charakter zu erhalten anstelle dieser brutalen Appartementos-Gigantomanie, die die Landschaft jeglicher Schönheit beraubt wie in PLAYA DE GANDIA.

In PLAYA DE OLIVA sehen wir uns das kleine **Camping-** Imperium **„Kiko“** an, etwas vornehmer, wunderschön und großzügig angelegt, gepflegt wirkend, durch hohe Oleanderhecken locker parzelliert:

(074) WOMO-Campingplatz-Tipp: Kiko

Position: N 38° 55.979'; W 00° 05.847'
Öffnungszeiten: ganzjährig. **Ausstattung/Lage:** wenig Schatten; am herlichen Sandstrand, aber hinter dem ca. 4 m hohen Dünengürtel; Laden; Gaststätte; Ver- und Entsorgung/Ortsrand
Zufahrt: ausgeschildert (Fotos s. nächste Seite)

Dieser wie auch die übrigen **Campingplätze** des Ortes (s. u.) ist durchaus als Alternative für **Bade**tage anzusehen, denn

bei **(074)**

freie Stellplätze wird's wohl hier nicht geben, denken wir. Dann Riesenüberraschung: vor der großen **Campingplatz**-Versammlung (*Azul*, *Euro* u.a.) finden wir doch noch eine Stichstraße zum Strand und dort ein **Stück Naturküste mit herrlichem weißen Sandstrand**! Entlang der Naturpiste nach *links* (Norden) bieten sich zu beiden Seiten von Grün umgebene Buchten mit festem Untergrund an, es fehlt eigentlich nur der Blick aufs Meer - viel schöner kann Campieren am Meer kaum sein! Auf diese Baulücke treffen wir wirklich gänzlich unerwartet - hoffentlich bleibt Sie Ihnen und uns noch lange erhalten!

(075) WOMO-Badeplatz: Playa de Oliva

Position: N 38° 54.655'; W 00° 04.305' **max. WOMOs:** >5

Ausstattung/Lage: Sandstrand, Abfallbehälter in der nördlichsten Bucht/ortsfern

Zufahrt: den Hinweisen zu den *Campingplätzen* folgen bis zu der Stelle, wo alle Hinweise an einer Mauer nach rechts führen, nur „Aigua blanca" *geradeaus* weiter: dann sind wir nämlich 600 m weiter (auf Asphalt) schon da!

Sollten Sie lieber einen der folgenden **Campingplätze** für Ihren **Badeaufenthalt** aussuchen wollen: stellvertretend haben wir uns die nebeneinander liegenden **„Azul"** und **„Euro-Camping"** angesehen, hübsch angelegt, großzügig - und alle Plätze reichen direkt bis an die Dünen!

(076) WOMO-Campingplatz-Tipp: Azul/Euro-Camping

Position: N 38° 54.437'; W 00° 04.063'

Öffnungszeiten: ganzjährig. **Ausstattung/Lage:** z. T.Schatten; am herlichen Sandstrand, aber hinter dem ca. 4 m hohen Dünengürtel; Laden; Gaststätte; Ver- und Entsorgung/ortsfern

Zufahrt: ausgeschildert.

Unser Festessen zum krönenden Tagesabschluss hatten wir ja schon angedeutet. Halten Sie mit?

Pikante Sherry-Crevetten

Pro Person **300-400 g Crevetten**; etwas größere, nehmen Sie ruhig ein Sonderangebot, die schmecken immer! Meistens sind sie schon **gekocht** zu kaufen, steht dran (oder erfragen - „cuido?“).
1. Köpfe entfernen, schälen.
2. **2 EL Olivenöl** in der Pfanne gut erhitzen, die Crevetten darin 2-3 min anbraten, dabei gelegentlich umrühren
3. Mit **2 EL trockenen Sherrys** ablöschen, mit **Salz** und **Pfeffer** würzen, nach Verfügung und Geschmack mit **Chili**, **Sambal-Oleg**, **Tabasco** oder **Cayenne-Pfeffer** schärfen.
4. In der Pfanne servieren, damit kein Tropfen von der Soße verloren geht.

Dazu: Baguette, Salat

Hätten Sie daran gedacht, in Spanien wegen Löwen oder Tigern sicherheitshalber die Fenster geschlossen halten zu müssen? Nein? Dann werden wir Sie heute eines Besseren belehren müssen!

Verlassen Sie mit uns die N 332 an der Ausfahrt *PEGO/* ***Safaripark El Verger***, überqueren Sie die Autobahn, und wenige 100 m weiter öffnet sich nach Entrichten von 13,50 Euro p. P. (Kinder 8,50) auch schon das Metalltor am Eingang für Sie (im Womo!), das Abenteuer kann beginnen!

Die Rundfahrt bringt uns Löwen und Tigern, Straußen, Büffeln und Zebras so nahe, dass das Öffnen der Fenster und Anhalten streng verboten sein müssen! Im Anschluss wartet eine ungefährliche, aber nicht weniger interessante Runde zu Fuß auf uns: wir besuchen diverse Großtiere wie Elefanten, Rhinozerosse, Nilpferde, Dromedare, Wasserbüffel, Jaguare, Luchse, Affen und viele weitere unserer Verwandten. Bei der Seelöwen-Show wie auch einer Papageien-Vorführung dürften kleinen wie großen Kindern Mund und Nase offen stehen, falls sie sie seit dem „Baden zusammen mit Seelöwen“ überhaupt schon wieder schließen konnten. Bimmel- und Gokart-Bahn, Trampoline, Boots-

Bambi, wo hast Du die Hörner her?

Rot von beiden Seiten!

Ordnung muss sein!

fahrt, Streichelzoo und Eselreiten runden das Unternehmen ab. Ach so, das Reptilienhaus haben wir noch vergessen: hier hängen Sie nicht bitte die Glasen, wenn Sie wissen, was gemeint ist!

Ein besonderer Ferientag zu moderatem Preis könnte seinen Abschluss (oder seine vorbereitende Nachtruhe) im Eingangsbereich finden, wo mit ausreichendem Abstand von der Straße **geparkt** werden kann (die eigentlichen Parkplätze innerhalb der Anlage bleiben über Nacht leider verschlossen!):

(077) WOMO-Stellplatz: Safaripark El Verger

Position: N 38° 51.283'; W 00° 01.025' **max. WOMOs:** 2
Ausstattung/Lage: keine/ortsfern
Zufahrt: vor dem Eingang zum Parkgelände

Zum dritten Mal seit Beginn unserer Reise überquerten wir übrigens heute den **Greenwich-Meridian** - haben Sie das leichte Holpern bemerkt?

Zwei stürmische und kühle (16°C) ganze Tage Anfang Mai - ja, das gibt's auch in diesen Breiten! Kräftiger Regen über zwei Stunden hatte uns bereits geweckt, jetzt rauschen wir überall durch riesige Pfützen.

Passt diese Stimmung nicht gut zur Besichtigung einer trutzigen **Burg**? PEGO ist schnell erreicht, wir umfahren den Ort in der nordöstlichen Randzone Richtung AZUBIA, das bald vor uns auftaucht, malerisch an den Hang geklebt; auch ohne Sonnenschein wirklich ein großartiger Anblick! Kurz hinter dem Dorf biegen wir mit Beschilderung *rechts* nach FORNA ab, klettern ca. 3 km bergauf und entdecken dann das mächtige viereckige Gemäuer auch schon rechts hoch über uns auf der Bergspitze. Eine asphaltierte Zuwegung („*Xiringuito*") führt zu 2 **Parkmöglichkeiten**, zuerst einer **Picknickzone** mit beschatteten **Bänken**, **Grillplätzen**, **WC** (im Sommer geöffnet), **Abfalltonnen**, etwas schrägen **Parkplätzen**, dann 200 m weiter einer großzügigen ebenen Fläche, wo auch das Sträßchen endet:

(078) WOMO-Stellplatz: Castillo de Forna

Position: N 38° 52.340'; W 00° 10.359'
max. WOMOs: 3-5
Ausstattung/Lage: keine/ortsfern
Zufahrt: unterhalb der Burg, s. Text.

In knapp 5 min stehen wir am - leider verschlossenen - Tor dieser als besterhaltene beschriebenen **Maurenburg**. Im Sommer ergibt sich möglicherweise die Chance zu einer Besichtigung. Die **Aussicht** von hier oben wird auf jeden Fall auch Sie begeistern!

Sollten Sie übrigens nach einem Badetag an der Küste einmal gar nicht wissen, wo Sie ruhigen Nachtschlaf finden können: hier garantiert! Und von den Stränden bei GANDIA oder OLIVA dauert die Fahrt nicht länger als 20-30 Minuten!

Sie möchten den Tag hier sozusagen authentisch beschließen? Kein Problem mit einem

Maurenspieß

1. Aus **3 EL Olivenöl**, der geriebenen Schale und dem Saft von **1 Zitrone**, **2** zerdrückten **Knoblauchzehen**, **2 EL** gehackter **glatter Petersilie** und **1 EL Ras el Hanout** eine Marinade herstellen
2. **450 g Hammel**- / **Rinderkeule** in Spieß-gerechte Stücke schneiden
3. Die Marinade über das Fleisch geben, intensiv umrühren bzw. durchmischen. Nach 2 bis 12 Stunden auf Spieße stecken. Grillen oder in der Pfanne braten.

Anmerkung zu **Ras el Hanout**: südspanische, arabisch-stämmige, sehr charakteristische Gewürzmischung (wir haben sie nach langem Suchen im *Carrefour*-Supermarkt gefunden; große Tüten, und nicht bei den Gewürzen, sondern bei Couscous u.ä.!). Ersatzweise kann - aber wirklich nur „zur Not", diese Mischung Verwendung finden: **1 Tl gemahlener Kreuzkümmel**, **2 El mildes Paprikapulver**, **1 Prise Cayennepfeffer**, **Nelken**, **Zimt** und **Muskat**

Unsere weitere Reise die Küste entlang Richtung DENIA lädt immer wieder zum **Baden** ein, das Problem liegt im Parken. Wenige **Camping**-Möglichkeiten zeigen sich. Einen freien **Stellplatz** haben wir wider Erwarten auch noch gefunden in Form einer ca. 200 m langen, 150 m tiefen Baulücke mit den Rudimenten eines ehemaligen Bauernhofs, von dem jetzt ein Parkähnliches Areal übriggeblieben ist, das - noch - einigen Womos am schmalen, aber wunderschön sandigen **Strand** „Wohnfläche“ bieten kann; eine Enklave sozusagen innerhalb dieses an sich komplett erschlossenen Strandes, leider auch schon in einigen Bereichen zum Abladen von Müll und Bauschutt missbraucht, man könnte wirklich zornig werden!

(079) WOMO-Badeplatz: El Palmar

Position: N 38° 52.006'; E 00° 00.038' **max. WOMOs:** 3-5
Ausstattung/Lage: keine/ortsnah
Zufahrt: die umfangreichen Straßenarbeiten an der Peripherie von DENIA entlang der N 332 lassen eine konkrete Wegebeschreibung nicht zu (2006). Am Campingplatz „Los Llanos“ (an der N 332 ausgeschildert) vorbei in südlicher Richtung finden Sie nach genau 1,3 km die Zufahrt

Auch an diesem Küstenabschnitt wird unaufhörlich gebaut, dass einem die Augen tränen. Wer soll dies alles bewohnen oder gar kaufen? Und was bleibt von diesem so reizvollen Landstrich letztlich übrig außer Strand, Wasser und Wärme?

Bis zum Hafen von DENIA werden Sie auf den nächsten Kilometern zahlreiche weitere **Bade**möglichkeiten finden, mit dem Parken wird's sicherlich hier und da nicht so einfach. Die Küste ist absolut nahtlos bis zur Stadt hin bebaut. Je mehr wir uns ihr nähern, desto enger rücken die Bars und Restaurants, Diskotheken und Geschäfte aneinander. Auch *Lidl* und *Aldi*, *Burger King* und *Mc Donald's* versammeln sich hier.

Frei stehen können wir erst wieder - und darauf freuen wir uns - am nördlichen Beginn des **Hafens** von DENIA. Der große Schotter-**Parkplatz** an der Zufahrt zum Fährhafen (zu den Balearen) liegt ausreichend ruhig, nah an der Promenade mit ihren Lokalen, und aus dem Womo-Fenster gibt's den ganzen Abend lang etwas zu sehen.

(080) WOMO-Stellplatz: Hafen von Denia

Position: N 38° 50.777'; E 00° 06.563' **max. WOMOs:** >5
Ausstattung/Lage: keine/Ortsrand
Zufahrt: s. Text; direkt unterhalb des Kastells

5 Fußminuten entfernt lädt die **Fischhalle** ein, ab ca. 16 Uhr dem Einlaufen und Ausladen der Fischerboote zuzusehen. Für die - allerdings sehr unspektakuläre - Verkaufs- und Versteigerungsaktion stehen sogar Zuschauerränge bereit! Von 17,30 bis 21 Uhr wird **Verkauf en detail** im Laden angeboten; frischer geht's nimmer, günstiger schon!

DENIA mit inzwischen 30.000 Einwohnern hat sich zu einem der (deutschlastig) intensivst besuchten Touristenorte der gesamten Mittelmeerküste entwickelt, strahlt dabei trotzdem weiterhin ein unaufdringliches, angenehmes Flair aus, hat sich seine malerische Identität erhalten. Dadurch, dass die Altstadt bis an die Uferzone heranreicht, konnte architektonischer Wildwuchs weitgehend vermieden werden; die abstoßenden Appartementbauten wie in anderen Orten fehlen hier erfreulicherweise. Bei unserem Besuch fehlt leider noch etwas: die Sonne! Sollte **Diana**, die Namensgeberin der Stadt zu Römerzeiten, sie verjagt haben?

Hinter dem offiziellen südlichen Ortsende beginnt Richtung LES ROTES eine komplett abgezäunte, Villen-bestandene Uferzone. Erst nach 3 km kommt das Wasser wieder in Sicht, jetzt mit **Steilküste**, an der die Straße unmittelbar entlang führt. Mit 2 **Parkplätzen** endet sie schließlich blind unterhalb der Urbanisation, von der Höhe grüßt eine Leuchtturmruine. Eine winzige Sand-Kies-Bucht ist hier in die Felsen eingebettet - wär' das was für eine kleine Strandwanderung mit **Badepause**?

Schöner und auch übernachtungstauglich erscheint uns folgender versteckter Schotterplatz auf der hier ca. 8 m hohen Steilküste, unterhalb der Villen und ihrer Parks:

(081) WOMO-Badeplatz: Platja Arenetes

Position: N 38° 49.485'; E 00° 09.367' **max. WOMOs:** 2-3
Ausstattung/Lage: Abfallbehälter/ortsnah
Zufahrt: 3 km südl. ab Ortsendeschild von DENIA an der Uferstraße, vor Bar/Restaurant „Mena" links abbiegen
Sonstiges: 2 Kies-Sand-Buchten zwischen den Felsnasen in 50-100 m Entfernung; Zelten verboten.

Inmitten dieser ruhigen, locker bebauten Region weisen auch **2 Campingplätze** auf sich hin.

Folgen wir ab unserer letzten Kreuzung der Richtung „XABIA“, dann bewegen wir uns bald auf kurvenreicher Straße durch die terrassierte, spärlich bewachsene Hügellandschaft des **Naturparks Montgo**. Der markante Punkt des **Cap Antoni** zieht uns an, und so biegen wir wenige 100 m, nachdem die Straße ihren höchsten Punkt erreicht hat, nach *links* ab (ausgeschildert, jedoch nur aus der Gegenrichtung zu lesen!). Wir zuckeln durch eine Naturlandschaft, in der sich einzelne Villen und Restaurants verstecken, als sich plötzlich nach 3,2 km ein atem-

beraubender **Ausblick auf die gesamte Bucht von XABIA** vor uns öffnet. Wer mit diesem Blick vor Augen einen Abend (und anschließend die Nacht) verbringen möchte, vielleicht auch einfach keinen strandnahen Übernachtungsplatz gefunden hat (von DENIA 8, von XABIA 5 km), ist hier gut aufgehoben:

(082) WOMO-Stellplatz: Cabo San Antoni

Position: N 38° 48.218'; E 00° 11.574' **max. WOMOs:** 3-4
Ausstattung/Lage: Abfallbehälter/ortsfern
Zufahrt: s. Text

Einen weiteren **Parkplatz** finden Sie 300 m weiter, direkt vor dem Leuchtturm, evtl. als Ausgangspunkt für einen Spaziergang. Wer im Naturpark **Montgo**, dessen namensgebender Berg hier klotzig 753 m hoch aufragt, **Wanderungen** unternehmen möchte, erhält konkrete Tourenvorschläge in den Tourist-Infos von DENIA wie von XABIA.

Oder weht es Ihnen hier oben zu stark, wie so oft? Dann bietet sich diese geschützte Alternative an, 800 m die Straße zurück, im Wald gelegen:

(083) WOMO-Stellplatz: Zona recreativa La Plana San Jeronimo

Position: N 38° 48.372'; E 00° 11.154' **max. WOMOs:** >5
Ausstattung/Lage: Abfallbehälter, Wasserhähne, WC/ortsfern
Zufahrt: s. Text

Auf Parkprobleme werden Sie im **Altstadtbereich von XABIA** wahrscheinlich ohnehin treffen. **Donnerstags** allerdings sollten Sie das Womo unbedingt gleich an der Peripherie abstellen! Es ist nämlich **Markttag**, und Sie laufen Gefahr, im Gedränge der engen Gassen zu verzweifeln! Die Wege sind außerdem zu Fuß leicht zu bewältigen.
Auch in dieser Stadt wird an allen Enden und Ecken gebaut, gebohrt und gehämmert, überall schweben die Ausleger der Kräne über den Dächern. Aber es geschieht nicht in dieser abstoßenden Form, sondern maßvoll, an das historische Stadtbild angepasst!

Auf XABIAs **Markt** fällt uns besonders das Angebot an Textilien, Schuhen, Gürteln, Tischdecken ins Auge. Einigen kulinarischen Köstlichkeiten wie Spargelspitzen, Serranoschinken (man darf probieren!) und neuen Kartoffeln vermögen wir keinen Widerstand entgegenzusetzen. Dunkle wie helle frische Datteln und die ersten Kirschen dieses Frühjahrs begleiten uns gleichfalls zurück zum Womo. Was uns sonst zu unserem alimentären Wohlbefinden fehlt, steuert der große *Mercadona*-**Supermarkt** (mit 10-m-Fischtheke!) am Fuß der Altstadt bei, bei dem wir auch unseren **Parkplatz** gefunden haben.
Wenige Schritte abseits des Marktes führt uns der Rückweg zwangsläufig durch die typischen, knapp 3 m breiten Gassen direkt ins **historische Zentrum**. In den Seitenstraßen entdecken wir etliche **stilvoll restaurierte Häuser**, oft mit Läden im Erdgeschoss, die alle Formen touristischer Kauflust befriedigen wollen: Juweliere, Galerien, Antiquariate, Möbel; dazwischen so **ehrwürdige Gebäude** wie die öffentliche Bibliothek mit mittelalterlichen Rundbögen. Die mit Zinnen, Pechnasen und ihrem vierkantigen Wach-Kirch-Turm wie eine Burg anmutende **Kirche San Bartomeu** hat ihr mystisch-dunkles Inneres in unverfälschter Gotik bewahren können. Den **Kirchplatz** umgeben weitere historische Gebäude, u.a. die **Markthalle** (vorm. bis 13,30, nachm. 17-21 Uhr geöffnet; mit sauberem, aber bemerkenswert intimen **WC**). Falls Ihnen über Ihren Einkäufen das Geld ausgehen sollte: diverse Bankomaten in der Nähe können aushelfen!

bei **(084)**

Einen nachts ruhigen, aber nachmittags unterhaltsamen **Stellplatz** finden wir dann direkt am Fischereihafen, neben der **Lonja** (mit abends geöffnetem Fischgeschäft). Wer nicht selbst kochen möchte, kann unter den **Restaurants** in der Nähe auswählen.

(084) WOMO-Stellplatz: Fischereihafen von Xabia

Position: N 38° 47.830'; E 00° 11.055' **max. WOMOs:** 2-3
Ausstattung/Lage: keine/ortsnah
Zufahrt: direkt am Fischereihafen (Foto: s. vorh. Seite)

Der Stein-Fels-Strand im südlichen Bereich von XABIA lässt **Baden** abschnittsweise nur unter erschwerten Bedingungen zu. Entlang fast der gesamten Uferstraße kann jedoch mit Womo **geparkt** und auch **übernachtet** werden in ausreichender Entfernung von der Straße

(085) WOMO-Stellplatz: Strand von Xabia

Position: N 38° 47.361'; E 00° 10.927'
max. WOMOs: >5
Ausstattung/Lage: keine/ortsnah
Zufahrt: an der Uferstraße

Nach Überqueren des Kanals „De la Fontana" passieren wir die kleine, sehr belebte **Strandbucht** von EL ARENAL - begehrtes Terrain, hier versammeln sich die Lokale, der Strand ist autofreie Zone. Wer am Felsstrand vor markanter Kulisse den Tag verbringen oder beschließen möchte, biege bitte von der Uferstraße ab Richtung *Cala Blanca*; die Straße endet hier.

(086) WOMO-Stellplatz: Cala Blanca

Position: N 38° 45.794'; E 00° 12.287' **max. WOMOs:** 1-2
Ausstattung/Lage: Asphaltfläche/ortsfern
Zufahrt: s. Text

Das südliche Kap der Bucht von XABIA will uns mit mehreren **Parkplätzen** zum **Wandern** in dieser Region anregen, Übernachten ist in diesem geschlossen bebauten Villengebiet jedoch nicht anzuraten. Die **grandiosen Ausblicke** über die Felsenküste lohnen jedenfalls den Abstecher!

Bei der Weiterfahrt Richtung MORAIRA erstaunt uns, welche Zersiedelung der Landschaft durch unendlich viele Urbanisationen hier weiterhin zugelassen wird!

MORAIRAs schöne Strände sperren mal wieder Wohnmobile von ihren Parkplätzen konsequent durch Verbotsschilder aus - Gracias und Adios! Der **Campingplatz** liegt am Berg - brauchen wir auch nicht!

Die gesamte Uferzone zwischen MORAIRA und CALPE ist inzwischen übergangslos bebaut, entsprechend schwindet unsere Hoffnung auf einen Übernachtungsplatz, und dabei wird's allmählich dunkel. Ola, da taucht er plötzlich vor uns auf: der kantige Felsklotz **Penon de Ifach**, **das** Wahrzeichen der Costa Blanca auf sämtlichen Prospekten! Und die Hochhauskette schließt sich nahtlos an...

Jetzt mal wieder eine **Ermita** mit Parkplatz, Übernachten unter der Obhut eines Heiligen, das wär's, es müsste auch gar nicht am Wasser sein! Sie glauben uns nicht, dass San Jose dieses Stoßgebet erhört hat? Dann verraten wir Ihnen jetzt auch nicht, wo wir geschlafen haben, und Sie müssen noch ein paar Minuten weiterfahren!

Bereiten Sie sich kurz vor Erreichen von CALPE ab der lang-

gezogenen Linkskurve, in der sich der **Supermarkt** *La Fustera* befindet (*mit Hinweis: Notarzt-Clinic 3,5 km*) und der folgenden Linkskurve mit einer Niederlassung der *Deutschen Bank* bitte auf einen **Fotostop** vor. In der nächsten Rechtskurve lädt Sie dazu links von der Straße ein **Picknickgelände** ein mit anschließendem **Parkplatz**. Wunderbare **Blicke auf den Penon de Ifach** mit dem Kontrast der Hochhauskette bieten sich, ein uriger **Küstenspaziergang**, vielleicht sogar ein **Bad** am Felsstrand locken. Zum Übernachten möchten wir diesen Platz wegen seiner Nähe zur Straße allerdings nicht empfehlen.

In CALPE gibt's mehrere Bleibe-Möglichkeiten - und zum Bleiben verlockt allein schon der **Strand** wahrhaftig: direkt am

Ortsbeginn am Kreisverkehr den **Campingplatz „Levante“**, wenige 100 m weiter in Richtung Gebirge **Camping „Merced“**. Folgen Sie uns auf der Uferstraße, dann landen Sie bereits nach 400 m auf einem ausgedehnten **Schotterplatz** rechts von der Straße, offiziell als **kostenfreier Parkplatz** der Gemeinde ausgeschildert:

(087) WOMO-Stellplatz: Calpe

Position: N 38° 38.684'; E 00° 04.224' **max. WOMOs:** >5

Ausstattung/Lage: Schotterfläche, kleiner Supermarkt auf der anderen Straßenseite/im Ort

Zufahrt: s. Text

Sonstiges: belebter Sandstrand in wenigen Fußminuten zu erreichen

Wir sehen von hier aus zwischen den Hochhäusern die Spitze des **Penon** emporragen - und wenn nicht, dann wenigstens das 16 Stockwerke hohe, ihm in der Form nachempfundene Hotel „Sol Ifach“.

Unmittelbar im Anschluss, mit Zufahrt an der Palmenreihe, gibt es ein weiteres **ähnliches Areal**, auf dem man sogar noch weiter von der Straße entfernt, am Buschrand der Salzlagune (Mücken?), die Nacht verbringen kann. Die Gehentfernung von beiden Plätzen zum **Strand** liegt unter 10 Minuten.

Sollte es Sommer und in CALPE voll und eng sein, oder Sie möchten einfach in gänzlich anderer und jedenfalls ruhiger ländlicher Umgebung den Tag ausklingen lassen, wir wüssten da noch etwas Besonderes:

(088) WOMO-Stellplatz: Auberge rural bei Calpe

Position: N 38° 40.837'; E 00° 03.523' **max. WOMOs:** >5

Ausstattung/Lage: einfaches Restaurant, Abfallbehälter, Wasser erfragen/ortsfern

Zufahrt: vom Kreisverkehr am Ortsanfang von CALPE bergwärts, vorbei an Camping „Merced“, dann den Hinweisschildern folgen, ab 1. Schild noch 3,5 km; auf den letzten km zusätzlich gelbe Pfeile an Wänden und Bordsteinen

Sonstiges: Übernachtungserlaubnis und evtl. Benutzung des kleinen Pools erfragen. Die Anlage ist eine Art ländlicher Jugendherberge

Das **Baden** am ganz allmählich tiefer werdenden Sandstrand von CALPE ist natürlich ein Genuss, Massentourismus hin, Hochhäuser her! Aber noch etwas wirklich ganz, ganz Großartiges möchten wir Ihnen hier zusätzlich anbieten, zwar mit Anstrengung verbunden, aber dafür absolut üppig belohnt: so steil und schroff der **Klotz des Penon** mit seinen 332 m Höhe auch wirkt - er kann **bestiegen** werden; nicht etwa nur von Bergsteigern, nein, auch von Ihnen und uns!

Von unserem Stellplatz **(087)** halten wir auf das Gelände des Hotels „Sol Ifach" zu, gehen auf der Strandseite daran vorbei und folgen jetzt den *braunen Hinweischildern* zum **Penon**. Der Anmarschweg von 10 min durch die Hochhausschluchten hat leider etwas ausgesprochen Nüchtern-Ermüdendes, aber zwischen den letzten Bauten wird schon der Blick auf den Jachthafen frei, und eine kühle Brise kommt uns im

doppelten Sinne entgegen. Wenige Schritte später liegen die Häuser hinter uns, und alles um uns herum ändert sich schlagartig: nur noch der riesige Berg ragt vor uns in die Höhe, alle Geräusche bleiben zurück; Matterhorn-Empfinden kommt auf, nur wärmer! Ein kleines **naturkundliches Museum** (mit **WC**) will in die Pflanzen- und Tierwelt einstimmen, die unter, über und vor uns liegt; am meisten beeindruckt uns allerdings der Blick aus dem Toilettenfenster!

Auf geht's, der Berg ruft! Während wir auf dem ca. 1 m breiten Naturplattenweg allmählich höher steigen, durch duftenden Bewuchs von

überwiegend Schopflavendel und Ginster, vermitteln uns zahlreiche, meist junge Leute den Charakter einer Völkerwanderung und damit das Vertrauen, wir könnten es auch schaffen, wenngleich die Perspektive von hier aus immer wieder die Frage aufwirft: „Wie soll das gehen?" Etwa 15 min nach Verlassen des Info-Zentrums erreichen wir die Bewuchsgrenze am Eingang zu einem ca. 30 m lan-

gen **Tunnel**, der hier hineingesprengt wurde und den Aufstieg wesentlich erleichtert. Von jetzt an ist der vielbetretene felsige Untergrund streckenweise glatt, Vorsicht - die Halteseile an der Wand zeigen ihre Berechtigung! Bis zum Beginn des Tunnels kann die Tour auch mit kleinen Kindern, ja, sogar mit Buggy durchgeführt werden, und die Ausblicke loh-

nen den Weg evtl. auch nur bis hierher!

Das Möwengeschrei wird immer aufdringlicher, je höher wir steigen -aber dieses Empfinden dürfte wohl auch auf Gegenseitigkeit beruhen! Im Frühjahr muss übrigens mit regelrechten Sturzflug-Attacken von Möwen-Eltern gerechnet werden, die bis zum schmerzhaften Kopfkontakt führen können, das sollten Sie nicht unterschätzen! Jenseits des Tunnels erwartet uns echte Kraxelei, z. T. mit „Handarbeit". 15 min nach dem Tunnel teilt sich der Weg, wir folgen der *deutlichen Markierung gipfelwärts.* Ab hier dauert der steile Aufstieg noch etwa 20 Minuten, auf denen wir so unglaubliche **Ausblicke** erleben, dass eine Schilderung mit Worten absolut unzureichend bleiben muss: die Küste mit dem tiefblauen Wasser, die mächtigen Bergketten im Hintergrund - einfach phantastisch!

Aus welcher Richtung, bei welcher Beleuchtung wir in diesen Tagen dem **Penon de Ifach** auch begegnen - er bannt immer wieder den Blick des Betrachters!

Die N 332 führt uns in flotter Fahrt Richtung ALTEA. 3 Straßentunnel ersparen uns heute die abenteuerliche, fast etwas gruselige **alte** Straße, deren Verlauf bei einem Blick in die Schlucht erkennbar wird.

ALTEAs **grober Kiesstrand** lockt zum Baden nicht so nachdrücklich wie der der Nachbargemeinden. Dafür aber hat das Städtchen sich viel von seinem ursprünglichen Charakter bewahren können. Wer die berühmte **blaue Kuppel der Kirche** auf der Spitze des Dächer-Hügels aus der Nähe betrachten möchte, braucht sich nur auf den Weg durch eines der Gässchen bergauf zu machen: sie enden alle dort oben. Tourismus in auch baulich gemäßigter Form findet sich am südlichen Ende der Bucht im Bereich der Anhängsel ALFAZ DEL PI und ALBIR. Sie können wählen, ob der von uns entdeckte **freie Stellplatz** Sie zu einem Aufenthalt lockt, oder ob vielleicht der **Campingplatz „Cap Blanch"** direkt am Litersträßchen geeigneter erscheint, weil z.B. allgemeines Aufklaren einschließlich großer Wäsche u.ä. angesagt ist.

(089) WOMO-Badeplatz: Altea

Position: N 38° 36.250'; W 00° 02.474'
max. WOMOs: 2-3
Ausstattung/Lage: Kiesstrand/Ortsrand.
Zufahrt: direkt hinter der Brücke über den **Rio Algar** *rechts* ab, um die Sportanlagen herum, unter der Brücke durch; die letzten 100 m auf Naturpiste
Sonstiges: nicht für „Dickschiffe" geeignet! Mehrere kleine Buchten mit Sicht aufs Wasser, z. T unterhalb der Appartementhäuser. Tages-Badegäste.

Auch vom großen **Parkplatz** neben den Sportanlagen geht man nur wenige Minuten zum Strand!

(090) WOMO-Campingplatz-Tipp: Cap Blanch

Position: N 38° 34.659'; W 00° 03.868'
Öffnungszeiten: ganzjährig
Ausstattung/Lage: wenig Schatten; am Kiesstrand; Laden; Gaststätte; Ver- und Entsorgung; Hundeverbot/Ortsrand
Zufahrt: an der N 332 in ALBIR ausgeschildert
Sonstiges: Waschmaschine und Trockner; reglementiertes Strandleben mit Liegen, Duschen

Ganz in der Nähe gibt es sogar mitten in der Vorort-Bebauung noch einen großen, übernachtungsgeeigneten **Parkplatz**:

(091) WOMO-Stellplatz: Altea

Position: N 38° 34.440'; W 00° 03.950' **max. WOMOs:** 5
Ausstattung/Lage: keine/im Ort
Zufahrt: Auf der Uferstraße vorbei am Campingplatz **(090)**, sofort danach rechts, nächste Möglichkeit links, am Kreisverkehr geradeaus, Überquerung des trockenen Flussbetts
Sonstiges: 5 Fußminuten zum Strand

Rosenblüte in Albir - am 1. Mai!

KARTE TOUR 10
10 km
N
Alcoi
Ibi
Xixona
Penella
Gorga
Quadretonda
096
095
Benasau
Stausee von Guadalest
093
094
Guadalest
B
092
Kakteengarten
Fuentes del Algar
Callosa d' En Sarria
Polop la Nucia
Altea
A-7
Benidorm
Sella
Orcheta
Amandorio-Stausee
098
Villajoyosa
A-7
Relleu
Aigues
Cuevas de Canalobre
097
Busot

TOUR 10 (ca. 110 km / 4-6 Tage)

Callosa d'En Sarria - Guadalest - Quadretonda - Alcoi - Xixona - Aigues- Orcheta

Freie Übernachtung:	bei Callosa d' En Sarria, Guadalest, Quadretonda, Cuevas de Canalobre, Amandorio-Stausee
Baden:	Schwimmbad von Guadalest
Besichtigen:	Fuentes del Algar, Kakteengarten, Guadalest, Turron-Museum, Cuevas de Canalobre
Wandern:	„Els Freres“ bei Quadretonda

CALLOSA D' EN SARRIA ist unser nächstes Ziel, ca. 8 km im Gebirge - lassen Sie sich überraschen! Die **Fuentes del Algar** finden wir auf der CV 755 schon bald ausgeschildert. Es geht vorbei an ausgedehnten, glänzenden Flächen von Netzen, mit denen der Reifungsprozess der **Nispelos**, bei uns als **Mispellinos** bekannt, gesteuert wird, für deren Anbau die Gegend bekannt ist. Wir dürfen selbst eine Tüte voll pflücken (Anfang Mai), bieten 1 Euro an, der dankbar entgegengenommen wird. Die feine Schale lässt sich leicht abziehen, die Frucht schmeckt süß-säuerlich und tropft während der Fahrt aufs Hemd.

Wir überqueren das Bett des **Rio Algar** und bestaunen die wahrhaft majestätischen Gebirgskämme, die uns nach allen Seiten umgeben. In CALLOSA folgen wir der Ausschilderung

Nispelos: nicht nur auf der Zunge ein Genuss!

zur **Fuente** (Quelle) nach *rechts*, 1,6 km weiter erneut *nach rechts*, und schon sind wir da. Ein zwar abgelegenes, aber keineswegs unbekanntes Ziel, wie etliche Restaurants mit Parkplätzen und werbenden Schildern (Menu del Dia für 10,95) zeigen. **Parken** dürfen wir dort mit Anrechnung der Parkgebühr beim Bezahlen der Zeche. Aber einen **kostenfreien Parkplatz** gibt's oben am Wasserfall, fahren Sie also ruhig weiter, falls Sie nicht furchtbar hungrig oder durstig sind.

Am Eingang zu den **Wasserfällen** sind 3 Euro p. P., 1,50 für Kinder ab 5 J zu entrichten, dann darf die kleine Schlucht bewundert werden: mehrere Wasserläufe und -fälle, der untere ca. 20 m glokkenartig herabstürzend, mit einer Geräuschkulisse, die der Brandung in ALTEA nicht nachsteht. Die markante Felswand im Hintergrund strahlt im Glanz der Abendsonne und beleuchtet ihrerseits die 5 m hohen, blühenden Oleanderbüsche. Hübsch angelegt und gepflegt das Ganze, angereichert mit weiteren Möglichkeiten, Geld auszugeben, z. B. für Eis, Honig, Nispelos, Souvenirs...

Nun ist dieser Wasserfall aber nicht etwa schon der einzige Grund, weshalb wir Sie hierhergelockt haben. Nur 700 m oberhalb der Quelle wartet ein 5 Hektar großer Garten darauf, Ihnen seine über 500 verschiedenen **Kakteen** zu präsentieren, eine eindrucksvolle und gepflegte Anlage, in deren Eingangsbereich Sie von diversen Papageien und Sittichen laut begrüßt werden.

Ist Ihnen auch das Gelände 300 m davor ins Auge gefallen? Ja, eine **Zona acampada**, und zwar ungewöhnlich großzügig angelegt und ausgestattet: mit **Waschhaus** einschließlich (kalten) **Duschen**, im unteren (nur im Sommer geöffneten) Bereich gar mit Stromanschlüssen! Dazu finden wir **Grillplätze**, **beschattete Stellflächen** und **Sitzgruppen**!

In der Sonne leuchten die Nispelo-Netze

(092) WOMO-Stellplatz: Fuentes del Algar

Position: N 38° 39.256'; W 00° 05.580'
max. WOMOs: >5
Ausstattung/Lage: Sanitärhaus, Sitzgruppen, Grillplätze/ortsfern
Zufahrt: s. Text
Sonstiges: Wasserfälle und Kakteengarten in der Nähe

Zurück in CALLOSA, folgen wir der Beschilderung nach GUADALEST, zu **dem** berühmten Ort dieser Region in 600 m Höhe, den auch Sie erlebt haben **müssen**! Die vielbefahrene Straße bietet bereits vor und nach unserem eigentlichen Ziel den einen oder anderen Anreiz zum Zwischenstopp, so etwa ein **Motorrad-Museum** und den immer wieder ausgeschilderten **Safaripark Aitana**. In Serpentinen zuckeln wir durch das Gebirge mit den markanten, zackigen Kämmen, und aus einer Linkskurve heraus erblicken wir dann erstmals die **charakteristische Kulisse der Felswand von GUADALEST** mit dem

berühmten weißen Glockentürmchen in der Mitte. Haltemöglichkeiten zum Fotografieren finden sich auf den letzten Kilometern mehrfach, keine Panik, falls Sie sich einmal zu spät zum Bremsen entschlossen haben sollten.

Die **großartige Landschaft** mit gewaltigen **Gebirgsketten** rundherum und dem türkisfarbenen **Stausee** in der Tiefe, die bei aller touristischen Aufgemotztheit doch verbliebene Romantik des historischen **Ortskerns** mit der Kastellruine darüber - diesem Reiz kann man sich nicht entziehen.

Bis ca. 10 Uhr bleiben die Busladungen aus, danach wird's schnell voll. Von ca. 2 Millionen Besuchern im Jahr haben wir gelesen, ein großer Teil davon scheint sich ausgerechnet mit uns gemeinsam hier einzufinden! Natürlich gibt's nichts umsonst in

GUADALEST, vom **Parken** angefangen. Aber was bekommt man auch alles geboten, wenn man sich nicht wehrt: diverse **Miniaturen-Museen** preisen Weltsensationen an wie den Eiffelturm im Nadelöhr, Goyas nackte Maya auf einen Fliegenflügel gemalt, eine Geige-spielende Ameise, eine Elefantenskulptur auf einem Mückenauge... Oder wie wär's mit dem **Museum Belen**: Krippenstadt Bethlehem mit Eisenbahn und Beleuchtung, 15 Tonnen schwer? Das kleine **Völkerkunde-Museum** allerdings (Spende erbeten, Eintritt frei) lohnt tatsächlich einen kurzen Besuch. Es vermittelt (mit deutschsprachigem Handzettel) einen Eindruck von der Lebensweise noch vor wenigen Jahrzehnten in dieser Bergregion, den winzigen, verschachtelten Häusern.

Für 3,50 Euro/ Kinder 1,50 darf bzw. muss man das **Gemeinde-Museum** besichtigen, ein Herrenhaus, mit Gemäldegalerie zum Thema „Guadalest" und mehreren historisch ein-

gerichteten Räumen; **muss** deshalb, weil zum Kastell mit seinen verschiedenen Aussichtsplattformen kein anderer Weg hinaufführt als der durch das Museum.
Unser Guadalest-Abschluss-Espresso in der Bar „Castillo" fällt klein, aber heiß und lecker aus; die Freundlichkeit der Bedienung verbirgt sich gekonnt hinter dem Stolz der Spanierin.
Erschließen Sie sich zu guter Letzt den Charme von GUADALEST auch mit ein paar Schritten unterhalb des Dörfchens, wo Sie auf die Gärten stoßen mit Zitronen, Nispelos und traumhaften Heckenrosen.

Übernachten in GUADALEST? Eine großartigere Aussichtsplattform hat Ihr Womo noch selten in den Schlaf gewiegt als der Parkplatz rechts von der Straße, auf dem sich nach Verschwinden der Tagesbesucher absolute Ruhe einstellt:

(093) WOMO-Stellplatz: Guadalest I

Position: N 38° 40.567'; W 00° 11.935' **max. WOMOs:** 5
Ausstattung/Lage: keine/ortsnah
Zufahrt: s. Text

1,6 km südlich von GUADALEST, also wieder zurück in Richtung CALLOSA, zweigt eine Straße nach unten zum Stausee ab. Nach weiteren 1,7 km erreichen wir den **asphaltierten Parkplatz** an der Staumauer; auf der anderen Seite ist dann die Durchfahrt für Fahrzeuge über 2 t gesperrt. Wir befinden uns hier unten im Reich absoluter Stille, der Spaziergang auf dem Uferweg wird zum Einsamkeitserlebnis pur - Guadalest-Kontrastprogramm! Die pastellfarbene Grün-Blau-Fläche, aus der in Ufernähe einige Baumskelette herausragen, übt eine nicht beschreibbare Faszination aus. Auch für eine ruhige Übernachtung bietet dieses Plätzchen sich an:

(094) WOMO-Stellplatz: Guadalest II

Position: N 38° 40.695'; W 00° 11.536' **max. WOMOs:** 3
Ausstattung/Lage: keine/ortsfern
Zufahrt: s. Text

Gebadet werden darf im See übrigens **nicht**! Wen es nach solcher Abkühlung gelüstet: die steile Asphalt-Zufahrt zur **„Piscina municipal"** biegt von **(094)** nur 900 m zurück ab, nach 600 m sind dann die am Fuß der Felswand gelegenen Sportanlagen mit kleinem **Schwimmbad** (im Sommer geöffnet) erreicht.
Die CV 70 Richtung ALCOI leitet uns mit vielen Kurven durch eine großartige Gebirgslandschaft, bis uns etwa 22 km nach GUADALEST, am Ende eines - endlich einmal - geraden Abschnitts, der Wegweiser *„GORGA"* in Richtung unseres nächsten Ziels *nach rechts* lenkt. Ab hier werden Sie wohl Nicht-Spaniern kaum noch begegnen! In GORGA biegen wir scharf *rechts* nach QUADRETONDA ab (das *Schild* ist nur aus der

Gegenrichtung zu lesen). Steile Mergelhänge bilden die Ränder der Schlucht, die wir gleich darauf überqueren. Jetzt schenken Sie bitte den dicken, alten Kilometersteinen Ihre Aufmerksamkeit: bei **km 4** kommt QUADRETONDA ins Blickfeld, bei **5** biegen wir auf Beton *nach rechts* ab. Vorbei nach ca. 100 m an einem neuen Brunnenhaus, **parken** wir weitere 100 m später unser Womo *rechts* für eine **Wanderung**, die durchaus Ihre Pfadfinder-Fähigkeiten fordern wird.

(095) WOMO-Wanderparkplatz: Quadretonda I/Els Freres

Position: N 38° 43.307'; W 00° 18.673'
max. WOMOs: 1
Ausstattung/Lage: keine/ortsfern
Zufahrt: s. Text

Wir möchten von hier aus **„Els Freres"**, die Brüder, besuchen, helle Kalkfelsen, die über uns im Bereich der linken der beiden Geröllhalden auf uns warten - und auf Sie natürlich!
Knöchelhohe Wanderstiefel sind zwar nicht unbedingt erforderlich, aber wegen des unebenen Geläufs angebracht. Die Wanderung kann mit größeren Kindern durchgeführt werden. Rechnen Sie mit ca. **2,5 Std.** Gesamtzeit.
Um es gleich vorwegzunehmen: vertrauen Sie sich **nicht** den gelb-weißen Markierungen an, die gehören zu einer ganz anderen Route! Wir folgen dem **Wirtschaftsweg** durch die Olivenplantagen auf die Bergwand zu, vorbei an einer großen, links vom Weg einzeln stehenden Steineiche (5 min), immer geradeaus. Ob in der Morgenstimmung oder am späten Nachmittag, die Stille ist unvergleichlich: helle, melodiöse Vogelstimmen, dazwischen immer wieder der Kuckucksruf, sonst sind nur das Knirschen unserer Schritte und bald auch unser schärfer werdendes Atemgeräusch zu hören. Nach insgesamt 15 min biegen wir *spitzwinklig nach links hinauf* ab auf einen **Betonweg**, entdecken hier erstmals eine **rote Markierung**. Anfang Mai wächst uns hier die Wegzehrung in Form von Kirschen in den Mund! An sämtlichen Abbiegemöglichkeiten zu den Terrassen gehen wir vorbei; gelegentlich sichert ein **roter Punkt** den Weg ab. Die Hänge zeigen sich hier über und über mit Zistrosen bedeckt. Nach 20 min weist uns im Dreieck einer **Gabelung** ein **roter Pfeil** auf einem Felsbrocken *nach links*. Wir folgen dem zunächst ebenen Weg eine Terrasse entlang, vorbei an einer gemauerten Mini-Höhle (erneut rote Markierung), steigen wenige Schritte später hinauf zur nächsten Ebene, am Ende der Terrasse wieder eine Stufe höher, und von hier aus den nun erkennbaren Zick-Zack-Pfad weiter. Auf dem folgenden ebenen Stück wird's gelegentlich kratzig an den Beinen! Nach genau 30 min stehen wir am Rand der Geröllzunge, und weiter im Zick-Zack führt uns der ab und zu mit roten Punkten oder Steinmännchen gekennzeichnete Pfad von jetzt ab auf dem Geröll steil

aufwärts. Wenn Sie sich zwischendurch einmal umdrehen, sehen Sie Ihr Womo ganz winzig und einsam in der Landschaft stehen.
Vorteil einer **morgendlichen** Wanderung: die gesamte Geröllzunge liegt im Schatten; Nachteil: das Foto-Licht ist insgesamt ungünstiger als spätnachmittags. Der Geröll-Untergrund erweist sich übrigens als überraschend trittfest, nur im obersten, steilsten Abschnitt wird's gelegentlich rutschig.
Nach weiteren 30 min sind wir an der Basis des ersten „Bruders" angelangt, sozusagen an seinem „Roque-Saum". Noch ein knappes Viertelstündchen, und wir blicken vom Kamm aus hinunter auf eine eng beieinander stehende **Gruppe**: um die schlanken, hohen, nach oben

meist kegelartig zulaufenden, teils durchlöcherten Felsformationen in dieser absoluten Stille als stumm-trauernde **Mönche** zu empfinden, bedarf es tatsächlich keiner besonderen Phantasie!
Die ersten 15 min des Rückwegs folgen unseren eigenen Spuren, etwas mühsam, z. T. über das Geröll rutschend. Unterhalb der jetzt von uns aus rechten (östlichen) senkrechten Wand folgen wir dann einem angedeuteten

Pfad schräg über die Geröllfläche und weiter abwärts, orientieren uns grob an 2 roten, viereckigen **Blechschildern**. Die zart-rosafarbenen Flecken am senkrechten, von Raben bewohnten Fels entpuppen sich beim Näherkommen als Kissen von **Zymbelkraut**.

Nach einer halben Stunde taucht unser Geröll-Pfad in den Wald ein, und 10 min später erreichen wir die oberste, bereits aufgegebene **Terrasse**, gehen sie ganz nach rechts (Osten) entlang. Wie zur Belohnung für unsere Anstrengung präsentiert sich die Mandel- und Olivenpflanzung als üppige Blumenwiese mit leuchtendem Spiel von Farben, Licht und Schatten in der Mitte dieses Vormittags. Die ebene Fläche endet auf einem **Wirtschaftsweg**, dem Sie einfach weiter folgen (**gelb-weiße** Markierung - jetzt dürfen Sie!). Wir stellen auf dem Rückweg fest, wie der weiche graue Mergel die Landschaft in besonderer Weise formt unter dem Einfluss intensiver Regengüsse: manche Terrasse ist längst abgerutscht, bizarre Kegel bleiben in der Ebene stehen. Unsere markante **Steineiche** vom Beginn der Wanderung erwartet uns schließlich rechts vom Weg wieder, unmittelbar danach biegen wir nach *rechts* ab Richtung Womo. Die Kirschbäume kurz davor werden Ihrem Blick wohl nicht entgangen sein?

Sollte unser Wanderparkplatz **(095)** schon besetzt sein - es gibt in unmittelbarer Nähe eine Alternative: unterhalb des Dörfchens, noch vor der kleinen Brücke, finden Sie einen betonierten Picknickplatz mit einer gefassten Quelle, von der Staße weit genug entfernt, um ggf. auch dort in Ruhe nächtigen zu können:

(096) WOMO-Wanderparkplatz:
Quadretonda II/La Font dels dos Xorros

Position: N 38° 43.267'; W 00° 19.131'
max. WOMOs: 2
Ausstattung/Lage: Wasser, Abfallbehälter/ortsfern
Zufahrt: s. Text

Wieder zurück über GORGA auf der CV 70, halten wir uns Richtung ALCOI, durchqueren erneut eine großartige Gebirgsregion. PENELLA grüßt uns mit seiner winzigen Burgruine, dann liegt tief unter uns ALCOI (65.000 Einw.). Schon vor der Stadt biegen wir jedoch auf die N 340 ab in Richtung ALICANTE, einige Kilometer später nach XIXONA. Auch hier verwöhnen uns Landschaft und Straßenbelag weiter! Am Übergang zur Autobahn bleiben wir auf der 340 nach XIXONA, überqueren bald einen 1020 m hohen Pass, dann geht's mit schier atemberaubender Fernsicht bis zu den Bergketten am Horizont abwärts nach XIXONA, sozusagen immer an der Wand lang. Die Stadt liegt in einer weiten Ebene, deren karstig-lehmige Erhebungen das Licht so hell reflektieren, dass man die Augen zukneifen muss. Wir durchqueren den Ort, erfreuen uns an der Einkaufsmöglichkeit eines *Intermarché* und finden 2,3 km nach dem Ortsende-Schild den *Abzweiger zur Höhle von Canalobre*.

Wie von selbst, bremst unser Womo allerdings schon nach den ersten Metern am **Turron-Museum**, das im riesigen gelben Produktionsgebäude der *Firma El Lobo* untergebracht ist. **Turron** gilt als die typische **Süßigkeit** dieser Region mit langjähriger Tradition gerade in XIXONA: ein variantenreicher Verwandter von türkischem Honig und Marzipan.

Die **Führung** (1 Euro p. P., 10 - 19 Uhr geöffnet) beginnt mit einem 12-minütigen Video; in mehreren Räumen werden etliche Produktionsanlagen sowie Dokumentationen über die Historie der Turron-Herstellung präsentiert. Obgleich nur auf Spanisch erläutert, dürfte der insgesamt 30-minütige Rundgang auch für Kinder ausreichend interessant sein - schließlich erhalten wir zum Schluss eine **Kostprobe** als Geschenk und werden in die verlockende Vielfalt des duftenden Verkaufsraums entlassen!

Bis zu den **Cuevas de Canalobre**, die wir morgen früh noch vor der Ankunft der Busse besuchen wollen, fahren wir nun durch eine steppenartige Hügellandschaft, wobei der Blick immer wieder in Canyon-artige Täler fällt. Vom Ortsschild *„Busot"* an führt uns die Straße, *links* abbiegend, auf die zackige Gebirgskette des *Cabeco d' Or* zu - und dann stehen wir vor einer verschlossenen Schranke und dem Schild mit der Mitteilung, dass diese vom 1.10. bis 20.6. von 11-17,50, das übrige Jahr über von 10,30-19,50 Uhr geöffnet bleibt - nix mit Übernachten auf dem großen

Parkplatz, schade! Ein Not-Plätzchen haben wir immerhin doch entdeckt, nur 100 m unterhalb der Schranke:

(097) WOMO-Stellplatz: Cuevas de Canalobre

Position: N 38° 30.970'; W 00° 24.826' **max. WOMOs:** 2
Ausstattung/Lage: Abfallbehälter/ortsfern
Zufahrt: s. Text

Aber: keine Angst, es gibt **weitere Alternativen** in unmittelbarer Nähe, falls Ihnen dieser Platz nicht gefällt oder schon besetzt sein sollte. Bereits am Abgang des Zufahrtssträßchens zur Höhle auf Höhe des Ortsschildes von BUSOT, unmittelbar vor dem **Restaurant** der **5 Hermanos** *rechts* hinein, finden Sie einen begrünten **Naturplatz** für 3 Womos (Abfalltonne an der Straße); vielleicht laden die 5 Brüder Sie ja zum Abendessen ein? Weitere **Stellflächen** an der Straße auf dem Weg bis zum Eingang finden sich, je für 1-2 Womos, nach 700 m und, noch viel schöner, nach 1,4 km. Die Nähe zur Straße spielt keine Rolle, denn auf den 2,3 km bis zur Schranke spielt sich nach deren Schließung nichts mehr ab.

Die **Cuevas de Canalobre**: im Vergleich zur **Höhle des San Jose** (s. Tour 6) stellt sich das Drumherum hier sehr bescheiden dar, fast intim. Die mächtige Felswand im Rücken, erleben wir jedoch schon von der Aussichtsterrasse vor dem Eingang einen 180°-Ausblick über die weite Ebene mit eingebetteten Stauseen und herausgefalteten Gebirgszügen, über die Wolkenschatten langsam hinwegwandern, dass dies Erlebnis allein die Anfahrt wert war!

4 Euro/2 für Kinder/2,80 für Rentner öffnen den Zugang zu einer Höhle, die zu Recht mit einer **Naturkathedrale** verglichen wird. Ohne Effekthascherei hebt die Beleuchtung optimal die faszinierenden Formen hervor, die das Gestein ausgebildet hat: **Säulen**, die denen in der Lonja in Valencia an Schönheit kaum nachstehen, an barocke **Orgelprospekte** erinnernde Gebilde, überdimensionale **Baumkuchen** - einfach großartig! 18° Dauertemperatur herrsche hier unten, wird uns mitgeteilt, und ein Stalagmit wachse in 100 Jahren um 1 cm; liebe Kinder, wie alt ist also die 17 m hohe, einzelne Säule auf der unteren Etage? Apropos **Stalagmiten** und **Stalagtiten**, was ist was? Auch hier werden wir belehrt (gut zu merken!): die -titen hängen!

Gelegentlich werden **Konzerte** in dieser Naturkirche aufgeführt, meist an den Wochenenden; fragen Sie doch bei den Tourist-Infos der Umgebung ggf. nach, Sie dürfen bei dieser Akustik sicher ein besonderes Erlebnis erwarten!

Praktische Überlegungen des Campers soll unser Hinweis unterstützen, dass zwischen der Schranke und den (auch nachts geöffneten) **Toiletten** etwa 300 m liegen!

Wer möchte, kann und soll natürlich die zahlreichen **Zerstreuungs- und Unterhaltungsangebote** des nahen BENIDORM in Anspruch nehmen, die insbesondere auf **Kinder** zugeschnitten sind: den riesigen **Vergnügungspark „Terra mitica“** etwa, die **Schwimmbadlandschaft „Aqualandia“** oder den benachbarten **Unterhaltungspark „Mundomar“** mit Delfinarium u. v. a. m.. Etwa ein Dutzend **Campingplätze** erwartet dazu Ihren Besuch! Uns aber mögen Sie verzeihen, dass wir Sie dorthin nicht begleiten, vielmehr einen Bogen um diesen Urlaubsmoloch schlagen. Allenfalls nutzen wir die gigantischen **Einkaufsmöglichkeiten** am südlichen Stadtrand. **Urlaub** innerhalb dieser monströsen Ansammlung von Wolkenkratzern, dieser Gedanke stößt uns schlicht ab!

Nein, wir suchen lieber für Sie (und vielleicht gemeinsam mit Ihnen?) schöne Bade- und Übernachtungsplätze außerhalb des

Oleander als erfreulicher Wegbegleiter

geballten touristischen Geschehens für Urlaubstage, wie sie eben Womo-typisch zu erleben sind!

Aus BUSOT biegen wir nach *links* ab, erreichen AIGUES auf der CV 773 nach 1001 Kurven, halten uns im Ort Richtung ORCHETA. Zwei Möglichkeiten ergeben sich am Ortsausgang: die bequemere, aber längere Route über RELLEU, die wir Ihnen empfehlen möchten; oder direkt Richtung ORCHETA und VILLAJOYOSA auf dem rubbeligem Asphalt des schmalen Sträßchens nach *rechts*, das auf unserer genauen Karte gar nicht verzeichnet ist und uns doch mitten durch unmittelbare Natur vorbeiführt an einigen wenigen (Ferien-?) Häusern, ein paar Ruinen und zahllosen schönen Plätzen für ein Päuschen, falls Sie dazu Lust verspüren sollten.

Die Strecke über RELLEU beschert Ihnen übrigens noch ein besonderes Erlebnis, wenn auch nur durch den Zaun: am Ortsende von AIGUES fällt mein Blick auf das Lagergelände einer Autofirma mit einer solchen Fülle von unrestaurierten Oldtimern und Klassikern, dass mir fast die Knie weich werden!

Männerträume am Wegesrand

Während wir noch bewundern, wie ORCHETA sich an den Berghang klammert, taucht vor uns der **Amandorio-Stausee** auf. Unmittelbar vor der Brücke über den Fluss biegen Sie bitte *rechts* ab, wenn Sie ein Halt am See lockt. Hinter einer Mini-

Brücke zweigt nach *links* ein Schotterweg ab, führt parallel oberhalb des Ufers entlang und lädt Sie nach ca. 300 m auf einen kleinen Platz ein; einige Büsche im Bereich der Zufahrt kratzen unser Womo, das lässt sich nicht vermeiden. Der Weg verliert sich 200 m weiter im Wasser. **Baden** sei hier zwar, ließen wir uns sagen, offiziell nicht erlaubt - aber wer kann schon etwas gegen einen Spaziergang auf diesem Weg in Badekleidung einwenden? Und wie zur Ermunterung gesellt sich bald eine Enten-Gruppe zu uns - aber vielleicht hatten sie es doch eher auf unser Brot abgesehen!

Übrigens ist auch dies wieder ein nur wenige Kilometer von der Küste entfernter Übernachtungsplatz, falls es Ihnen zwischen Badetagen dort zu eng geworden sein sollte!

(098) WOMO-Stellplatz: Amandorio-Stausee

Position: N 38° 32.886'; W 00° 15.883'
max. WOMOs: 1-2
Ausstattung/Lage: keine/ortsfern
Zufahrt: s. Text

KARTE TOUR 11
N
10 km
COSTA BLANCA
Villajoyosa
099
100
El Paraiso
C
101
102
N332
A-7
103
104
B
El Campello
Alicante
105
106
107
108
109
110
Urbanova
Els Arenals del Sol
Santa Pola
Isla de Tabarca
N330
Elche

TOUR 11 (ca. 60 km / 3-4 Tage)

Villajoyosa - El Campello - Alicante - Urbanova - Santa Pola

Freie Übernachtung:	Villajoyosa, im Küstenverlauf, El Campello, nördlich und südlich von Urbanova, nördl. von Santa Pola
Campingplätze:	Villajoyosa
Baden:	an den Stellplätzen, El Campello, Els Arenals del Sol
Besichtigen:	Isla de Tabarca (Bootsfahrt)

In die Ebene zurückgekehrt, möchten wir mit Ihnen gemeinsam auf Strand- und Standplatz-Suche gehen. Die erste Möglichkeit südlich von BENIDORM mit Zufahrt von VILLAJOYOSAs **Casino** aus lockt als *„Playa de Cornill"* - sparen Sie sich die hoffnungsfrohe Anfahrt, vor der unmittelbaren Strandzufahrt heißt es nämlich plötzlich: **Verbot für Caravans und Motorcaravans**! **Übernachtungsplätze** allerdings, sogar mit schönem Ausblick aufs Meer, entdecken wir hier mehrfach!

Wenige 100 m weiter weisen Schilder uns dann zur ca. 800 m langen Bucht **„Playa de Torres"** mit ihren **Campingplätzen**:

(099) WOMO-Campingplatz-Tipp: Villajoyosa

3 Campingplätze in der Bucht „Playa de Torres"

Position: N 38° 31.001'; W 00° 11.826'
Öffnungszeiten: ganzjährig
Ausstattung/Lage: schön schattig; am Natur-Kiesstrand; Laden; Gaststätte; Ver- und Entsorgung/nächster Ort: 2 km
Zufahrt: s. Text; ab Casino ausgeschildert

Die Plätze ähneln einander sehr, reichen alle drei bis an den Strand, bieten beschattete, sehr großzügige Parzellen, und die vordere Reihe wird **nicht** durch Dauercamper blockiert! Versteckt in den Hügeln, dem Massentourismus der benachbarten Städte völlig entrückt - hier lässt sich's aushalten, zumal sich eine freie Alternative in dieser Region nicht anbietet. Spielen Sie Bridge? - auf dem **„Camping Sertorium"** lädt jeden Montag und Freitag die „holländische Gemeinde" zum Turnier ein!
Auch hier wird es natürlich im August knackvoll, ggf. sollte dann 1-2 Wochen vor Anreise reserviert werden.

Was hat uns VILLAJOYOSA sonst noch zu bieten? Für ihre **Schokoladenherstellung** ist die Stadt immerhin so bekannt, dass a) es ein Museum gibt (à la Turron in XIXONA) und b) dies Getränk in jeder Bar sozusagen noch vor dem Kaffee rangiert. Die heiße, dickflüssige, leicht bitter-süße Köstlichkeit genießen wir mit Blick auf das glitzernde Meer, bis meine Frau mit der despektierlichen Analyse „Puddingsuppe" meine romantische Tagträumerei abrupt beendet.

Die berühmten, in unterschiedlichen Farben leuchtenden, schmalen **dreistöckigen Fischerhäuser** am südlichen Stadtrand finden wir nur mit Mühe wegen eines riesigen Bauvorhabens in der Strandzone (2006), hier soll ein Parkhaus entstehen. Die Häuschen werden aber, so wird uns versichert, ihren Platz in der ersten Reihe behalten!

Der direkt an diese Häuserzeile südlich anschließende Strand-Parkplatz verbietet zwar Womos das Benutzen unter Androhung einer Strafe in Höhe von 15.000 Pesetas (wer besitzt noch solche Restbestände?). Aber: unmittelbar auf der anderen Seite der Bachmündung lockt uns - und Sie? - ein großes Areal ohne Verbotsschilder zum Verweilen am Steinstrand; die hohe Appartement-Bebauung endet bereits mehrere 100 m weiter landeinwärts. Und der so schöne Sandstrand beginnt wirklich nur ein paar Gehminuten weiter nördlich!

(100) WOMO-Badeplatz: Villajoyosa/Platja Centre

Position: N 38° 30.090'; W 00° 14.046' **max. WOMOs:** 4-5

Ausstattung/Lage: Abfalltonnen in der Nähe/im Ort

Zufahrt: in der Stadt auf der N 332 in südl. Richtung den Rio Amadorio überqueren, an der nächsten Ampel der Beschilderung „Hospital Sta. Maria" nach links folgen

Sonstiges: Steinstrand, in der Nähe Sandstrand

EL PARAISOs Ortsanfangs- und -ende-Schilder stehen nah beieinander, dazwischen gibt es eigentlich nur einen **Campingplatz** (links der Straße) und einen Hotelkomplex. Bebauung und touristische Nutzung der Küste bis hinunter nach EL CAMPELLO werden geprägt von der Gegebenheit, dass die steil zum Meer abfallende Hügelkette nur minimale Bademöglichkeiten zulässt in engen, tangverschmutzten Felsbuchten. Und trotzdem wird auch hier gebaut, was das Zeug hält... Für Womos kann sich hier nichts Passables finden, denken wir - aber dann warten doch noch Überraschungen!

Nach einigen Kilometern fällt Ihnen garantiert in der Bebauung links der Straße ein Komplex mit auffällig leuchtenden, blau-lilafarbenen Dächern auf. Kurz darauf blickt uns von der

Höhe ein schwarzer Osborne-Stier entgegen, d. h. eigentlich präsentiert er uns seine Kehrseite. Wenig später durchfahren wir einen Straßentunnel, dann folgen kurz nacheinander 2 ganz unterschiedliche, aber jeweils mit besonderem Reiz ausgestattete Stellplatz-Möglichkeiten:

1. Kurz nach Kilometerstein 124, 1 km nach Tunnelende, steht links an der N 332 das **„Restaurant O. V. N. J.“**, betrieben von einem deutschen Inhaber und seiner spanischen Ehefrau. Sie bieten hinter dem Haus einen **Parkplatz** an, auf dem die Restaurant-Gäste auch zum Bleiben **über Nacht** eingeladen sind; einschließlich Aufklarens des Womos, d. h.der Nutzung von **WC**, **Dusche** und bedarfsweise sogar **Strom** - und alles kostenlos! Ist das ein Angebot?!

(101) WOMO-Stellplatz: Km 124/Restaurant O. V. N. J.

Position: N 38° 27.428'; W 00° 21.662' **max. WOMOs:** 2-3
Ausstattung/Lage: WC, Dusche/ortsfern
Zufahrt: an der N 332, bei Km 124
Sonstiges: Restaurant-Nutzung ist Bedingung

2. Nur 1,2 km weiter zweigt unmittelbar vor zwei einander gegenüber liegenden *Petronor*-**Tankstellen** (*Schild: „Ameraor“*) ein Asphaltweg nach *links* ab. Bitte, bitte vorsichtig abbiegen; bei viel Verkehr lieber die spanische Variante wählen: rechts raus, dann in aller Ruhe die Straße queren! Nach Unterquerung der Bahn (genaue Zufahrt s. Kasten) erreichen wir eine große Natur-Schotterfläche auf einer Landzunge, ca. 100 m breit, zwischen den Bebauungsgebieten:

(102) WOMO-Badeplatz: Ameraor

Position: N 38° 26.608'; W 00° 22.427' **max. WOMOs:** 3-4
Ausstattung/Lage: flacher Kies-Stein-Strand/ortsfern
Zufahrt: vor den Petronor-Tankstellen beim Schild „Ameraor“ links ab, bis Stoppschild, dort rechts, sofort wieder links, nach 50 m erneut links, dann in der Senke der Straße scharf nach links auf Schotter abbiegen, die Bahn unterqueren
Sonstiges: Verbot zu campieren und für Wohnwagen

Auf unserer Weiterfahrt nach Süden verlassen wir die N 332 an der *Abfahrt AIGUES/Puerto-Playa* bei einer Tankstelle nach *links* („spanisch“, also mit Rechtsabbiegung), hier steht auch der Hinweis zum **Camping „Costa Blanca“**. Bald nach dem Ortsschild von EL CAMPELLO begrüßt uns der dicke mittelalterliche Wachturm, und mit dem *Hinweis „Port/Llotja“* ist es nicht mehr schwierig, diesen Platz zu finden:

(103) WOMO-Badeplatz: El Capello/Hafen

Position: N 38° 25.797'; W 00° 23.226'
max. WOMOs: 3-4
Ausstattung/Lage: Abfalltonnen, Sandstrand/im Ort
Zufahrt: s. Text
Sonstiges: großer Schotter-Pankplatz am Hafen, direkt an die 50 m tiefe Strandfläche angrenzend. Tagsüber begehrt, nachts praktisch leer

Wird der Wachturm uns wohl im Auge behalten? Hier am Hafen ist der übliche Unterhaltungswert garantiert mit dem Einlaufen und Entladen der Fischerboote usw..

Eine Alternative findet sich wenige Minuten weiter südlich. Mitten in der Stadt passieren wir einen großen *Lidl*-Markt, biegen 300 m weiter an der *Esso*-**Tankstelle**, zu Beginn der Brükke über das ausgetrocknete Flussbett, nach *links* ab.

(104) WOMO-Badeplatz: El Capello/Brücke

Position: N 38° 25.084'; W 00° 23.447'
max. WOMOs: >5
Ausstattung/Lage: Abfallbehälter/im Ort
Zufahrt: s. Text; gegenüber der Esso-Tankstelle auf Schotter zum Ufer
Sonstiges: Sandstrand; Verbot für Wohnwagen; frisches Brot ab 7 Uhr an der Tankstelle

Sollten Sie die Abfahrt verpasst haben: auch am anderen Ende der Brücke führen Zuwegungen zum Strand!

Ohne Ortsschilder wäre die Grenze zwischen EL CAMPELLO und ALICANTE bei nahtloser Bebauung nicht erkennbar. Der breite Strand zieht sich nach Süden, soweit das Auge reicht, jetzt vor der Front immer gewaltigerer Hochhäuser. Viele **Bade**- und glücklicherweise auch **Park**möglichkeiten laden an diesem **Traumstrand** zum Aufenthalt, nicht jedoch zum Übernachten ein. Leider liegen sämtliche **Campingplätze** strandfern. In Hafennähe lohnt dann das Anhalten allein schon wegen der Träume von Yachten, die sich dort bewundern lassen!

Unser Reiseführer verrät uns über ALICANTE, dass diese mit 280.000 Einwohnern größte Stadt der Costa Blanca neben historischen Bauwerken einen Tunnellift zum Kastell sowie eine berühmte Flaniermeile am Strand zu bieten hat, außerdem ein erstklassig bestücktes Museum für Moderne Kunst. Wir verspüren aber, man möge uns verzeihen, heute einfach keine „Lust auf Stadt“, sondern lassen uns von der N 332 und der sie begleitenden Bimmelbahn direkt an der Küste weiter südwärts führen.

Wenn Sie uns begleiten, achten Sie bitte südlich des Hafens auf die Ampel mit dem Abzweiger nach rechts zu den Autobahnen nach MADRID, VALENCIA und MURCIA. 3,5 km ab hier teilt sich nämlich „unsere“ N 332, wir bleiben auf der *linken* Spur Richtung CARTAGENA, 300 m weiter erneut *links*, jetzt Richtung URBANOVA.

An dieser Uferstraße haben Sie nun die freie Auswahl auf dem Macchia-bewachsenen Geländestreifen bis zur in der Ferne sichtbaren Retortenstadt (Urbanova = Neue Stadt) im Süden, aber auch noch ein Stück weit in Richtung ALICANTE: **mehrfach** bieten sich Flächen für 1-3 Womos an, ähnlich wie unsere:

(105) WOMO-Badeplatz: Playa Saladar

Position: N 38° 17.769'; W 00° 31.193'
max. WOMOs: 3 - 4
Ausstattung/Lage: Abfallbehälter/ortsfern
Zufahrt: s. Text
Sonstiges: Strände s. Text; Campieren und Wohnanhänger nicht gestattet

Der **Strand** ist felsig, aber seicht, mit Steinen durchsetzt; kleine, flache, sandige Abschnitte eignen sich **ideal für Kleinkinder**. Gelegentlicher Flugverkehr vom nahen Flugplatz wirkt vor dem Hintergrund des ständigen Meeresrauschens nicht lästig. Von den nach Süden folgenden Flächen liegt die größte kurz vor dem Beginn der Hochhausbebauung von URBANOVA (mit dem gleichen Verbotsschild). Entscheidender Vorteil: von wenigen Steinen durchsetzter **Sandstrand**.

(106) WOMO-Badeplatz: Urbanova

Position: N 38° 17.379'; W 00° 31.221' **max. WOMOs:** 3-4
Ausstattung/Lage: Abfallbehälter/ortsnah
Zufahrt: s. Text
Sonstiges: Sandstrand; Campieren und Wohnanhänger nicht gestattet

Einen weiteren **Parkplatz für Badehungrige** finden wir links, wenige 100 m nach Ende von URBANOVA - aber: der nicht sehr schöne Strand liegt ein paar Fußminuten entfernt, und ganze Flächen grün-blauer Glaskrümel lassen sich unschwer als ehemalige Auto-Fensterscheiben identifizieren! Da können wir Ihnen schon bald Besseres und Schöneres in Aussicht stellen!

Wir folgen nämlich der Beschilderung zur **Platja de l' Altet** (**Verbot für Zelte und Wohnanhänger**) auf asphaltierter Zufahrt bis zu einer ebenen **Parkfläche** in den Dünen, mitten in der Natur:

(107) WOMO-Badeplatz: Platja de l' Altet

Position: N 38° 16.144'; W 00° 31.364' **max. WOMOs:** 3-4
Ausstattung/Lage: Abfallbehälter, Chemie-Toilette, Fußduschen, Kinderspielplatz/ortsfern
Zufahrt: s. Text
Sonstiges: phantastischer Sandstrand; Campieren und Wohnanhänger nicht gestattet; Hundeverbot

Der kleine, schräge und sehr begehrte **Parkplatz** direkt am Strand, ein paar 100 m weiter, könnte ja während des Badeaufenthaltes tagsüber, **(107)** dann zum Übernachten genutzt werden!

Weiter geht's. ELS ARENALS DEL SOL zeigt wieder einmal geschlossene Bebauung bis an den **wunderschönen Strand**. Die palmenbestandene Promenade führt am Ufer entlang, auch über das Bebauungsende hinaus, mit **Parkstreifen** zu beiden Seiten und **Picknickplätzen**. Nach Ende der Promenade entfernt sich die Straße etwas vom Ufer, wunderbarerweise tut dies auch die Urbanisation. So folgen wir mit Freuden der erneuten Aufforderung zum **Strand** (*Platja del Carabassi*), bei der nächsten Möglichkeit dann auf Schotter nach *links*, und nach wenigen Minuten landen wir hier:

(108) WOMO-Badeplatz: Platja del Carabassi

Position: N 38° 14.176'; W 00° 30.962' **max. WOMOs:** 2
Ausstattung/Lage: Abfallbehälter, Chemie-Toilette/ortsfern
Zufahrt: s. Text
Sonstiges: wunderschöner Sandstrand, Blick aufs Wasser; Tages-Badegäste

50 m unterhalb, etwas versteckt zwischen Tamarisken, finden **weitere** 2 Womos ein **Plätzchen**. Da die Bewohner der Appartementhäuser auf den Hügeln im Sommer sicher auch gern baden wollen, wird man sich dann mit ihnen die Plätze teilen müssen!

Folgt man dem Schotterweg weiter, den Strand entlang nach *rechts*, findet sich bald noch eine **weitere** ähnliche **Möglichkeit** (Hundeverbot), dann wird der Weg zunehmend sandig.

Wieder zurück auf der kleinen Asphaltstraße, von der unser Schotterweg ursprünglich abbog, fahren wir nach *links* und landen bei einem Kapellchen an einem Naturstrand unterhalb der ca. 100 m hohen Steilküste, fernab aller Besiedlung, den weißen Leuchtturm von SANTA POLA schon im Blick.

Strand bei **(109)**

(109) WOMO-Badeplatz: Platja de Saladar I

Position: N 38° 13.486'; W 00° 30.671' **max. WOMOs:** >5
Ausstattung/Lage: Abfallbehälter/ortsfern
Zufahrt: s. Text (Foto: s. vorherige Seite)

Am mit felsigen Abschnitten durchsetzten **Sandstrand** finden sich ab hier beidseits der Straße auf ca. 2 km immer wieder kleine und größere Flächen, die sich als **Womo-Stellplatz** eignen. Am Beginn wird der Strand regelmäßig gereinigt, im weiteren Verlauf wohl nicht mehr. Je weiter wir in südlicher Richtung fahren, desto schlechter zeigt sich auch die Strandqualität. Viele Verbote werden auf zahlreichen Tafeln ausgesprochen, unter die jedoch Motorcaravans **nicht** fallen! Dieser gesamte Küstenabschnitt zeichnet sich aus durch seine Weite, seine Naturbelassenheit, das Fehlen touristischer Bebauung und, was wir als besonders wohltuend empfinden: wir „vermissen" hier die sonst fast allgegenwärtige Vermüllung! Vorbei an Pinienwäldern, einigen Häuschen und Gärten, einem aufgegebenen Campingplatz stoßen wir ca. 2 km nach **(109)**, noch einige 100 m vor Wiederbeginn der Uferbebauung, auf das ausgedehnte **Picknickareal „Amanecer"** (= Morgengrauen - vor wem wohl?) mit **Toiletten** und **Duschen**. Direkt gegenüber finden sich mehrere schöne Stellflächen:

(110) WOMO-Badeplatz: Platja de Saladar II

Position: N 38° 12.399'; W 00° 30.572'
max. WOMOs: 3-4
Ausstattung/Lage: Abfallbehälter, WC und Duschen im Picknickgelände gegenüber/ortsfern
Zufahrt: s. Text

Eine Gemeinde, die so vernünftig mit ihren Naturressourcen umgeht, sich so maßvoll den touristischen Bedürfnissen öffnet wie SANTA POLA, kann man nur beglückwünschen! Es fehlt eigentlich nur das Angebot einer offiziellen Ver- und Entsorgungsmöglichkeit für Womos zu vernünftiger Nutzungsgebühr!

Inzwischen hat sich, von Ihnen sicher schon bemerkt, die **Isla de Tabarca** in unser Blickfeld geschoben. Verspüren Sie Lust auf einen Bootsausflug? Noch ein klein wenig Geduld, bitte!

Ab dem Picknickgelände stehen die Häuschen und Hütten zunehmend enger. Dennoch finden Sie bei Bedarf weitere **Stell-**

plätze, jetzt allerdings recht nah an der Straße und am ausschließlichen **Stein-Fels-Strand**. Bald beginnt bei LA CADENA, am **Cabo** de SANTA POLA, wieder die geschlossene Bebauung einschließlich einer Uferpromenade. Eine Kette (= Cadena) aus mächtigen, über handtellergroßen Gliedern hängt links am Straßenrand auf zwei Findlingen. Hier können wir parken und am **Wasserhahn** 20 m weiter unsere Vorräte ergänzen.

In SANTA POLA erwartet uns einer der größten **Fischereihäfen** Spaniens. Über hunderte von Metern liegen die farbigen Netze ausgebreitet, werden gereinigt und ausgebessert. Uns

interessieren heute besonders die Ausflugsboote in der Nähe, die in Abständen zwischen 1 und 2 Stunden die **Fahrt zur Isla de Tabarca** allen anbieten, die sich „reif für die Insel" fühlen (12 Euro p. P./9 für Kinder). Wären das **Erkunden** dieses ehemaligen **Piraten-Eilands**, das **Baden** in den stillen Buchten etwas für Sie?

Bezahlt wird am Schiff. Bald bringen Wind und Wellen unseren Katamaran ganz schön ins Schaukeln! Während der halbstündigen Überfahrt bewundern wir noch einmal die Besonderheit der Steilküste von SANTA POLA mit ihrer für die spanische Mittelmeerregion so ungewöhnlichen Naturbelassenheit. **Tabarca** wird vor uns größer und größer, nimmt

allmählich Gestalt an, wobei insbesondere die in die Festungsanlagen einbezogene **doppeltürmige Wehrkirche** aus dem 18. Jh. den Blick auf sich zieht. Mit uns verlassen (Mitte Mai) etwa 30 Fahrgäste das Schiff - im August können es (pro Schiff!) fast 10 mal so viele werden, das Inselchen wirkt dann nicht selten überfordert! Allerdings: im nördlichen Bereich, den eine **Kakteenwüste** und Flächen von Federgras bedecken, aus denen nur das markante **Gouverneurshaus**, der **Leuchtturm** und eine **Hausruine** herausragen, verlaufen sich die Besucher weitgehend. Die besondere Inselatmosphäre wird hier spürbar: vollkommene, friedliche Stille, die nur von Strandlerchen und Möwen und dem Klatschen der Wellen untermalt wird.
Der Bereich des **Dorfes** mit größeren Strandbuchten, zahlreichen Restaurants, Kinderspielplatz usw. zieht die Mehrzahl der Besucher an. Man bemüht sich in der Ortschaft selbst im wesentlichen um den Erhalt des authentischen Zustands, wobei etliche der kleinen Häuser allerdings bereits verlassen wurden, einige gar nur noch aus Fassade bestehen.
Mit den geschlossenen Fensterläden und Haustüren verbreitet der Dorfplatz in der Mittagshitze ein bisschen 12-Uhr-mittags-Atmosphäre à la Western-Mexiko. Die Restaurants entlassen Wolken von Duft nach gebratenem Fisch in Richtung unserer Nasen, die Sonne wärmt den Sand in den winzigen Badebuchten - ein gemütliches Inselchen! Stünde da nicht am Hafen von SANTA POLA unser mobiles Zuhause, man könnte es durchaus auch ein paar Tage - und Nächte - hier aushalten!

Tabarca-Impressionen

Eine **Markthalle** erwartet Sie in SANTA POLA, montags und samstags außerdem ein **Wochenmarkt**. Und wir fanden dort die Zutaten für ein leckeres spanisches Frühjahrsgericht, zu dem wir Sie heute einladen möchten:

Spargel-Tortilla

Ca. **350 g** (für 2 Personen) **dünnen grünen Spargel** in ca. 3 cm lange Stücke *brechen* (nicht schneiden! - was sich biegt, statt zu brechen, ist zäh und holzig, bitte verwerfen!). Sorgfältig *waschen* (Sandanhaftungen), mit Küchenpapier *trocknen*.
2 EL Olivenöl und **1 TL Butter** in der Pfanne erhitzen, den Spargel darin 10 min dünsten, gelegentlich umrühren; er soll noch Biss behalten!
3 Eier mit **2 EL Wasser**, **Salz** und **Pfeffer** verquirlen und über die Spargel geben. Stocken lassen, dann wenden (auf einen Teller gleiten lassen und umdrehen); noch ca. 2 min backen: fertig!

SANTA POLA verabschiedet uns mit einem dicken Wermutstropfen, das kann nicht verschwiegen werden. Was diese Stadt an der Küste selbst bisher hat vermeiden können, holt sie landeinwärts nach. Es wird hemmungslos gebaut, Riesenkästen entstehen, mehrere nebeneinander und gleichzeitig in 3., 4. und 5. Reihe - es soll wohl absolut kein Raum mehr übrigbleiben für Individualurlauber! Schade, schade, Santa Pola!

KARTE TOUR 12

TOUR 12 (ca. 80 km / 3-5 Tage)

Elche - Santa Pola - Guardamar - Torrevieja - Mar Menor - San Pedro

Freie Übernachtung:	9 x im gesamten Küstenabschnitt
Baden:	Santa Pola, an den Stellplätzen, Guardamar, Torre de la Horadada
Besichtigen:	Elche mit Altstadt, Palmenwald, Huerto del Cura; Guardamar
Wandern:	am Mar Menor

Bei Löwen und Tigern waren Sie ja schon skeptisch - und nun wollen wir Ihnen heute auch noch Elche im Palmenwald zeigen?!

Nur etwa 15 km von SANTA POLA entfernt, dehnt sich der größte **Palmenwald** Europas aus. Von den Phöniziern ca. 300 v. Chr. angepflanzt, lesen wir, sollen es heute über 200.000 Bäume sein, verteilt auf mehrere Areale in der 200.000-Einwohner-Stadt ELCHE (ELX).

Schon die letzten Kilometer der Zufahrt präsentieren sich als Palmen-Allee. Der Weg in die Stadt hinein verlangt unseren Spürsinn, zumal das 2. Tourist-Info-Hinweisschild die falsche Richtung angibt. Schließlich landen wir aber doch am von weitem sichtbaren **Parc Municipal** mit seiner Silhouette von Palmenwipfeln, nehmen unmittelbar östlich davon das **Parkplatz**-Angebot (1 Euro/Tag, bewacht!) gerne an.

Im Park begrüßt uns das Moschee-artige Gebäude des **Besucherzentrums** mit Video-Informationen. Durch das schattige Gelände mit seinem etwa 20 m hohen **Palmendach**, wunderhübsch ausgestaltet, z. B. mit einem **Keramikbrunnen** (und glücklicherweise auch einem **WC**

in der Parkmitte, ohne Hinweis), vorbei am **Taubenhaus** (auch hier: spanische Großzügigkeit der Dimension), spazieren wir zur **Tourist-Info**. Auf dem kurzen Weg kommt so etwas wie Oasen-Feeling auf! Der mit Erläuterungen überreichte **Stadtplan**

Ob die Tauben die Orgel hören?

führt uns nun in den nächsten Stunden zu Fuß durch das **autofreie** Stadtzentrum und lässt uns Historisches wie Individuell-Modernes bewundern:
bereits am südwestlichen Ende des Parks passieren wir den aufwändig restaurierten **maurischen Stadtpalast** mit Anfängen aus dem 11. Jh.. Gleich danach besuchen wir die **Basilica Santa Maria** - und wenn es nur des Blicks vom **Turm** (durchgehend geöffnet, 2 Euro) wegen sein sollte: ein durch (willkommene) Pausen mit Fotodokumentationen

unterbrochener Aufstieg, vorbei an den Glocken, führt nach 167 Stufen zu einem einzigartigen **Panorama** mit dem Palmenmeer im Norden, der karstigen Gebirgskette dahinter; nach Süden reicht der Blick über das helle Gewirr der Fassaden und Dächer der modernen Stadt bis zur Mittelmeerküste, und direkt unter uns leuchtet die mächtige blaue Kuppel.
Aber auch die unmittelbare Umgebung des Kirchplatzes will bewundert werden mit zurückhaltend geschmückten Fassaden im Kontrast zum **dreistöckigen Prachtportal der Kirche**. Barocke Pracht auch im Inneren: der Glanz des **Orgelprospekts** will dem der **Altäre** nicht nachstehen; die strahlenden spanischen Trompeten meint man schon zu hören, ohne dass die Orgel gespielt wird! Und Fanfaren-Engel zaubern ihre Schattenspiele in die helle Wölbung der Decke.
Modernes Betteln wird im Eingangsbereich praktiziert: hinter einer Schale mit Münzen hockt ein Paar von Ende 30 am Boden, sie telefoniert eifrig per Handy, er raucht; davor ein Schild „Wir suchen Arbeit" - fehlt eigentlich nur der Hinweis „www.hastemalnemark.de".
Die zweistöckige **Markthalle** liegt auf unserem Weg mit einer ganzen Gasse von Fischgeschäften: das reichste, aber auch teuerste Ange-

bot, das wir bisher gesehen haben! Ebenso Schlachterei an Schlachterei - hier hängt mancher Himmel voller Schinken! Sollten Sie gerade zur vollen Stunde vor dem **Rathaus** stehen: rechts davon schlagen die beiden Männlein unter dem roten Turmdach die Glocke - seit 1572!

Blühende Kakteen, Bambus und Palmen über Palmen aller Sorten und Größen bilden den **Huerto del Cura**, den Garten des Pfarrers, 10

Fußminuten weiter östlich. Hier kostet es ein paar Euro Eintritt - schließlich ist jene **alte Dame** zu bewundern, die (wenn auch in Kopie) als das **Wahrzeichen der Stadt** gilt. Die Büste der **Dama de Elche** wurde vor gut 100 Jahren gefunden, Deutungen reichen auch heute noch von einer iberischen Priesterin des 3. vorchristlichen Jahrhunderts bis zur Fälschung. Viele Palmen tragen hier übrigens Namen zu Ehren hochgestellter Persönlichkeiten, die mächtigste (7 Stämme aus einem Fuß!) den der berühmten österreichischen Kaiserin Sissi.

Die **arabischen Bäder**, Reste eines öffentlichen Bades aus dem 12.

Im Garten des Pfarrers: hier trägt wirklich einer den anderen!

Jh., lohnt einen 5-Minuten-Blick ihrer Originalität wegen. Wie auch Pfarrers Garten, sind sie *über Mittag geschlossen*, was Ihre Planung berücksichtigen sollte!

Viele, viele neue Straßen wurden um ELCHE herum gebaut, u. a. auch eine Südwest-Umfahrung, von der aus man nach dem Einkaufen im großen **Centro Commercial** am westlichen Stadtrand problemlos wieder an die Küste gelangt. SANTA POLAs südlicher**, wunderschöner Sandstrand** lädt im weiteren Verlauf mit reichlich **Park**möglichkeiten zum **Bade**aufenthalt unter den Bedingungen des organisierten Strandlebens ein, aber die Bebauung reicht natürlich lückenlos bis ans Wasser.

Die N 332 biegt schließlich rechtwinklig von der Küste ab, und sofort liegt das erste der blendend weißen **Salzgebirge** vor uns. Auf der Fahrt durch den **Naturpark der Salinen** ergeben sich mehrfach Haltemöglichkeiten zum Beobachten der Vogelwelt; Magnet sind natürlich die **Flamingoherden**.

Auf Stellplatz-Suche werden wir bald fündig: in Richtung auf PLATJA DEL PINETs - hurra, unbebauten! - Strand verlassen wir die N 332, biegen in Sichtweite des **Campingplatzes** nach *links* (Norden) ab, und nach kurzer Fahrt (auf Asphalt) durch das kiefernbewachsene Dünengebiet erreichen wir am **„Restaurant Galicia“** den **Sandstrand**.

(111) WOMO-Badeplatz: Platja del Pinet I

Position: N 38° 09.246'; W 00° 37.650' **max. WOMOs:** 3-4
Ausstattung/Lage: Sandstrand, Abfallbehälter/Ortsrand
Zufahrt: s. Text; von der N 332 unmittelbar nach 2 einander gegenüber liegenden Campso-Tankstellen mit Linksabbiegespur zur Plajta del Pinet
Sonstiges: Sicht aufs Wasser, Restaurant

Fährt man auf der 332 weiter in südlicher Richtung, also ins Dorf hinein, folgt nach wenigen 100 Metern eine weitere Abfahrt zum Strand; die merken Sie sich bitte vor, an der liegt unser **„Ausweich-Übernachtungsplatz“ (113)** (s. u.).

Eine weitere Strandzufahrt finden wir von der Ampel in Ortsmitte aus (rechts großer Ceramica-Markt); *links* abbiegend, landen wir auf Asphalt hier:

(112) WOMO-Badeplatz: Platja del Pinet II

Position: N 38° 08.439'; W 00° 38.195' **max. WOMOs:** 4-5
Ausstattung/Lage: Sandstrand, Abfallbehälter/Ortsrand
Zufahrt: s. Text; ab Ampel in Ortsmitte zum Strand
Sonstiges: keine Sicht aufs Wasser; Restaurant

Zwischen **(111)** und **(112)** gibt es eine Verbindung parallel zum Strand auf Schotter. Auf beiden Plätzen wurde uns berichtet, die Polizei schicke die Womos gelegentlich abends weg vom Strand (Geschichten von Schmugglern und Banditen werden kolportiert) und verweise für die Nacht auf diesen Platz:

(113) WOMO-Stellplatz: Platja del Pinet III

Position: N 38° 09.071'; W 00° 38.535' **max. WOMOs:** >5
Ausstattung/Lage: keine/im Ort
Zufahrt: s. Text; wenige 100 m nach der Zufahrt zu **(111)** nach links

Sie wären also auf diesen Fall vorbereitet!

Nach dem nächstsüdlich gelegenen **Campingplatz „La Marina"** finden wir eine weitere Strandzufahrt (*Hinweis: Playa de la Marina*) zu diesem schönen Plätzchen:

(114) WOMO-Badeplatz: Platja de Pesqueres/El Rebello

Position: N 38° 07.740'; W 00° 38.382' **max. WOMOs:** >5
Ausstattung/Lage: Sandstrand, Abfallbehälter/ortsfern
Zufahrt: s. Text
Sonstiges: hinter der Dünenkette, mehrere ähnliche Parkflächen hinter dem Strand; Hunde- und Campier-Verbot

Einen haben wir noch: am Beginn der nächsten Urbanisation nach Ortsende von LA MARINA folgen wir der Zufahrt zum **Camping „Marjal"**, fahren den Platz entlang auf Schotter, dann *2 x kurz nacheinander links* herum, und nach kurzer, schlechter Naturpiste entlang des **Rio Segura** stehen wir nördlich von dessen Mündung direkt vor dem **wunderbaren Strand** (250 m links: *Naturistenstrand*).

(115) WOMO-Badeplatz: Rio Segura - Mündung

Position: N 38° 06.745'; W 00° 38.576' **max. WOMOs:** 2

Ausstattung/Lage: Sandstrand, Abfallbehälter/ortsfern
Zufahrt: s. Text; ab Campingplatz noch 1 km auf Schotter
Sonstiges: Tages-Badegäste, Angler; nur mittelgroße Womos

Tagsüber muss man sich den Platz mit Badegästen und Anglern teilen. Abends bleiben wir allein mit dem Blick aufs Wasser, sehen dem Ein- und Auslaufen der Fischerboote und den Leuchtfeuern der Hafeneinfahrt zu. In der Dämmerung dürfen wir uns über den Besuch eines Kuhreihers freuen und ihn eine Weile bei der Arbeit bewundern, während wir ganz ähnliche Kost genießen wie er:

Crevetten mit Knoblauch-Dipp

Ganze **(gekocht** gekaufte) **Crevetten** **(250 g** p. P.) in wenig kochendem **Wasser** erhitzen, Wasser abgießen. Topf auf den Tisch. Die Tierchen werden während des Essens einzeln von Kopf und Panzer befreit und wandern erst durch den Dipp, dann in den Mund.
Dipp: aus **2 EL Salatmayonnaise**, **2** gepressten **Knoblauchzehen**, **2 EL Olivenöl**, **Salz**, **2 TL Zitronensaft** und nach Geschmack **Sambal-Oleg** oder **Tabasco**, evtl. **Kräutern** nach Belieben (Petersilie, Majoran, Thymian) eine geschmeidige Masse rühren.
Dazu: Baguette, gemischter Salat.

Nach erholsamen Badetagen ist in GUARDAMAR mal wieder ein bißchen Kultur angesagt. Von der N 332 erreichen wir die Stadt bereits 1,5 km nach der Zufahrt zu **(115)**, biegen bei *2 Agip*-**Tankstellen** in den Ort ab.

Herr Francesco Mira erwarb sich um die Problematik der **Wanderdünen** und der durch sie entstehenden Verdrängung der Fischerhäuschen besondere Verdienste, indem er vor etwa 100 Jahren die intensive Bepflanzung der Dünen in die Wege leitete. Eine **Ausstellung** in der **Tourist-Info** dokumentiert diesen Kampf, der außerdem künstlerisch auf großen **Kachelbildern** entlang der Straße *„Paseo Ingeniero Mira"* festgehalten wurde, die hinunter zum Sandstrand führt. Im Gebäude der **Tourist-Info** finden wir (außer einem **WC**) auch eine Kopie der

Dama de Guardamar, die der Ähnlichkeit nach die Mutter unserer **Dama de Elche** gewesen sein könnte. Einen **Spaziergang** durch den duftenden Dünenwald links des Paseo, durch Kiefern, Eukalyptusbäume, Pinien, Agaven und Palmen möchten wir Ihnen unbedingt empfehlen, zumal hübsch beflieste Bänke zu Pausen einladen. Falls Sie unsere Neugier teilen, die **Ruinen eines maurischen Klosters** aus dem frühen 10. Jh. (erst seit 1984 freigelegt) entdecken zu wollen - das Suchen dürfen Sie sich sparen, außer durch Stacheldrahtzaun gesicherten, bis zu 2 m hohen Mauern gibt's nichts zu sehen!

Einen Platz besonderer Art direkt am Strand finden wir am unteren Ende des *„Paseo Ing. Mira"* nach *links*. Hier bilden alte Häuschen eine fast lückenlose Zeile an der Strandseite der Uferstraße. Auf der gegenüberliegenden Straßenseite bieten sich durchgehend **Parkmöglichkeiten** direkt am Rand des Mira-Waldes. Am Straßenende, das sich im Strand verläuft, sowie auf Höhe der winzigen Lücken zwischen den Häusern sind die Plätze natürlich am attraktivsten; nachts ist hier Ruhe zu erwarten.

(116) WOMO-Badeplatz: Guardamar/Playa La Viveras

Position: N 38° 05.872'; W 00° 38.717' **max. WOMOs:** 3-4
Ausstattung/Lage: Sandstrand, Abfallbehälter, Fußduschen/Ortsrand
Zufahrt: s. Text
Sonstiges: Tages-Badegäste, Caravan-Verbot

Etwa auf Höhe der Mitte des Straßenabschnitts liegt, wenige Meter von der Straße entfernt, inmitten der Dünen ein großer **Parkplatz**; dort wie auch gelegentlich an der Straße selbst stehen **Verbotsschilder für Caravans** - aber **sind** wir das etwa?

Auch auf der anderen Seite von Herrn Miras „Paseo" finden wir etliche **Bade**- und **Park**möglichkeiten. Zum Übernachten hält GUARDAMAR außerdem **3 Campingplätze** vor.

Was auf dem nun folgenden gesamten Küstenabschnitt bis hinunter zum **Mar Menor** auf uns lauert, muss aus wohnmobilistischer Sicht schlicht als unerfreulich bezeichnet werden - und nicht nur aus dieser! Urbanisationen und Residencias folgen ohne Abstand aufeinander, Gemeinden lassen sich beim Durchfahren gar nicht voneinander trennen. Wo wirklich einmal eine Fläche noch nicht zugebaut ist, werden Motorcaravans durch Verbotsschilder verbannt. Die Diskrepanz zwischen unserer Landkarte und dem tatsächlichen Erscheinungsbild der Küste lässt die sichere Aussage zu: was an Gebäuden zwischen GUARDAMAR und dem Mar Menor auch nur einigermaßen in Strandnähe steht, kann maximal 5 Jahre alt sein!

Suchen Sie heute einen **Stellplatz** wirklich nur, um nach anstrengender Etappe mit schönem Ausblick aufs Meer zu übernachten, allenfalls mit Restaurant in der Nähe, aber eindeutig ohne Badewunsch, dann finden Sie dafür mehrere Baulücken in einer durch ihre felsige Steilküste touristisch etwas weniger attraktiven Region. Im Verlauf der Strecke *„TORREVIEJA por la costa"* wird Ihnen - schon, weil sozusagen als einziges Gebäude nicht zu vermieten oder zu verkaufen - der **Turm** *links* an der Straße auffallen, der über die zerklüftete Felsküste wacht; kurz danach rechts eine *Campsa*-**Tankstelle**, und 700 m ab Turm wartet Ihr Nachtquartier:

(117) WOMO-Stellplatz: Playa La Mata I

Position: N 37° 59.585'; W 00° 39.273' **max. WOMOs:** 5
Ausstattung/Lage: Abfallbehälter, Picknickbank/im Ort
Zufahrt: s. Text
Sonstiges: Restaurants in der Nähe

Mehrere ähnliche Flächen folgen in kurzen Abständen. Beim letzten dieser Plätze, *1,7 km ab Wachturm*, haben wir dann auch den Übergang vom Fels- zum **Sandstrand** wieder erreicht; hier kann also am Stadtstrand **gebadet** werden unterhalb der von Appartementhäusern bestandenen Uferstraße.

(118) WOMO-Stellplatz: Playa La Mata II

Position: N 37° 59.056'; W 00° 39.442' **max. WOMOs:** 2-3
Ausstattung/Lage: Abfallbehälter/im Ort
Zufahrt: s. Text
Sonstiges: Restaurants in der Nähe; Baden möglich

TORREVIEJA gehört zu den hässlichsten Ortsdurchfahrten, die wir im Bereich der gesamten Küste erlebt haben: schnurgerade, gesichtslose Straßen in Häuserschluchten! In PUNTA PRIMA will uns der **Campingplatz „La Campana"** locken: aber direkt an der Straße und weitab vom Meer?...

In Anbetracht der Tatsache, dass wir bis TORRE DE LA HORADADA keinen richtig schönen WOMO-Badeplatz mehr finden, hier zumindest noch ein **Tages-Badeplatz**: an der *Playa de la Horadada* wird 2006 gerade mit 5 Riesenkränen die letzte Baulücke in vorderster Reihe geschlossen. Daneben stoßen wir auf einen gestuften **Parkplatz** direkt über dem sehr **schönen Sandstrand**, vom Grundsatz her sicher auch übernachtungsgeeignet; wir haben jedoch mit Blick auf die Nähe der großen Hotelbauten davon Abstand genommen, hier das Übernachten zu empfehlen. Ein entsprechender Hoffnungsschimmer taucht auf am *Kreisverkehr* mit dem *braunen Hinweisschild „Playas"* (rechts ORIHUELA, geradeaus SAN PEDRO): große Bebauungslücken am herrlichen Strand, wunderbar zum **Baden** - aber die für eine Übernachtung in Frage kommenden großzügigen **Park**flächen schließen auch **Motor**caravans eindeutig aus! Falls Ihnen nach einem ausgiebigen Badevergnügen eine 20 km-Fahrt zu einem wirklich ruhigen **Über-**

nachtungsplatz im Landesinneren noch zumutbar erscheint, möchten wir **(122)** (s. S. 191) empfehlen!

An der nördlichsten Abbiegemöglichkeit zu Beginn der **Mar-Menor**-Region folgen wir der *Beschilderung „Puerto/Playas de Llana“*. Wir fahren zwischen den Lagunen durch, die in unterschiedlichen Lila-Violett-Tönen changieren, tauchen plötzlich in eine gänzlich veränderte Landschaft ein. Dem ausgedehnten, dabei flachen Binnenmeer trotzten bereits die alten Römer große **Salzgewinnungsflächen** ab, die bis heute kommerziell genutzt werden. Im Vordergrund jedoch steht inzwischen natürlich die abschnittsweise gnadenlose touristische Erschließung - immerhin gilt die Region als eine der wärmsten Spaniens.

Wir übernachten in der Nähe des **Yachthafens**.

(119) WOMO-Badeplatz: Playa de la Torre Derribada

Position: N 37° 49.399'; W 00° 45.487'
max. WOMOs: 3-4
Ausstattung/Lage: Abfallbehälter an der Straße/ ortsfern
Zufahrt: s. Text; direkt nördlich der Mole am Yachthafen
Sonstiges: Restaurants in der Nähe; Sandstrand; spürbarer, aber nicht störender Flugbetrieb vom Aerport Murcia

Alternative **Stellflächen** auf Schotter wie auf Asphalt finden wir im Bereich des neu angelegten und Spanien-typisch großzügig dimensionierten Hafens, die südlichste vor dem **Restaurant „Salinas de San Pedro“**; hier wäre vielleicht die Verbindung Abendessen **im**/ Übernachten **vor** dem Lokal zu erfragen.

Von der Rotkreuz-Station aus, wo die Straße endet, reicht der Blick über die Landzunge zwischen Mittelmeer und Mar Menor mit ihren **Stränden von La Llana** (nur zu Fuß erreichbar) bis zur Hochhaus-Bebauung von **La Manga** (= der Ärmel), der von Süden her kommenden Landzunge, die restlos touristisch vermarktet ist.

Einmal eine **Wanderung ohne Berge** hat sich meine Frau gewünscht - wollen Sie uns begleiten auf 1,5 Stunden in Sandalen, eventuell mit **Badestop**? Wir beginnen - wegen des geringen Informationsgewinns - unsere Tour **nicht** am **Info-Zentrum** (100 m die Straße zurück), sondern direkt an unserem Standplatz **(119)**, stapfen zunächst nach Norden den Strand entlang, dann nach einer knappen Viertelstunde *vorbei* an der ersten Abkürzungsmöglichkeit auf einem Holzsteg durch die Dünen. Fast der gesamte Dünenstreifen ist hier nämlich durch Metallzäune, Sandfangwände und Betreten-Verboten-Schilder gesperrt und gesichert. 5 min später haben wir am Strandüberwachungsposten L7 die nächste Abbiegemöglichkeit vom Strand erreicht, auf der wir nach 2 min dem *Wegweiser „Senda verde“* folgen. Der erfrischende Seewind erreicht uns glücklicherweise auch in diesem „Tal“ noch, sehr angenehm! Weniger angenehm dagegen präsentiert sich uns der Anblick der Urbanisation, die von Norden her den Dünengürtel bereits angenagt hat!

Gräser und Pinien zeigen sich als Windrichtungs-Indikatoren - und es bläst hier häufig und kräftig, zur Freude der Surfer! An der Weggabelung 10 min später halten wir uns *rechts* in Richtung des runden **Beobachtungsturms**, vorbei an einer Info-Tafel zu Flora und Fauna. Zwei weitere Tafeln finden wir am Turm - und leider ein Vorhängeschloss!

Zwischen ausgetrockneten **Salinenflächen**, an deren Rand Salzkrusten glitzern, führt uns der Weg in wenigen Minuten zu einem Parkplatz an der Straße, über die wir am Vorabend zwischen den Wasserflächen hindurch zum Hafen fuhren.

Immerhin weist man diesen gesamten Bereich im Norden des **Mar Menor** inzwischen als **Naturpark** aus! Es wurde wohl die Notwendigkeit erkannt, auch der nachwachsenden Spanier-Generation noch einen Eindruck von ursprünglicher Landschaft erhalten zu müssen, wenigstens mit diesen wenigen Quadratkilometern.

Unsere **Vogelbeobachtung** an diesem Vormittag: Möwen, ein paar Lerchen, Seeschwalben - aber die Flamingos hatten wohl anderweitige Verpflichtungen!

Der sandige Pfad neben der Straße führt uns zu unserem Womo zurück.

An der Zufahrt zum Salzwerk genießen wir noch einmal das Erlebnis mehrerer intensiv **violett gefärbter Salinenflächen**! Die Erklärung allerdings klingt schnöde: Farbstoff-produzierende Bakterien!

An den **Stränden** von SAN PEDRO (*Lo Pagan* und *Playa Mar Menor*), den „Binnenstränden" also, tanzt der Bär, auch schon in der Vorsaison. Sollten Sie einen **Parkplatz** finden und Rummel mögen, sind hier Stadtstrand-**Bade**tage angesagt. Zum Übernachten jedoch werden Ihnen nur die strandfernen **Campingplätze** bleiben.

Lieber Womo-Freund, wenn Sie uns bis hier begleitet haben sollten: der Platz am Hafen von SAN PEDRO war definitiv der südlichste, den wir Ihnen auf unserer Reise anbieten konnten. Mit dem **WOMO-Band 47 „Süd-Spanien"** werden Sie auch im weiteren Küstenverlauf noch herrliche Badeplätze finden. Mit uns dagegen können Sie sich von jetzt an noch ein wenig an Städten, Kirchen und der „spanischen Burgenstraße" erfreuen, mit TERUEL die Hochburg des Mudejar-Stils erleben, und zu guter Letzt noch ein fröhliches Wiedersehen feiern mit MORELLA, der Königin des Maestrazgo.

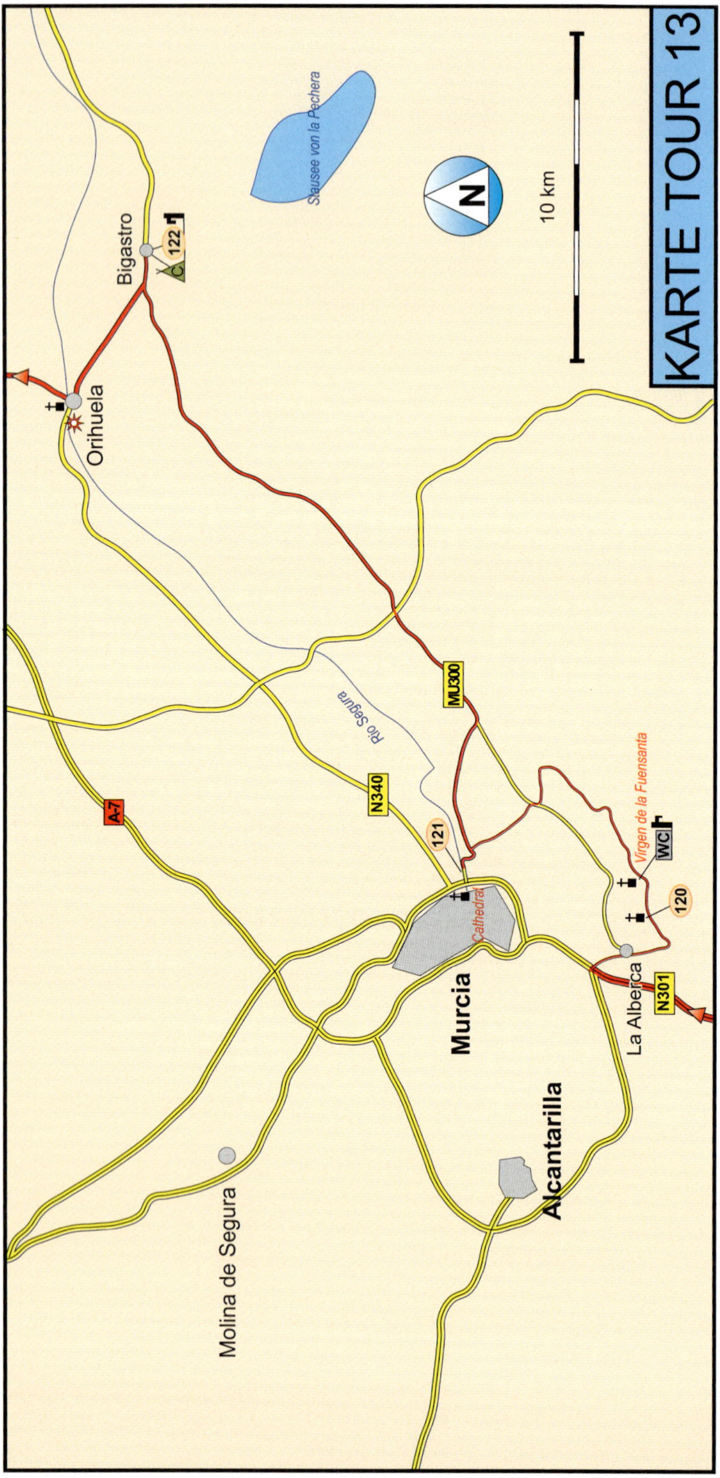

KARTE TOUR 13
10 km
N
Stausee von la Pechera
Bigastro
122
C
Orihuela
MU300
Rio Segura
N340
A-7
121
Virgen de la Fuensanta
WC
120
Cathedral
Murcia
La Alberca
N301
Alcantarilla
Molina de Segura

TOUR 13 (ca. 80 km / 2-3 Tage)

Murcia - Bigastro - Orihuela

Freie Übernachtung:	südlich von und in Murcia, Bigastro, bei Orihuela
Campingplätze:	Bigastro
Baden:	bei **(122)**
Besichtigen:	Altstadt von Murcia, Altstadt von Orihuela

Das herrliche Erlebnis von in allen Farben **blühendem Oleander** entlang der Autobahn stimmt uns auf MURCIA ein. **Camping**- oder offizielle **Wohnmobil-Stellplätze** bieten sich **nicht** an, so machen wir uns am südlichen Stadtrand auf die Suche nach einem „Vorabend-Übernachtungsplatz". Der *Ausschilderung ab* MURCIAs Vorort LA ALBERCA folgend, finden wir, eingebettet in die bewaldete Hügellandschaft, das Naherholungsgebiet um das **Sanktuarium „Virgen de la Fuensanta"**, das Kloster der Schutzheiligen von MURCIA. Die **Kirche** aus dem 18. Jh. lohnt einen kurzen Besuch, als immerhin ungewöhnlich empfinden wir das historisierende Kuppelgemälde mit Nostra Senora in einheimischer Umgebung. Die **WC**s vor den Klostertoren und die beiden **Wasserhähne** gegenüber der Kirche erfreuen unser Camperherz! Und übernachten? Auf der Herfahrt hatten wir 3 km unterhalb (westlich) des Klosters bereits ein ausgedehntes **Picknickgelände** mit **Gasthaus** gesehen; ideal geeignet, wäre nicht das **Übernachten** ausdrücklich **verboten**! Aber genau zwischen diesem Platz und dem Sanktuarium liegt unterhalb der Straße ein winziger, wehrhafter Klosterkomplex und hat ein Einsehen - hier gibt's kein Verbotsschild!

(120) WOMO-Stellplatz: Ermita de la Luz

Position:
N 37° 55.984';
W 01° 07.516'
max. WOMOs: 2-3
Ausstattung/Lage:
Abfalltonne/ortsfern
Zufahrt: s. Text

Wenn Sie noch ein bißchen Zeit und Lust haben: auf dem Hügel oberhalb des malerischen Gebäudekomplexes wartet ein **Info- und Besucherzentrum** auf Ihr Interesse, hübsch aufgemacht mit Informationen zur Region dieser Hügellandschaft. Vielleicht reizt Sie sogar noch ein kurzer oder auch ausgiebigerer Spaziergang ? - zu entdecken gäbe es genug: Burgruinen, Klosterbauten, Höhlen, und für Kletterer die Herausforderung der Felswände!

Zwei Pflicht-Anforderungen stellt MURCIA an seine Besucher: 1. einen **Parkplatz** zu finden, und 2. Zeit für die Bewunderung der **Kathedrale** mitzubringen. Die 350.000-Einwohner-Stadt wird Ihnen im Bereich der **Altstadt** zu Punkt 1 nicht entgegenkommen, versuchen Sie's nicht! Schweiß, Frust und Zeit sparen Sie (bei direkter Anfahrt aus südlicher Richtung) mit der *südöstlichen Umfahrung* (*Ronda sur*), die Sie zwangsläufig unmittelbar vor Erreichen der Lebensader der Region, des **Rio Segura**, an ein riesiges **Einkaufszentrum** bringt (*Media Markt, Eroski, Mc Donald's*) mit großzügigen **Parkplätzen**. Der **Schotterplatz** nördlich davon, gegenüber *Mc Donald's*, direkt am Flussufer, bietet sich ggf. sogar zum **Übernachten** an:

(121) WOMO-Stellplatz: Murcia

Position: N 37° 58.935'; W 01° 06.767' **max. WOMOs:** 3-4
Ausstattung/Lage: keine/im Ort
Zufahrt: s. Text

Der **Rio Segura** war uns schon einmal freundlich gesonnen, erinnern Sie sich noch an unseren Platz **(115)**?

Eine weitere Erleichterung für den MURCIA-Trip verschaffen Sie sich mit dem Erbitten eines **Stadtplans** an einer **Tankstelle** noch im Außenbereich!

Von unserem Parkplatz aus führt die **Promenade** entlang des Flusses. Ihre Bepflanzung mit Jacaranda-Bäumen bedeutet nicht nur angenehmen Schatten auf dem Weg, sondern im Mai auch das Erlebnis intensiv-

lilafarbener Blüte als Dach über, als Teppich unter uns. Fragen Sie sich, warum niemand die Orangen pflückt, die dazwischen gepflanzt sind? Sie dürfen, sehr vitaminreich! Nein, im Ernst - es handelt sich um **Pommeranzen**, so sauer, dass es Ihnen die Löcher

in den Strümpfen zusammenziehen dürfte! Sie taugen eigentlich nur zur industriellen Nutzung, z. B. der Marmeladenproduktion.
Nach 20 Minuten erreichen wir den **zentralen Platz** der **Altstadt**, die **Platia Episcopal** (oder **Belluga-Platz**). Die **Tourist-Info** an der südwestlichen Ecke spendiert uns einen **Stadtplan**, mit dessen Hilfe sich die historisch bedeutsamen Orte und Gebäude leicht finden lassen.

Das imposante Ensemble der barocken Front der **Kathedrale** mit dem freistehenden Turm daneben zieht alle Blicke auf sich; die kunstvoll gestaltete, lange Front des **Bischofspalastes** kommt da fast zu kurz! Auch der Gang um das Kirchenschiff herum zeigt uns mit **Seitenportal** und **Apsis** (mit der mächtigen steinernen **Kette** auf halber Höhe) Bemerkenswertes. Das Innere beeindruckt uns aber noch stärker: die beiden Seitenschiffe vereinigen sich als Halbrund hinter dem Chorraum, zahlreiche **Seitenkapellen** gehen ab mit ganz unterschiedlichen Ausgestaltungen aus verschiedenen Epochen. Als absolute Glanzpunkte erleben wir dabei die Deckengestaltung der **Junteron-Kapelle**, die berühmte, die Blüte gotischer Bildhauer-Kunst widerspiegelnde **Capilla de los Velez** und das **Portal der Sakristei**, alle drei aus den

Bischofspalast

Universität

Anfängen des 16. Jh.. Vom kurzen Mittelschiff ist nach beiden Seiten durch hohe, kunstvolle Eisengitter je ein Chorraum abgetrennt, zur Portalseite hin mit gewaltigem **Orgelprospekt**, gegenüber mit prachtvoller **Altarwand**. Der Bau wurde im 14. Jh. begonnen, die Fassade erst im 18. Jh. vollendet! Selten lassen sich die markanten Baustile unterschiedlicher Epochen so gut erkennen wie an dieser Kathedrale!

Weniger als 3 m breite, autofreie **Gassen** bestimmen in der Umgebung des Bischofsplatzes den Charakter der Altstadt. Historische Fassaden und moderne Architektur mischen sich auf Schritt und Tritt.

Der König der Gummibäume

Lassen Sie sich auf das „Erlebnis MURCIA" ein - Sie werden es bunt, abwechslungsreich, lebhaft finden! Und beliebig erweiterbar für den spezieller Interessierten, für Schlechtwetter-Tage:

zahllose Kirchen und Museen, aber auch einfach nur schöne Plätze, Tapas-Bars und das moderne Angebot einer Großstadt warten!

Unser nächstes Ziel wird ORIHUELA sein. Zwei Städte nacheinander, und schon wieder Kirchen? Zugegeben, das strengt an, zumal bei Hitze - aber dafür können wir Ihnen auch eine besondere Zwischenetappe anbieten!

Verlassen Sie MURCIA auf der 300 nach Osten, direkt von unserem Platz **(121)** aus, nehmen Sie den Ort BIGASTRO 5 km südöstlich von ORIHUELA ins Visier. Dort finden Sie folgendes ungewöhnliche **Erholungs**- und **Übernachtungsangebot** (deutlich ausgeschildert):

(122) WOMO-Stell-/Campingplatz:
Zona de ocio y de refresco la Pedrera

Position: N 38° 03.051'; W 00° 53.942'
max. WOMOs: >5
Ausstattung/Lage: s. Text/ortsfern
Zufahrt: s. Text; der Ausschilderung folgen

Auf einem riesigen Hügelgelände sind versammelt:

1. **Picknickareale** mit **Sitzgruppen**, **Grillplätzen**, **Wasserhähnen**, **WCs**, dazu **Schwimmbad**, **Kinderspielplatz**, **2 Restaurants**, großzügige **Parkplätze** ohne Womo-Verbot,
2. ein **Campingplatz**, der auch im Sommer nicht zu voll wird, zudem mit deutlich günstigerer Preisgestaltung als im Küstenbereich
3. eine **„Alberga“**, ähnlich einer Jugendherberge.

Wir möchten diesen Platz auch empfehlen zum **Übernachten** im Zusammenhang mit **Bade**tagen an den nur etwa **20 km** entfernten **Stränden** von GUARDAMAR und TORREVIEJA!

Bei der Anfahrt auf ORIHUELA fällt zuerst der klosterartige Gebäudekomplex auf halber Höhe der mächtigen Gebirgswand nördlich der Stadt ins Auge, der sozusagen über dem Ort Wache hält. Folgen Sie ruhig der *Beschilderung „Centro historico“*; wenn Sie nicht gerade ein Riesenmobil fahren, auch in die mit Bus- und Lkw-Verbot gekennzeichneten Straßen hinein. Entlang einer **Kirche mit blauer Kuppel**, danach *rechts*, um den *Kreisverkehr* herum (hier verlassen wir die Wegweisung zur

Tourist-Info), vor der Front einer **Kirche mit 2 Portalen** entlang, dann sofort wieder *rechts*, und schon stehen Sie auf dem großen **Parkplatz** des **Centro Commercial**, 5 Fußminuten von der **Tourist-Info** entfernt.

Unter Einplanung der Tatsache, dass die **Kirchen alle zwischen 13,30 und 16 Uhr schließen**, beginnen wir unseren ORIHUELA-**Rundgang** an der **Tourist-Info**, entsprechen damit folgsam der Empfehlung des dort erhaltenen mehr (auch deutsch-!)-sprachigen Prospektes. Das Büro selbst logiert im **Palacio del Rubalcava**, wir erfreuen uns am Anblick der wunderschön gefliesten Diele und des kunstvollen Treppenhauses. Jakob selbst begrüßt uns in der Mitte des Portals der gegenüberliegenden **Santiago-Kirche**, die Muschel am Hut. Er scheint zu lächeln - vielleicht, weil er sich an uns noch aus Santiago de Compostella erinnert? Liebe Kinder, in und an dieser Kirche gäbe es für Euch ein besonderes Rätsel zu lösen: wie oft lässt sich das Symbol der Jakobsmuschel finden?

Auch an diesem Bau verschmelzen Gotik, Renaissance und Barock. Viel goldiger Glanz an den Altären, doch etwas wirklich Besonderes ist der

goldfarbene barokke Orgelprospekt unter dem Kreuzgratgewölbe. Die Darstellung der **Heiligen Familie** in der ersten der linken Seitenkapellen stammt vom berühmten Maler Salzillo (18. Jh.) und gilt als künstlerisch besonders wertvolle Arbeit.

Was uns übrigens den Rundgang in ORIHUELA nicht nur als erlebnisreich, sondern auch angenehm empfinden lässt, ist die relativ niedrige Geräuschkulisse, gemessen etwa an MURCIA; z. T. gehen wir sogar durch **autofreie** Gassen!

Auf unserem Weg in die Altstadt hinein hält uns wenige Schritte weiter dieser **Brunnen** ein Foto lang fest.

An der **Kirche** der **Justa und Rufina** fällt der wehrhafte, viereckige gotische Turm auf. Das Innere überrascht dann durch seine - vorübergehend fast erholsame - Schlichtheit der Ausgestaltung. Wir entdecken 2 transportable Prozessionsbühnen; wozu wohl die perforierten Einsätze im Vorhang darunter? Wie so oft im Leben, bringt das Lüften des Vorhangs die etwas überraschende Erklärung - schauen Sie selbst nach! Nur eine schmale Gasse trennt die **Kathedrale** und den **Bischofspalast** voneinander. Am Ende des Kirchengebäudes wartet dann der absolute Höhepunkt

dieses Tages auf uns: der wunderschöne **zweistöckige Kreuzgang** mit sehr schlichten Säulen, bescheiden, fast intim wirkend. Ähnlich wie in MURCIA, erleben wir auch in dieser Kathedrale die Abtrennung je eines Chorraums vom Mittelschiff durch fast deckenhohe, kunstvolle, reich verzierte eiserne Gitter - o ja, man wusste sich vom einfachen Volk fernzuhalten! Und man konnte von gleich **4 Kanzeln** auf seine Schäf-

chen einwirken! Auch dieses Gebäude mit seinen Ursprüngen aus der Zeit der Gotik lässt alle Bauphasen und ihre Architektur-Stile bis zur überschäumenden Pracht des Barock nachvollziehen.

Liebe Mitreisende, das Beschriebene und noch viel mehr will Ihnen ein Rundgang durch ORIHUELA zeigen - nehmen Sie das Angebot an! Wir haben die Stadt tatsächlich ein bißchen liebgewonnen - schön wäre, Sie könnten dies ähnlich empfinden!

TOUR 14 (ca. 400 km / 2-3 Tage)

Karte: s. Tourenübersicht Seite 241

Crevillent - Novelda - Villena - Jarafuel - Requena - Sinarcas - Teruel

Freie Übernachtung:	Novelda, Villena, Jarafuel, bei Sinarcas
Besichtigen:	Kastell und Sanktuarium Santa Magdalena bei Novelda, Burg und Altstadt von Villena, Altstadt von Teruel

Wir verlassen ORIHUELA auf der 340 nach Norden. Palmen begleiten unseren Weg, und immer wieder **Granatapfel-Plantagen** mit im Mai leuchtend roter Blüte. Am nördlichen Ortsrand von CREVILLENT wechseln wir auf die 325 nach NOVELDA; dort **Achtung** am nördlichen Ortsausgang: überqueren Sie **nicht** den **Rio Vinalopo**, sondern biegen Sie *direkt vor der Brücke* aus dem Kreisel nach *links* ab; etwas schwierig, da die *Ausschilderung*, die wir suchen, zum **„Castillo de la Mola“** und **„Sanctuario“**, eine Straße *vorher* angebracht ist, in die wegen der Einbahnstraßen-Regelung aber nicht hineingefahren werden kann! 1 Minute später taucht der gesuchte Komplex auch schon über der Straße am Berg auf.

Das **Castillo**, in den Ursprüngen noch aus maurischer Zeit (12.Jh.), weist mit einem im Grundriss **dreieckigen Wach-**

turm eine Rarität auf. Ohne Mühe kann er bestiegen werden, und unser Blick in die Runde verdeutlicht, wovon heute in NOVELDA die Menschen leben: nicht mehr von der **Safranherstellung**, deretwegen die Stadt einst berühmt war, sondern vom Abbau und der Verarbeitung des **Marmors** aus den Bergen der Umgebung.

Die 1946 fertiggestellte **markante Kirche „La Magdalena"** unterhalb der Burg zieht die Aufmerksamkeit des Betrachters auf sich. Wer sich möglicherweise an die Kirche „Sagrada Familia" des Architekten Gaudi in Barcelona erinnert fühlt, liegt nicht schlecht - hier war der Erbauer Herr Sala-Sala, ein Gaudi-Schüler. Die Form der Türme, die vergröberten Oberflächen, die Fliesen-Intarsien: ob man das Ensemble schön findet oder nicht, Faszination übt das Gebäude auf jeden Fall aus!

Der große **Parkplatz** ermöglicht uns nicht nur diesen Besuch, sondern auch eine Übernachtung vor weitem Panorama, das wir den Abend lang genießen. Ein **WC** finden wir an der Kirche, **Wasser** am kleinen **Picknickplatz** unterhalb der Auffahrt. Burg- und Kirchenbesucher sowie einige Liebespaare leisten uns abwechselnd Gesellschaft bis ca. 23 Uhr, dann bleiben wir ganz allein!

(123) WOMO-Stellplatz: Sanctuario „La Magdalena"

Position: N 38° 24.563'; W 00° 47.656'; **Höhe:** 343 m
max. WOMOs: 4-5
Ausstattung/Lage: Abfallbehälter; WC u. Wasser i. d. Nähe (s. Text)/ ortsfern
Zufahrt: s. Text; nördl. Novelda, beim Sanktuarium und der Burg

Am nächsten Morgen dürfen Sie dann den **Rio Vinalopo** überqueren. Burg und Kirche grüßen uns zum Abschied noch einmal, als wir zu ihren Füßen in Richtung ELDA/MADRID nach Norden brausen.

Burgen, immer wieder Burgen: an der sehr restauriert wirkenden von PETRER fahren wir vorüber, bestaunen wenig später das Kastell von SAX auf steilem, schmalen Felskamm. Eine besonders bewundernswerte wollen wir uns aber doch noch ausgiebig ansehen, und so biegen wir in VILLENA von der 330 ab, die **Burg** schon im Blick. **„Centro historico"** und **Tourist-Info** sind ausgeschildert, **Parken** (mit Parkschein) ist kein Problem. Größere Womos sollten gleich den *Hinweisen „Castillo"* folgen und etwas oberhalb der Altstadt parken, oder gar direkt unterhalb des Burgtors, wo ausreichende - und im oberen Teil ebene - Flächen auch zum Übernachten zur Verfügung stehen:

(124) WOMO-Stellplatz: Villena

Position: N 38° 37.937'; W 00° 51.654'; **Höhe:** 534 m
max. WOMOs: 3-4
Ausstattung/Lage: keine/Ortsrand
Zufahrt: s. Text; direkt am „Castillo" (ausgeschildert)

An der **Plaza Santiago** versammelt sich alles Wesentliche; zunächst suchen wir die **Tourist-Info** auf. Das **Rathaus** aus dem 16. Jh. empfängt seine Besucher mit einem kleinen **zweistöckigen Arkaden-Innenhof** ähnlich dem Kreuzgang von ORIHUELA; direkt nebenan be-

findet sich das **archäologische Museum**. In der von Dutzenden von Schwalben umschwärmten **Santiago-Kirche** (auch 16. Jh.) gilt es, den originellen, kunstvoll gestalteten hölzernen **Lettner** mit Kreuzigungsgruppe zu bewundern und das geschmückte Portal zur Seitenkapelle. Ein ganz und gar ungewöhnliches und in Erinnerung bleibendes Bild geben die **stämmigen, scharfgratig gedrehten Säulen** ab!
Die Dächer der Altstadt steigen um den Berg herum, übereinander geschachtelt, in die Höhe. Sie dürfen sich darauf verlassen, dass alle aufwärts führenden Gassen und Treppen an der **Burg** enden! Unter der maurischen Herrschaft im 11. Jh. erbaut, wurde die Burg während der **Reconquista** von Jaime I. von Aragon (schon wieder der!) Mitte

Rathaus-Eingang

Santiago-Kirche von außen...

... und innen

des 13. Jh. erobert und in der Folge erweitert, der Turm um zwei Geschosse erhöht. Übrigens werden Sie (außer zwischen 14 und 16 Uhr, wo die Tür verschlossen bleibt) am Tor (Nordseite) von einer hübschen und netten **Führerin** in Empfang genommen, die Sie - kostenlos! - mit spanischen **Informationen** versorgt (zum Lesen auch in **englisch**!).

Im 1. Geschoss des 25 m hohen **Wachturms** erreicht die Mauerdicke 4 Meter! Hier wie auch darüber ist man besonders stolz auf die **maurischen Rippen** an der Decke, im 2. Stock finden

sich **Graffiti aus dem 17. Jh.** an den Wänden. Vom Ausguck des Turms wird uns gezeigt, wie der südliche Teil der Stadt, der ärmere, maurische, lange Zeit deutlich vom reicheren christlichen Viertel getrennt blieb.

Burg genug für heute? Dann würdigen wir die Kastelle von ALMANSA und AYORA nur eines Blickes aus der Ferne, zumal uns die Hitze doch kräftig im Schwitzkasten hat und unsere Bereitschaft zu kulturellen Aktivitäten dämpft. Und: TERUEL lockt!

Zum Glück findet der Tag einen Abschluss wie erträumt: was zeigen Schilder am Ortsanfang von JARAFUEL zu unserer Freude an?: eine **Zona acampada** und einen **Campingplatz**! Sie dürfen wählen! Wir entscheiden uns für erstere, die einsam in einem **Pinienwald** liegt; mit allem, was man so braucht nach einem erlebnisreichen Tag Mitte Mai, an dem das Thermometer um 19 Uhr noch 36°C anzeigt! Und wir sind und bleiben, kaum zu glauben, ganz allein!

(125) WOMO-Stellplatz: Zona acampada bei Jarafuel

Position: N 39° 08.171'; W 01° 06.014' **max. WOMOs:** >5
Ausstattung/Lage: Wasser, WC, Duschen (kalt), Grillplätze, Abfallbehälter/ortsfern
Zufahrt: s. Text; Ausschilderung links am Ortsbeginn von Jarafuel, danach sofort Gabelung: geradeaus zum Campingplatz, nach *links* wir; 300 m nach dem Schild „Cueva Don Juan, Campamento" nach *rechts*, ab Schild „Ruta del Tobarro, Penvau Jarafuel, Campamento El Tobarro, Picknick Huente Bella" noch 1,3 km; insgesamt 4,6 km auf Asphalt

Immerhin ist es am nächsten Morgen auf 21°C abgekühlt. Wir genießen die Stille des Waldes, untermalt nur von Vogelgezwitscher und dem Gluckern des Baches. Der Platz liegt in großartiger Landschaft, am Rand eines Canyons, und lädt durchaus auch zu längerem Verweilen mit Wanderungen, einem gemütlichen Grillabend, die Kinder vielleicht zum Planschen im Bach ein.

Oder möchten Sie unserem nächsten Ziel vor dem Abend noch etwas näher kommen? Dann sollten Sie nach Durchfahren der Weinbauregion um REQUENA ab dem Ort SINARCAS, spätestens aber ab *Kilometerstein 220*, aufmerksam werden. Ca. *500 m nach dem 222er* geht's nämlich - ohne jede Ausschilderung - *links* in eine schattig unter hohen Kiefern gelegene **Zona acampada** hinein!

(126) WOMO-Stellplatz: Zona acampada bei Sinarcas

Position: N 39° 48.928'; W 01° 15.520'
Höhe: 900 m
max. WOMOs: 3-4
Ausstattung/ Lage: Wasser, Grillplatz, Abfallbehälter/ortsfern
Zufahrt: s. a. Text; ca. 500 m nach Kilometerstein 222 *links* ab

Sollte Ihnen hier die (wenig befahrene) Straße zu nahe kommen: den Schotter-Waldweg entlang finden sich mehrere weitere **Standplätze** für eine ruhige Nacht.

Die gewaltigen, in Grün-, Blau- und Rottönen schimmernden Felsformationen auf den letzten 25 Kilometern vor TERUEL stimmen uns endgültig wieder in die Gebirgslandschaft des **Maestrazgo** ein.

In VILLASTAR, ca. 10 km vor TERUEL, fänden Sie übrigens bei Bedarf sogar noch einen ländlichen **Campingplatz**!

Bei den **„Amantes de Teruel"** handelt es sich nicht, wie man vermuten könnte, um ein spanisches Mandelgebäck, sondern ein berühmtes Liebespaar des Mittelalters. Ob sie uns ein bißchen von ihrer Liebe entgegengebracht haben in der Gestalt der beiden Straßenwacht-Männer, die uns beim Reifenwechsel ca. 20 km vor der Stadt halfen?

Nach TERUEL hineinzufahren, bereitet grundsätzlich kein Problem, umso mehr allerdings die Parkplatz-Suche. Bleiben Sie auf der *westlichen Seite* der beiden markanten **Brücken**, dort gibt's **Parkfläche** genug, und zu Fuß lässt sich das historische Zentrum dann in 10 Minuten erreichen. Die **Tourist-Info** hat sich leider am westlichen Altstadtrand ziemlich versteckt (*unterhalb* des großen *Hotels Reina Cristina*), wir vermissen auch Hinweisschilder.

Mit dem schließlich dort erhaltenen **Stadtplan** machen wir uns - wieder einmal - auf den Weg, auch diese Stadt (Weltkulturerbe) zu erkunden und den **Mudejar-Stil** in seiner prächtigsten Form kennenzulernen. Der architektonische **Baustil** der Verschmelzung **romanischer** und **gotischer** Elemente mit denen **arabischer** Tradition wurde in dieser Fülle, Größenordnung und Reife möglich durch eine maurisch-jüdisch-christliche Mischgesellschaft, die in TERUEL bis zum Ende des 15. Jh. in

einer Atmosphäre ungewöhnlicher Toleranz erhalten blieb.
Die **„Torre del Salvador“**, der Erlöser-Turm also, steht sozusagen mitten auf unserem Weg und zeigt uns aus unmittelbarer Nähe die verspielte, durch blau-grün-weiße Kacheln gestaltete Ornamentik im Kontrast zu den hellbraunen Ziegelflächen, die durch Säulen und Zinnen, Rund- und Spitzbögen gegliedert sind.
An der **Plaza de la Catedral** finden wir das **Rathaus** und natürlich die verschachtelte **Kathedrale** mit ihrem über und über verzierten **Turm**,

ein Gebilde wie aus dem Märchen-Baukasten. Die **Deckenbemalung** gilt als das größte Juwel dieser Art überhaupt. Auch die filigran geschmückte **Kuppel** über dem Altar stellt eine Rarität dar. Lediglich der barocke Altar will sich so gar nicht in das übrige Ensemble der Kirche einfügen.
Fast jeder Blick in die Altstadtgassen endet an einem der vielen markanten historischen Gebäude, oft an einem der berühmten Türme. Ob Glanzstück oder eher Unscheinbares: alles in dieser Stadt strahlt Geschichte aus, sei es aufwändig restauriert oder an der Grenze des Verfalls.

Durch die *„Calle de Hartzenbusch“* finden wir die überreich verzierte und ausgemalte **Kirche San Pedro y Andito** aus dem 14. Jh., daneben ein weiteres Wahrzeichen TERUELs, das **Mausoleum** der **Amantes**, der Liebenden.

Diego und Isabel mussten im 13. Jahrhundert unter den Zwängen von Familie und Konvention Ähnliches erleiden wie Romeo und Julia: er galt als zu arm für sie, also wurde sie anderweitig versprochen. Er kehrt zurück am Tag ihrer Hochzeit, jetzt mit Taschen voller Geld - aber nun ist es zu spät, nicht einmal einen Kuss darf sie ihm geben! Aber mit

gebrochenem Herzen lässt sich's bekanntermaßen nicht leben, und so stirbt er aus Kummer, sie folgt ihm nach bei seiner Beerdigung!
Eine Skulptur aus den 1950er Jahren schmückt jetzt die Sarkophage, in denen, so sagt man, ihre Gebeine ruhen. Das romantisch-tragische Geschehen wird heute aufwändig vermarktet mit einem kleinen Museum in den angrenzenden Räumen.

Sollten Sie zum Ende unserer Reise noch einen wirklichen **Höhepunkt** vermissen: wir erreichen ihn am **Pass von Villaroya** mit **1700 m**! Das Erlebnis der Gebirgslandschaft, durch die uns die A 226 führt, gehört übrigens zu den **grandiosesten Landschaftseindrücken** unserer gesamten Tour! Ab CANTAVIEJA sollten Sie diese Straße dann allerdings nicht mehr wählen, sie wird schmal und rumpelig, kann mit nur maximal 40 km/h befahren werden. Müheloser ist MORELLA südlich über die CV 125 zu erreichen.

Wir genießen das Wiedersehen mit der „Königin des Maestrazgo". Der schöne Stellplatz **(023)** lässt uns einen letzten Abend vor dieser Traumkulisse erleben, eine ruhige und erholsame Nacht, und mit aufgeklartem Womo und unglaublich vielen Eindrücken in Herz und Buch treten wir die Heimreise an.

TIPPS von A - Z in der Übersicht

Adressen
Brot
Camping/ Freies Übernachten
Decken
Durchfall
Ent- und versorgung
Ermita
Erste Hilfe im Camping
Essen und Trinken
Feiertage
Fische
Fotografieren
Gas
Geld
Gerüche
Hund und Katze
Kirchen
Klima
Kochen
Lebensmittel
Licht
Literatur/Karten
Medizin-Kästchen
Mudejar-Stil
Museen
Notfälle
Panne
Papiere
Polizei
Promille
Reifen
Schinken
Schmuck
Schuhe
Sonne
Sprache
Stadtpläne
Stellplatz
Strände
Strom
Tanken
Telefonieren
Toiletten
Trinkgeld
Umwelt
Unfall
Wandern
Waschmittel
Wasser

ADRESSEN

Spanisches Fremdenverkehrsamt in

10707 Berlin, Kurfürstendamm 63, tel. 030/ 8826543
e-mail: berlin@tourspain.es

40237 Düsseldorf, Grafenberger Allee 100, tel. 0211/6803981
e-mail: dusseldorf@tourspain.es

60323 Frankfurt, Myliusstr. 14, tel. 069/ 725033
e-mail: frankfurt@tourspain.es

80051 München, Postfach 151940, tel. 089/ 53074620
e-mail: munich@tourspain.es

CH 8008 Zürich, Seefeldstr. 19, tel. 00411/2527930
e-mail: zurich@tourspain.es

A 1010 Wien, Walfischgasse 8, tel. 00431/5129580
e-mail: viena@tourspain.es

Deutsche Botschaft in

Berlin: tel. 030/ 206260
Madrid: tel. 915579000
Barcelona: tel. 93292100

Polizei/ Erste Hilfe/Feuerwehr: 112
Polizei auch: **091**
Pannendienst („span. ADAC"): **915933333**
auf der Autobahn alternativ: **902200320**
Medizin. Notdienst in Städten: 061
Deutsche oder deutschsprachige Ärzte werben in vielen Küstenorten auch mit eigenen Reklameschildern

Zentrale Sperrnummer bei Kreditkartenverlust: 0049-116116
mit der Möglichkeit, *EC-, Kredit-, Kundenkarten und Handys sperren* zu lassen für alle unter „Sperr e.V." zusammengeschlossenen Anbieter. Info auch unter www.Kartensicherheit.de

BROT

Weißbrot ist als wichtiges Grundnahrungsmittel spottbillig. Backkultur, insbesondere Brotherstellung, besitzt in Spanien jedoch keine vergleichbare Tradition wie bei uns oder etwa in Frankreich. Dennoch ist die Vielfalt inzwischen auch in dörflichen Bäckereien ausreichend für unseren Geschmack. In den Regalen großer Supermärkte tauchen jetzt auch in Spanien dunkle Brotsorten auf, meist aus Deutschland.
Das duftende und morgens knusprige Brot bleibt im Süden nur wenige Stunden frisch, deshalb sollte man nicht zuviel auf Vorrat einkaufen. Andererseits bietet sich gerade beim freien Übernachtungsplatz oft morgens keine schnell erreichbare „Brotquelle" an, das gilt es zu bedenken! Wenn's kneift, ist man für ein *Knäckebrot*-Frühstück durchaus dankbar.

CAMPING/FREIES ÜBERNACHTEN

Nach Gesetzeslage ist ein Aufenthalt in freier Natur in Spanien grundsätzlich gestattet. Lieber Womo-Fahrer, bleiben Sie sensibel: gegenüber der Natur, den Einheimischen, anderen Wohnmobilisten. Und sollte, was an begehrten Plätzen in der Hochsaison nicht auszuschließen ist, einmal die Polizei auftauchen: bleiben Sie freundlich, outen Sie sich als Spanien-

Liebhaber - unwahrscheinlich, dass Sie unfreundlich behandelt oder gar vertrieben werden.
Das Angebot an Campingplätzen in der von uns beschriebenen Region ist zahlenmäßig ausreichend. In sehr begehrten Regionen empfiehlt sich in der Zeit der spanischen Ferien telefonische Reservierung einige Tage vorher. Qualität und Preisgestaltung differieren erheblich. Auf Angebote wie Pool, Einkaufsmöglichkeit usw. kann man sich in der Nebensaison nicht immer verlassen!
Über Sicherheitsrisiken freier Stellplätze und ihre Minimierung haben wir uns an anderer Stelle ausgelassen, deshalb hier nur noch einmal die Warnung vor dem Übernachten auf Autobahn-Rastplätzen!

DECKEN

sind immer ein Thema bei der Reisevorbereitung. Schließlich wollen wir ja nachts nicht frieren, aber sich jede Nacht schwitzenderweise freizustrampeln, bekommt der Schlaftiefe natürlich auch nicht.
Grundsätzlich dürfen wir auch im Frühjahr und Herbst im südöstlichen Spanien mit milden Nächten rechnen, sodass leichte Bettdecken ausreichen. Im Gebirge allerdings kann es nachts empfindlich kalt werden, und das merken wir dann irgendwann in der Nacht auch im Womo. Also bitte für jeden eine **Wolldecke** zur Reserve mitnehmen, es muss ja nicht gleich die Heizung sein.

DURCHFALL

Montezumas Rache stellt sich im Verlauf eines Mittelmeer-Urlaubs leider fast immer einmal ein. Die Einnahme von Valium nach dem Motto „Der Durchfall ist zwar noch da, aber jetzt stört er mich nicht mehr" ist keinesfalls ein probates Mittel!
Neben oder zur Not auch statt der entsprechenden Medikation (s. MEDIZINKÄSTCHEN) hat sich folgende *Diät* bewährt:

>Pflicht: *reichliche Flüssigkeitszufuhr*, am liebsten 5 min durchgezogener Schwarztee

>Kür: *Essen nur bei Hunger*! Falls Übelkeit vorhanden, sollte man sich nicht zum Essen zwingen, ein paar Stunden *Nahrungspause* kommen der Genesung zugute! Wenn sich der Appetit dann wieder einstellt, bitte einen Tag lang nur: *Zwieback, Salzstix, mit der Gabel zerdrückte Banane, mit der Schale geriebenen Apfel, Kartoffel-Karotten-Brei.*

Die Problematik einer Durchfall-Erkrankung mit Flüssigkeits- und Salzverlusten, zumal bei hohen Umgebungstemperaturen, ist nicht zu unterschätzen, ganz besonders bei Kindern!

ENT- UND VERSORGUNG

Wasserhähne oder *Brunnen* finden sich auf unseren Touren zahlreich, viele haben wir beschrieben. Grundsätzlich kann, wenn nicht ausdrücklich „an der Quelle" ein anderslautender Hinweis besteht, von *guter Trinkwasserqualität* ausgegangen werden.
Wasserhahnanschlüsse für unseren Schlauch finden sich allerdings sehr selten. Die Kombination aus *Kanister und Trichter* ist eher gefragt!
Deutlich schwieriger steht es um die Entsorgung. Entsorgungsstationen wie das „Euro-Relais" in nordeuropäischen Ländern gibt es in Spanien gelegentlich auch, oft auf Autobahn-Tankstellen. Auf Campingplätzen findet sich inzwischen eigentlich immer eine vernünftige Entsorgungsmöglichkeit.

ERMITA

Unter dieser Bezeichnung finden sich Kapellen, Kirchen oder auch kleine Klosteranlagen, meist in abgelegener, oft einsamer Lage. Vielfach haben die Erbauer sich ganz besonders schöne Gegenden ausgesucht, gelegentlich auch exponierte Orte, wie z. B. auf einem Hügel über dem Dorf o. ä..

Ermita de San Juan de Penagolosa

Ermita N. S. de la Fuente de la Salud

ERSTE HILFE IM CAMPING

Kühlen ist häufig angezeigt:
>bei Stichen (Insekten, Seeigel)
>nach Quallenkontakt
>bei Verbrennungen (in der Küche, Sonnenbrand)
>bei Verstauchungen

Womit?

>Bei *Verbrennungen* lindert direktes Eintauchen des betroffenen Körperteils in *kaltes Wasser* (Schüssel, Brunnen) rasch die Schmerzen und beugt Folgeschäden vor; anschließend luftdichten Verband anlegen, wirkt weiter schmerzmindernd.

>In allen anderen Fällen: wenn vorhanden, *Eiswürfel* aus dem Gefrierfach aufbringen, entweder direkt oder in Cellophantüte. Wenn nicht vorhanden: irgend etwas Eingefrorenes, egal was, aus dem Gefrierfach holen - und anschließend in den Speiseplan einbauen.

ESSEN UND TRINKEN

Vielfalt und Preisniveau der Lebensmittel lassen sich mit der Situation in Deutschland vergleichen. Das spanische Essen ist auf eine Vielfalt von Gemüsen, Kräutern und Gewürzen ausgerichtet. *Einkaufen* auf Märkten/ in Markthallen, aber auch in Supermärkten macht Spaß bei reichhaltigem Angebot. Die Supermarktketten *Aldi* und *Lidl* sind in Spanien mit etlichen Filialen vertreten, mehr und mehr auch große Einkaufsmärkte der französischen Ketten *Carrefour*, *Champion* und *Intermarché* sowie des spanischen *Mercadona*-Konzerns. Kleinere und winzige Läden finden sich in jedem Dorf, meist sogar mehrfach. Vor 20 Uhr wird normalerweise nicht geschlossen.
Dass Sie nach diesem Urlaub auch über die Paella hinaus einiges von der spanischen Küche auf- und angenommen haben werden, dazu sollen unsere Rezeptvorschläge beitragen!

FEIERTAGE

Neben dem in ganz Spanien intensiv und ausgedehnt gefeierten Osterfest (Semana santa = heilige Woche) führt das Ehren etlicher Heiliger zu arbeitsfreien Tagen. Vielfach betreffen diese Regelungen nur Teilbereiche des öffentlichen Lebens, d. h. oft bleiben Geschäfte geöffnet. Und: jede Region ist mit ihren eigenen Gedenktagen gesegnet!

Hafen von Vinaroz: rot das Handwerkszeug...

FISCHE

Die Fischbestände im spanischen Mittelmeerraum sind in den letzten Jahrzehnten dramatisch geschrumpft. Was zum Verkauf in Supermärkten und Markthallen angeboten wird, stammt immer seltener aus heimischem Fang. So erklären sich die hohen Preise.

...und rot das Morgenlicht

FOTOGRAFIEREN

Wer konventionell fotografiert, sollte sich mit ausreichender Menge an Filmmaterial bereits in Deutschland eindecken. Die Preise liegen in Spanien, zumal in typischen Ferienregionen, deutlich höher.

Das digitale Fotografieren erlegt bei entsprechender Kapazität der Speicherkarten dem begeisterten Touristen kaum noch Mengenbeschränkung auf. Sollte tatsächlich die Karte voll werden, lässt sich in wenigen Minuten in fast jedem Fotoladen eine CD-Kopie brennen für Preise um 5 EURO, und die Karte steht wieder für neue Taten zur Verfügung.

GAS

In der Reisezeit außerhalb der Heizperiode und ohne die Nutzung eines Stromanschlusses kann davon ausgegangen werden, dass eine 11-Kilo-Flasche 2 - 3 Wochen ausreicht, d. h. 2 große Flaschen decken den Bedarf eines üblichen Urlaubs sicher ab. Ein Umtausch unserer grauen Flaschen ist in Spanien nicht möglich; Befüllen, wie noch vor einigen Jahren praktiziert, wird nirgends mehr angeboten. Wer, wie wir, gerne draußen brät und kocht, profitiert von einer zusätzlichen, leichter transportablen 5-Kilo-Flasche (s. Küche). Wer wirklich viel, viel mehr Zeit mitbringt, vielleicht gar überwintern möchte, beginne seine Reise in Deutschland sinnvollerweise mit nur *1* großen Flasche; eine in Spanien gekaufte kann dort überall getauscht und vor der Rückreise zurückgegeben werden!

GELD

Geldautomaten finden sich in allen größeren Dörfern, sie können durchweg mit der ganz normalen EC-Karte genutzt werden.
Bezahlen mit Karte ist dagegen noch nicht sehr verbreitet, auch an Tankstellen darf man sich auf diese Möglichkeit nicht sicher verlassen, ggf. besser vorher fragen bzw. genügend *Bargeld* mitführen.

GERÜCHE

Einen Schuss *Essigreiniger* ins Abwasser geben und während der Fahrt die *Stöpsel auf die Abflüsse* stecken - so lösen Sie jedes Geruchsproblem auch bei Hitze!

HUND UND KATZE

Selbstverständlich müssen die einschlägigen Einfuhrvorschriften bezüglich *Impfungen* und *amtstierärztlichen Gesundheitsattests* beachtet werden!
In die meisten Museen dürfen Haustiere übrigens nicht mitgenommen werden! Auch auf vielen Campingplätzen und an Stränden herrscht Hundeverbot (meist spanisch-lässig gehandhabt!)

KIRCHEN

Ein traditionell so stark kirchlich geprägtes Land wie Spanien erfreut uns natürlich durch sakrale Bauten auf Schritt und Tritt. Unsere Touren stellen eine Auswahl vor, deren Vielfalt auch bei Ihnen nachhaltige Eindrücke hinterlassen wird!

Vistabella del Cid:
Portal einer **Dorfkirche**!

Reich geschmückt von innen (Vistabella del Cid)...
...trutzig von außen (Burgkirche von Peniscola)

Turm und Portal in **San Mateu**: mehr Kirche - oder doch mehr Burg?

KLIMA

Die schönsten Jahreszeiten für eine Spanien-Reise sind zweifellos *Frühjahr* und *Spätsommer*. Ab Anfang Mai kann an vielen Stränden bereits gebadet werden. Die Üppigkeit der Vegetation macht das Frühjahr eigent-

Duftender Frühjahrsblüher: die Zistrose

Saftreiche Frühjahrsleckerei: Nispelos (Guadalest)

lich zum absoluten Favoriten. Ein weiterer Riesenvorteil außerdem: es gibt im Frühjahr noch *kaum Tourismus*, man wird als Gast fast überall sozusagen in Privataudienz empfangen und umsorgt. Aber: so schön und warm es auch bereits im März werden kann - bis Ende April müssen Schlechtwetter-Einbrüche mit Regen, Sturm und drastischer Abkühlung immer einkalkuliert werden! Reichlich *Lesestoff* mitnehmen, dann können auch solche Phasen ihren spezifischen Reiz entwickeln.
Wirklich heiß wird's im Juli und August, und zwar in jeder Beziehung: die Schattentemperaturen erreichen Werte um 40°C, und die Zahl der Urlauber im Küstenbereich nimmt sprunghaft zu: Schul- und Industrieferien in Spanien (s. a. im Kapitel „Gebrauchsanweisung")!

Narzissen am Penagolosa

Hasenohr

Spornblume

KOCHEN

Fischtheken auf Märkten, in Markthallen und Supermärkten faszinierten uns schon immer. Die Preise liegen allerdings in Spanien z. T. sehr hoch! Wertvolle, griffige und leicht praktisch umsetzbare Hinweise zu Auswahl, Besonderheiten und Zubereitung von Fischen und Schalentieren finden wir immer wieder im großartigen Fisch-Kochbuch „Seafood“ (Teubner Edition), das uns trotz seines Volumens im Womo seit Jahren begleitet. Ebenso gehören übrigens zu unserer Standard-Ausstattung ein *10-l-Topf* und ein *Nussknacker*, um in jedem Fall für eine Begegnung mit Taschenkrebs, Languste, Hummer o. ä. gerüstet zu sein!
Für die geruchsintensive Zubereitung von Meerestieren empfiehlt sich die Mitnahme eines *Gaskochers mit Windschutzrahmen*, um außerhalb des Womos brutzeln zu können.
Unser *Gasgrill* verfügt zwar auch über 2 Kochplatten; diese solo zu nutzen, ist jedoch nicht sehr ökonomisch, deshalb begleitet uns zusätzlich der 2-Flammen-Kocher. Für das Kochen „außer Haus“ führen wir außerdem immer eine *zusätzliche 5-Kilo-Flasche* mit und können so ohne großes Schleppen in beliebiger Entfernung vom Womo kochen. Der Gasgrill hat sich z. B. für die Zubereitung großer Fische (meist in Alufolie) sehr bewährt. Grundsätzlich bietet er außerdem gegenüber dem Holzkohlegrill den Vorteil, auch bei ausgewiesenem Grill-Verbot benutzt werden zu dürfen.

LEBENSMITTEL

Wenn Sie nicht auf spezielle Gewohnheiten wie etwa eine bestimmte Kaffee-Sorte fixiert sind, brauchen Sie außer zwei bis drei „Notfallgerichten“ wie Suppen, Spaghetti oder einer Dose Eintopf eigentlich keine Lebensmittel nach Spanien mitzunehmen. Die dortige Angebotspalette ist in der Breite mit unserer vergleichbar, die Preise unterscheiden sich unterm Strich kaum.

LICHT

Kurz ist im Süden die abendliche Dämmerungsphase, früh wird es dunkel, gerade im Frühjahr und Herbst. Dabei lassen jedoch die Temperaturen oft ein Draußen-Sitzen zu bis zum Zubettgehen. Das Licht der Vorzelt-Leuchte ist kalt und hart; gemütlich wird es aber sofort mit einem oder mehreren *Windlichtern*. Die wiederum reichen zum Lesen nicht aus, hier leistet bei Bedarf eine *12 V-Akku-Lampe* gute Dienste.

LITERATUR/KARTEN

Für die Planung der Reise erhalten Sie wertvolle Informationen und Anregungen aus - na, unserem Büchlein natürlich, aber ansonsten:

>*via Internet* über den offiziellen *www.spain.info*

>*HB-Bildatlas 150: Costa Blanca/Valencia/Alicante*; tolle, appetitanregende Fotos, straffer, praxisgerechter, informativer Text

>*Spanien (Schröder, Michael-Müller-Verlag)*;umfangreicher Text, unglaublich vielfältige Informationen

>*Spanien (Baedeker)*; Standardwerk mit Karte

>*Spaniens Mittelmeerküste (Fründt, Reise Know How)*;detaillierte Beschreibung mit Einzelkarten

>*Costa Blanca (Bredenberg, Reter-Meyer-Reiseführer, antiqu.)*

>*Valencia/Costa Blanca (Merian 7/70; antiqu.)*

>*Costa Blanca/Land Valencia (Polyglott on tour)*

> *Spanien (Grossegesse, Polyglott)*; ein kluger, strukturierter Helfer zum Verständnis für das Land und seine Bewohner.

Ganz unterschiedliche Paletten des Lebens in Spanien beleuchten die kleinen Aufsätze in der >*Almanach-Reihe* des *Jenior-Verlags Kassel.*

Abwechslungsreiche **Wandervorschläge** fanden wir u. a. in:

>*Wanderfreuden an der Costa Blanca (Messemer)*

>*Wanderungen zu den Naturwundern der Costa Blanca (Messemer)*

>*Wanderungen am Mar Menor (Lechner)*

>*Kleiner Wanderführer Costa Blanca (Rüther)*

>*Auto- und Wanderführer Costa Blanca (Oldfield, Sunflower)*

Viele Anregungen und Informationen entnahmen wir dem liebevoll erstellten, leider bzgl. der Karten etwas unstrukturiert wirkenden:

> *Costa Azahar und Maestrazgo (Enders)*

Als reichhaltige Informationsquellen bezüglich Flora und Fauna erwiesen sich einmal mehr:

>*Reiseführer Natur: Spanien (Cabo)*

>*Die Kosmos-Mittelmeerflora (Schönfelder)*

>*Was lebt im Mittelmeer (Campbell)*

Karten: zur Übersicht und für den nördlichsten Teil unseres Reisegebietes nutzten wir

> *Michelin 577: Valencia, Murcia 1 : 400.000 (gibt's bei WOMO)*

Als ausreichend detailliert, jedoch nicht immer vollständig und fehlerfrei erwiesen sich

> *Karten 10, 11 und 12 von Geo-Estel 1 : 150.000*

Wörterbuch: *Kauderwelsch Sprechführer Spanisch (gibt's bei WOMO)*

Unzählige Anregungen und Impulse für die **Camping-Küche** fanden wir in:

>*Seafood (Teubner Edition)*

>*Tapas (Parragon)*

>*Manna & Co (Rätsch)*

> *Spanisch kochen (Rein)*

> *Die Küche Spaniens (Meyer-Berkhout)*

>*Die traditionelle valencianische Küche (Drouin)*

>*Spanien (de Molino/Küchen der Welt)*

Literarisch ließen wir uns vor dem und während des Urlaubs einstimmen durch:

>*Wem die Stunde schlägt* und *Fiesta*, die beiden *Hemingway*-Klassiker

>*Spanische Erzähler vom 14. bis 20. Jahrhundert (Manesse)*

MEDIZIN-KÄSTCHEN

Notfall-Ausrüstung, die wir als Womo-Dauerausstattung empfehlen:

>*Nasentropfen* (**eine** verstopfte Nase kann den Nachtschlaf **aller** Insassen erheblich stören)

>*Schmerzmittel*, z. B. Paracetamol (auch fiebersenkend)

>*Hustenblocker* (Codeinpräparat/ s. o. bezügl. Nachtschlaf)

>*Loperamid* (gegen Durchfall); s .a. unter DURCHFALL

>*Gurgellösung / Lutschtabletten* (bei Halsschmerzen)

>*Brandgel* (Verbrennungen, Mückenstiche, Allergien)

>*Erkältungssalbe*

>*Antacidum* = Mittel gegen Magen-Übersäuerung wie Maaloxan; reichlicher Weingenuss kann zu erheblichem Sodbrennen führen!

Außerdem:

>*Pinzette* (z. B. zum Entfernen von Seeigel-Stacheln)

>*Verbandmaterial* (in der vorgeschriebenen EH-Box)

>*Insekten-Spray*, z. B. Autan

>*1 Rolle Tape-Verband 3,75 cm*; leistet notfalls auch „fachfremd" beste Dienste bei kleinen Reparaturen.

>Die gute alte *Gummi-Wärmflasche*; spendet z. B. bei Hexenschuss wirkungsvoll schmerzlindernde Hilfe

>*Pflaster und Schmerzmittel* sollten immer *in der Tasche/im Rucksack* sein, z. B. auch bei Wanderungen, ebenso *Sonnenschutz-Milch*; unterschätzen Sie, insbesondere in Verbindung mit dem kühlenden Wind, niemals die Kraft der Mittelmeersonne!

MUDEJAR-STIL

Baustil, der durch die Vermischung und Verbindung europäischer Stilrichtungen (Romanik, Gotik) mit arabischen Elementen charakterisiert ist; s. a. entsprechende Hinweise unter „Gebrauchsanleitung".

MUSEEN

Eintritt: meist kostengünstig, oft frei.
Öffnungszeiten: häufig montags sowie über Mittag geschlossen.

NOTFÄLLE

(s. auch Adressen und Telefonnummern)
Neben der **Medizin-Box** (s. o.) und dem **Auto-Erste-Hilfe-Päckchen** sollte Ihr Womo enthalten:
Feuerlöscher und **Abschleppseil** oder **-stange**

Mudejar-Stil in Reinkultur: in Teruel (oben) und Jerica

PANNE

Hilfsdienst: s. ADRESSEN
Kfz-Reparaturwerkstätten finden sich in fast jeder Ortschaft. In größeren Städten sind alle gängigen Autofirmen mit Niederlassungen vertreten.
In Spanien ist eine *reflektierende Pannenweste* vorgeschrieben für **jeden** Insassen, der im Zusammenhang mit einer Panne das Fahrzeug verlässt!
Wer an der leidvollen Erfahrung einer Reifenpanne bereits gereift ist, führt einen kleinen hydraulischen **Stempelwagenheber zusätzlich** mit (für 20 Euro im Baumarkt erhältlich), allen anderen sei es hiermit ans Herz gelegt! Der zum Bordwerkzeug üblicherweise dazugehörende Spindelwagenheber reicht allein nicht aus! Dazu eine mehrere Zentimeter dicke Holzauflage mitnehmen, um die ausreichende Hubhöhe zu gewährleisten.
Und: 1. unbedingt einmal ein „Trockentraining" zu Hause durchführen, man kann sich damit viel Stress im Ernstfall ersparen! 2. Werkzeug leicht zugänglich einpacken!

PAPIERE

Für Reisende aus Deutschland genügt der Personalausweis. Da dieser auf Campingplätzen oft hinterlegt werden muss - was bei mir immer ein Gefühl von Nacktheit und Ausgeliefertsein auslöst -, empfiehlt sich für diesen Zweck das Mitführen der *„Camping Card International"*, die bei Mitgliedschaft im CCI automatisch ausgestellt wird . Und ein Rabatt ist damit auf einigen Plätzen auch noch drin!
Kinder benötigen einen eigenen Ausweis oder müssen im Pass eines Elternteils mit eingetragen sein!
Für den Fall des Verlustes die alte Empfehlung: Personalpapiere und Kfz-Schein auch in Kopie mitführen!

POLIZEI

Unsicher fühlen muss man sich in Spanien wirklich nicht! Polizeipräsenz ist in den Städten nur noch selten spürbar, nie unangenehm. Die Vorurteile früherer Jahre haben keine Berechtigung mehr, die gefürchtete Ruppigkeit und Aggressivität der „Guardia civil" gehören der Vergangenheit an. Meist reagieren die Polizisten höflich und bemüht auf Fragen. Im Zusammenhang mit freiem Campen haben wir niemals einen für uns unangenehmen Polizei-Kontakt erlebt.

PROMILLE

Achtung! So locker Helmpflicht und Sicherheitsgurt auch gehandhabt werden: die maximal zulässige *Promille-Grenze* liegt in Spanien bei *0,5*! Spanische Polizisten sollen in derartigen Situationen übrigens ihre Freundlichkeit verlieren, habe ich gehört, und über spanische Gefängnisse las ich durchaus nichts Verlockendes!

REIFEN

Die Straßen-, oft eher Wegeverhältnisse erfordern gute, strapazierfähige Reifen! Lassen Sie sich auf keine Kompromisse ein, ein Reifenwechsel am Womo irgendwo in der Wildnis wird nicht nur körperlich anstrengend, sondern wächst sich zum erheblichen Stress aus! Nur sehr gute Profiltiefe bietet weitgehende Pannensicherheit! Und gehen Sie bitte mit ausreichend hohem Luftdruck auf die Reise, bei stramm beladenem Womo sind meist 4,5 bar als Faustregel anzusehen. Vor Reiseantritt sollte auch der Druck im Reserverad überprüft werden! Und: leisten Sie sich Metallventile! Ein Gummiventil wird durch Steinkontakt leicht einmal lädiert!

SCHINKEN

Die Schinken der Iberischen Halbinsel genießen bekanntermaßen hohes Ansehen. Ob der berühmte Serrano-Schinken oder einer der vielen anderen angebotenen, ob halbwildes oder echtes Wildschwein: es lohnt sich, den auf den ersten Blick recht hohen Preis zu bezahlen! Manchmal, wie z. B. auf dem Markt in Benicarlo, darf man probieren!

Iberischer Schinken (Urform)

„Balkongasse“ in Peniscola

SCHMUCK

Gold sei in Spanien deutlich kostengünstiger als bei uns, ist immer wieder zu lesen. Aber den meinen wir an dieser Stelle eigentlich gar nicht. Mit Pflanzen, Fliesen, schmiedeeisernen Gittern zu verzieren, das hat in Spanien Tradition, und so begegnet uns dieser „Alltagsschmuck“ in vielfältiger Gestalt und Wertigkeit.

Brunnen auf der Isla de Tabarca

SCHUHE

Wanderungen in Spanien erfordern mindestens *Wander-Halbschuhe*, es geht fast immer „über Stock und Stein". Besser sind, insbesondere für längere Touren, *Wanderstiefel*; das unwegsame Gelände belastet die Sprunggelenke doch erheblich!
Und *Badeschuhe* müssen mit nach Spanien als beste Vorbeugemaßnahme gegen Seeigel-Stiche sowie wegen der häufig anzutreffenden Steine und Felsen im Wasser!

SONNE

Unterschätzen Sie, insbesondere an windigen Tagen, die Wirkung der Mittelmeersonne nicht. Mag der Sonnenhunger, gerade im Frühjahr, noch so groß sein: setzen Sie unbedeckte Hautpartien den Sonnenstrahlen maßvoll aus! Wer, wie ich, die Haare offen trägt, sollte sich konsequent durch eine Kopfbedeckung schützen, zumindest aber durch eine Sonnencreme mit wenigstens *Lichtschutzfaktor 8*.
Eine Markise am Womo ist unentbehrlich. Über einen zusätzlichen Sonnenschirm freut man sich spätestens, wenn Womo und Lagerplatz am Strand mehr als ein paar Meter voneinander entfernt sind. Auch eine sog. Strandmuschel kann hier Schutz bieten, besser allerdings noch gegen Wind als gegen Sonne.

SPRACHE

Zu den Besonderheiten spanischer Zweisprachigkeit in Wort und Schrift enthält das Kapitel „Gebrauchsanweisung" schon die nötigen Hinweise. Sprechversuche sollten immer die Lautschrft im Auge behalten, da G und J, X, N und LL keineswegs immer so ausgesprochen werden, wie wir es gewöhnt sind. Aber nach ein paar Versuchen wird's bald einfacher!

STADTPLÄNE

Die von uns genutzten Landkarten und Reiseführer enthalten Stadtpläne aller besuchten Städte, die zur Orientierung und Erkundung ausreichen.
Tipp: fertigen Sie zu Hause *Fotokopien*, die Sie zum „Stadtrundgang auf unseren Spuren" einfach in dieses Büchlein legen.

STELLPLATZ

Erlauben Sie uns ein paar Hinweise und Tipps zum Platzieren des Womos, auch wenn Sie erfahrener Camper sind und dies alles längst wissen:
natürlich stellen wir das Womo primär entsprechend den Gegebenheiten des Platzes auf, etwa mit Blick von der Sitzgruppe aufs Wasser oder der Tür in Richtung Strandseite. Aber man sollte eben auch nach Möglichkeit darauf achten, dass der Kühlschrank nicht gerade der intensivsten Sonnenbestrahlung ausgesetzt wird: 1. braucht er sonst wesentlich mehr Energie, und 2. sinkt die Kühlleistung deutlich ab! Das Beschatten durch die Markise ist evtl. eine Alternative zum Drehen des Womos.
Starker Wind kann die Flamme des Kühlschranks auspusten, auch darauf ist ggf. zu achten.
Investieren Sie die wenigen Minuten, nötigenfalls mit einem oder zwei Rädern auf Keile zu fahren, wenn der Untergrund nicht ganz in der Waage ist. Die Schlafqualität kann schon durch geringe „Schieflage" deutlich negativ beeinflusst werden. Wenn das Fett in der Pfanne sich hartnäckig auf eine Seite zurückzieht, wenn das Duschwasser partout nicht aus der Wanne abfließen will - spätestens dann ärgert man sich über die vorherige eigene Nachlässigkeit, ich spreche aus Erfahrung.

Die Markise sollte *nie ausgerollt* bleiben, wenn Sie die Nähe des Womos verlassen, und sei das Wetter noch so gut! Wind kann an vielen Küstenabschnitten unvermittelt und kräftig auftreten, und dann schlägt so eine Markise schnell gegen oder über das Womo, wird beschädigt oder zerstört und hinterlässt wahrscheinlich auch noch eine Beschädigung am Fahrzeug. Selbst wenn man daneben oder darunter sitzt, kann eine Böe plötzlich die Leinwand überraschend anheben; dem beugt vor, wer die beiden Füße (der Markise) mit je einem Hering fixiert.

Schöne Aussichten: Sot de Ferrer...

...und Isla de Tabarca

STRÄNDE

Über etwa 400 km Küstenlinie erstreckt sich „unser“ Reisegebiet. Immer wieder finden sich Abschnitte herrlichster Sandstrände, oft über viele Kilometer Ausdehnung. Aber: das entdeckten natürlich vor uns auch schon viele andere Badewillige! Kiesstrände, felsige Abschnitte haben meist keinen so ausgeprägten Bauboom ausgelöst, bieten oft jedoch vergleichbar schönes Badeerleben. Wir haben uns bemüht, in Text und Stellplatz-Beschreibung entsprechende Angaben zur Vorauswahl zu hinterlassen.

STROM

Noch finden sich nicht auf allen Campingplätzen die blauen Euro-Stecker-Verbindungen für den Anschluss Ihres Womos. Es empfiehlt sich deshalb das Mitführen eines *Adapterkabels* mit konventionellem Feuchtraum-Stekker.

TANKEN

Das Tankstellen-Netz in Spanien ist prinzipiell ausreichend dicht, auch in Gebirgsregionen. Sonntags allerdings sollte man nicht „auf den letzten Drücker“ tanken wollen, da haben nämlich viele Tankstellen geschlossen!

TELEFONIEREN

von Spanien nach Deutschland mit 0049, dann Vorwahl ohne die erste 0. Von Deutschland aus nach Spanien erst die 0034, dann die *komplette* Teilnehmer-Nummer.
Die Handynetze sind bereits erheblich ausgebaut, dennoch ist Telefonieren nicht immer möglich an abgelegeneren Orten, wo man mit dem Womo nächtigen und abends in Ruhe mal zu Hause anrufen möchte.

TOILETTEN

Ratlos irrt der suchende Blick manchen Gastes durchs Restaurant: die **Servicios** (evtl. Aseos) befinden sich oft im 1. Obergeschoss! Mit *Caballeros* sind die *Senores* gemeint, mit *Senoras* alle anderen.

TRINKGELD

ist zu handhaben wie bei uns: man *muss* gar nicht, *sollte* aber bei Zufriedenheit etwa 10% der Rechnungssumme „springen lassen“.

UMWELT

Über den nach unserem Verständnis unbegreiflich nachlässigen Umgang mit Landschaft, Meer, Tieren und Pflanzen haben wir unser Erschrecken in diesem Buch mehrfach geäußert - Sie werden es wohl teilen! Dennoch: es geschieht etwas; Kläranlagen, Mülltonnen begegnen uns immer häufiger; hoffen wir also auf rechtzeitigen Sinneswandel zu Gunsten dieses wunderschönen Landes!

UNFALL

Will es das Schicksal und Sie erleben eine Karambolage mit einem spanischen Unfallgegner: immer die *Polizei* zuziehen. *Kennzeichen* des Fahrzeugs, *Versicherung des Gegners* mit Nummer sowie seine *Anschrift* unbedingt notieren! Und möglichst *Anschrift von Zeugen* aufschreiben!
Die Deckungssummen spanischer Autoversicherer liegen z. T. noch sehr

niedrig und reichen u. U. zur Abgeltung Ihres Schadens nicht aus (Die EU erließ zwar bereits strenge Vorgaben für den Krümmungsradius von Salatgurken, aber vergleichsweise unwichtige Harmonisierungen wie die Vereinheitlichung der Haftpflicht-Versicherungssummen müssen eben noch ein bisschen warten!). Eine *Vollkasko-Versicherung* ist also unter allen Umständen anzuraten, die ggf. unabhängig von der Schuldfrage in Vorleistung tritt.
Und was die Klärung eben dieser Schuldfrage betrifft: eine *Rechtsschutz-Versicherung* empfiehlt sich unbedingt!

WANDERN

Viele strandferne Regionen, selbst wenn sie nur wenige Kilometer von der Küste entfernt liegen, werden auch in der Hochsaison kaum besucht. Beim Wandern im Gebirge begegnet man deshalb kaum einmal anderen Menschen. Das bedeutet in der Konsequenz, dass Sie im Fall eines verstauchten Knöchels nicht ohne weiteres mit fremder Hilfe rechnen können! Wandern Sie deshalb bitte *niemals allein*!
Selbst für kurze Wanderungen sind zwei Voraussetzungen obligatorisch: 1. *stabile Schuhe*, da man sich praktisch immer auf Naturpfaden bewegt (s .a. Schuhe), und 2. ausreichender Vorrat an *Getränken*. Der Flüssigkeitsverlust bei höheren Temperaturen und unter den Bedingungen körperlicher Anstrengung darf nie unterschätzt werden, und manche Wanderung zog sich am Ende doch deutlich länger hin als ursprünglich geplant.
Ein Wort noch zu den Füßen: gute Schuhe sind nicht alles - auch die Qualität Ihrer *Socken* ist wichtig. Leisten Sie sich Wandersocken mit seitenspezifischer Formgebung und anatomischer Ausformung und Polsterung der Ferse. Die Investition von ca. 15 EURO hat sich spätestens gelohnt, wenn Sie auch von einer 30 km-Wanderung ohne Blasen zurückkehren!

Wandererlebnis: Farbenspiele im Frühjahr (Desierta de las Palmas)

WASCHMITTEL

Beides wird gebraucht: das *Schnellwaschmittel aus der Tube* für die Handwäsche im oder am Womo ebenso wie das *ganz normale Waschpul-*

ver für eventuelle größere Aktionen mit Hilfe der Waschmaschine auf dem Campingplatz!

WASSER

Fürs Trinken unterwegs im Womo sowie alle Unternehmungen außerhalb haben wir uns immer für wenig Geld mit Wasser (mit oder ohne Gas, je nach Laune) in großen Plastikflaschen eingedeckt. Ein Vorrat im Womo von sechs 1,5 l-Flaschen beruhigt; für Exkursionen kann ggf. in 0,5 l-Fläschchen umgefüllt werden.
Zum *Sparen* des Brauchwasser-Vorrats im Womo hätten wir noch einen **Extra-Tipp** anzubieten: Kartoffeln waschen, Fische putzen, Meerestiere kochen kann man sehr gut in *Meerwasser*!

WUPS – der WOMO-Urlaubs-Partner-Service

Regelmäßig zur Vorurlaubszeit liest man sie in Zeitungen und einschlägigen Zeitschriften, die Suchannoncen der Wohnmobilfamilien, die sich nicht allein auf weite Tour wagen wollen:

> Portugal, 4 Wo. Jul./Aug. Wir 42/43/12 männl./Hund, mit Wohnmobil suchen Begleitfamilie/n mit Kindern 9-13 J. u. eig. Wohnmobil, Tel.....

Ob sie wohl Erfolg haben? Wir wünschen es ihnen!
Was aber sind die Beweggründe für die "Partnersuche auf (Ferien-) Zeit"? Sie können sich selbst die Gründe zusammensuchen, denn Sie hatten ja auch schon mal diese Idee. Da ist die lange Fahrt mit ihren Tücken, bei der man sich bei Problemen helfen kann. Übernachtungen in einsamer Umgebung – mit einem Partner wäre einem da viel wohler.
Gemeinsame Unternehmungen machen viel mehr Spaß; den Grill wirft man abwechselnd an (und nimmt nur einen mit), Einkäufe und Wasserholen, gemeinsam oder im Wechsel, aber nur mit einem Auto; abends, da hat man den passenden Gesprächspartner und ganz wichtig: die Kinder haben Spielgefährten im passenden Alter.

Die Liste der Vorteile gemeinsamen Reisens ließe sich noch erheblich verlängern – und so waren wir auch gar nicht verwundert, dass wir geradezu mit der Nase darauf gestoßen wurden:

„WOMO-Verlag, unternehmt da mal etwas!“

Wir haben uns zusammengesetzt und beraten, entwickelt, verworfen und verbessert. Was wir schließlich ausgebrütet haben, lässt sich am einfachsten mit folgendem Sätzchen umschreiben:
Durch **WUPS** soll jeder Interessent ohne den geringsten finanziellen Aufwand eine passende Urlaubspartnerfamilie vermittelt bekommen.
Das ideale Medium dafür ist das Internet!

Wie nimmt man teil?

In unserem Internetforum unter: **http://wups.womo.de** können Sie sich kostenlos mit allen wichtigen Daten wie Urlaubsziel, Reisezeit, eigenem Alter (und dem evtl. mitreisender Kinder), eMail-Adresse sowie Lieblingsaktivitäten eintragen (oder von Freunden mit Internetanschluss eintragen lassen).
Es liegt nun an jedem einzelnen, den passenden Partner aus den angegebe-

nen Daten, ergänzenden eMails oder Kurznachrichten zu ermitteln.
Jedem Teilnehmer ist es selbst überlassen, wie viele Daten er angeben möchte oder nicht (bei uns ist jeder sein eigener Datenschützer). Selbst ohne Angabe von Telefonnummer oder eMail-Adresse ist eine Kontaktaufnahme per Kurznachricht möglich, die kein anderer lesen kann!
Wir wünschen schon jetzt doppelten Spaß im gemeinsamen WOMO-Urlaub.

ZAUBEREI – OUTDOOR-NAVIGATION MIT GPS

Das GPS (Global Positioning System) ist ein vom US-Verteidigungsministerium entwickeltes Satellitensystem zur weltweiten Standortbestimmung. Bereits ab 150 e bekommt man ein handy-kleines Gerät, mit dem man auch bei Nacht und Nebel jederzeit feststellen kann, wo man sich befindet – und wie man zu einem Platz findet, von dem man die Koordinaten hat.
In diesem Reiseführer sind für alle Übernachtungsplätze die Koordinaten (Kartendatum: WGS 84 = World Geodetic Survey 1984) angegeben. Besitzer von GPS-Geräten (man bekommt sie inzwischen bei allen Outdoor-Läden und -versendern) geben sinnvollerweise die Koordinaten vor dem Urlaub direkt in das Gerät ein (oder per PC über das mitgelieferte Kabel und mit kostenlosem Programm aus dem Internet (z. B. www.easyGPS.com). Wer es noch bequemer haben möchte, erwirbt beim WOMO-Verlag die "GPS-CD zum Buch" – und die GPS-Daten aller unserer Stellplätze usw. werden automatisch vom Computer aufs GPS-Gerät überspielt.

ZEITUNGEN

Deutschsprachige Zeitungen erhalten Sie in allen größeren Städten sowie in typischen Touristenorten - allerdings immer um einen Tag verspätet!

Auf der nächsten Seite geht's weiter!

Zum Schluss:
IN EIGENER SACHE – ODER DER SACHE ALLER!?

Urlaub mit dem Wohnmobil ist etwas ganz besonderes. Man kann die Freiheit genießen, ist ungebunden, dennoch immer zu Hause, lebt mitten in der Natur – **wo man für sein Verhalten völlig selbst verantwortlich ist!**

Seit mehr als 20 Jahren geben wir Ihnen mit unseren Reiseführern eine Anleitung für diese Art Urlaub mit auf den Weg. Außer den umfangreich recherchierten Touren haben wir viele Tipps allgemeiner Art zusammengestellt, unter ihnen auch solche, die einem WOMO-Urlauber eigentlich selbstverständlich sein sollten, denn weil wir als Wohnmobiler die Natur in ihrer ganzen Schönheit und Vielfalt hautnah erleben dürfen, haben wir auch besondere Pflichten ihr gegenüber, die wir nicht auf andere abwälzen können.

Jährlich erhalten wir viele Zuschriften, Grüße von Lesern, die mit unseren Reiseführern einen schönen Urlaub verbracht haben und sich herzlich bei uns bedanken. Wir erhalten Hinweise über Veränderungen an den beschriebenen Touren, die von uns bei der Aktualisierung der Reiseführer Berücksichtigung finden.
Aber: Wir erhalten auch Zuschriften über das Verhalten von Wohnmobilurlaubern, die sich **egoistisch, rücksichts- und verantwortungslos** der Natur und ihren Mitmenschen – nachfolgenden Urlaubern und Einheimischen – gegenüber verhalten.
In diesen Briefen geht es um die Themen Müllbeseitigung, Abwasser- und Toilettenentsorgung. Es soll immer noch Wohnmobilurlauber geben, die ihre Campingtoilette nicht benutzen, dafür lieber den nächsten Busch mit Häufchen und Toilettenpapier "schmücken", die den Abwassertank nicht als Tank benutzen, sondern das Abwasser unter das WOMO trielen lassen, die ihren Müll neben dem Wohnmobil liegenlassen und davondüsen, alles frei nach dem Motto: **"Nach mir die Sintflut!"**

Liebe Leser!

Wir möchten Sie im Namen der gesamten WOMO-Familie bitten: Helfen Sie aktiv mit, diese Schweinereien zu unterbinden! Jeder Wohnmobilurlauber trägt eine große Verantwortung, und sein Verhalten muss dieser Verantwortung gerecht werden.
Sprechen Sie Umweltferkel an, weisen Sie sie auf ihr Fehlverhalten hin und machen Sie mit dem WOMO®fan-Aufkleber deutlich: **Ich verhalte mich umweltgerecht!**
Der nächste freut sich, wenn er den Stellplatz sauber vorfindet, denn auch er hat sich seinen Urlaub verdient!
Vor allem aber: Wir erhöhen damit die Chance, dass uns unsere über alles geliebte Wohnmobil-Freiheit noch lange erhalten bleibt.

Helfen Sie mit, den Ruf der Sippe zu retten! Verhindern Sie, dass einzelne ihn noch weiter in den Schmutz ziehen!
Wir danken Ihnen im Namen aller WOMO-Freunde –

Ihr WOMO-Verlag

– Reisenotizen –

Stichwortverzeichnis

PACKLISTE

Brieftasche/Handtasche/Geheimfach
Pässe, Personal-, Kinderausweis (gültig!)
Führerscheine, Vollmacht
Grüne Karte (gültig!)
KFZ-Schein
Impfbücher/Impfpass Haustier
Fotokopien aller dieser Papiere
Bargeld/Brustbeutel
Devisen/Reiseschecks/ec-Karte
Kreditkarte (z. B. Visa)
Auslandskrankenscheine
Zusatzversicherungen/Schutzbrief
Vignette/Brenner-Mautkarte
Fährtickets
____
____
____

Wohnmobilhaushalt
Wecker
Einkaufstasche (groß)
Kaffee-, Teekanne
Filtertüten/Filter
Geschirr/Gläser
Vesperbrettchen/Bestecke
Brotmesser/Kartoffelschäler
Schöpflöffel/Schneebesen
Töpfe/Dampftopf
Pfannen/Sieb
Topflappen
Butterdose/Plastikdöschen mit Deckel
Flaschentrage
Thermoskanne
Eierbehälter
Küchenpapier/Alufolie
Nähzeug/Schere
Klebstoff/Klebeband
Wäscheleine/Klammern
Waschpulver
Plastikschüssel
Abtreter
Schuhputzzeug
Kabeltrommel
Verbindungskabel CEE-Schuko
Stecker (Ausland)
Doppelstecker
Gasflaschen (voll?)
Handfeger/Kehrschaufel
Putzlappen
Klappspaten
Hammer/Nägel/Axt
Zündhölzer/Feuerzeug
Gasanzünder
Taschenlampen/Kerzen
Petroleumlampe/Petroleum
Ersatzbirnen 12 V/220 V
Ersatzsicherungen für jedes Gerät
Ersatzwasserpumpe
5 m passender Wasserschlauch
Feuerlöscher
Insektenspray/Insektenlampe
Moskitogaze für Fenster und Tür
Toilette/Clo-Papier
Toilettenchemikalien (oder Schmierseife)
Dosen-, Flaschenöffner, Korkenzieher
Spülmittel/Bürste
Scheuerpulver
Geschirrtücher
Leim/5 m Schnur
5 m Schwachstromkabel zweiadrig
Wasserschlauch mit Passstück für verschiedene Wasserhähne
Trichter
Wasserentkeimungsmittel
Müllbeutel
____
____
____

Reiseapotheke
Mittel gegen Seekrankheit
Soventol (lindert Insektenstiche usw.)
Husten-, Schnupfenmittel
Fieberzäpfchen
Kohle-Kompretten
Mittel gegen Durchfall
Mittel gegen Kopfschmerzen
Mittel gegen Verstopfung
Nasen-, Ohrentropfen
Halsschmerztabletten
Wundsalbe/Brandsalbe
Wunddesinfektionsmittel (Merfen-Orange)
Sprühpflaster
Elastikbinden
Salbe gegen Prellungen
Fieberthermometer
Pinzette
Auto-Verbandskasten O.K.?
Persönliche Medikamente
____
____

Auto
Allgemeines Wohnmobil-Handbuch
WOMO-Knackerschreck
Bedienungsanleitungen
Bordbuch/Wörterbücher
Reiseführer/Campingführer
Straßenkarten/Autoatlas
Auffahrkeile/Stützböcke
Wasserwaage
D-Schild
Kundendienst gemacht?
Ersatzteilset von der Werkstatt?
Pannenausrüstung komplett?
Reservekanister voll?
1-2 Liter Reserveöl (HD 10/W 50)
Reserverad Luftdruck O.K.?
Abschleppstange, ausprobiert?
Passender Wagenheber, ausprobiert?
Luftpumpe
Warndreieck
Arbeitshandschuhe
Werkzeugkoffer komplett?
Kundendienststellenverzeichnis, neu?
____
____
____

Kleidung

Unterwäsche
Socken/Strümpfe
Hemden/Blusen
Schuhe/Sandalen
Hausschuhe
T-Shirts/Shorts
Hosen/Jeans
Kleider/Röcke
Pullover/Jacken/Stola
Anoraks/Windjacken
Sonnenhüte/Kopftücher
Nachthemden/Schlafanzüge
Bikinis/Badehosen
Wanderstiefel
Sonnenbrille/Ersatzbrille

____
____
____

Campingartikel

Stühle/Tisch/Liegestühle
Liegematten/Hängematte
Markise, Sonnenschirme
Sonnensegel/Stangen/Häringe/Leinen
Grill/Grillzange/Holzkohle
WOMO-Pfannenknecht

____
____
____

Unterhaltung

Handy/Autoladekabel
KW-Radio
Schreibzeug/Adressbuch
Handarbeitszeug
Kinderspielzeug
Malutensilien
Bücher/Spiele
Kassettenrekorder/Kassetten
CD/DVD-Player/CDs/DVDs
Taucherbrillen
Wasserball/Fußball/Wurfringe
Frisby/Indiaca usw.
Schlauchboot/Pumpe/Ruder
Luftmatratzen
Sandspielzeug
Schwimmflügel/Schwimmreif
Surfbrett/Zubehör
Fotoapparat/Filme
Videokamera/Kassetten
GPS-Gerät
Ersatzbatterien/Ladegerät für 12 V
Rucksäcke
Kartentasche
Fernglas/Kompass
Iso-Matten/Zelte/Kochtopfset
Feldflaschen/Taschenmesser/Angelzeug
SOS-Kettchen (vor allem für Kinder)
Mitbringsel für evtl. Einladungen

____
____

Lebensmittel

Getränke (Limo, Bier, Wein)
H-Milch/Dosenmilch/Coffeemate
Milchpulver/Limopulver/Zitronenteepulver
Wurst-, Fischdosen
Fertiggerichte/Beutelsuppen
Tee/Kaffee/Kaba
Müsli
Butter/Margarine
Brot/Dosenbrot
Reis/Nudeln/Grieß
Kartoffelbrei/Mehl
Babykost
Puddingpulver
Schokolade/Bonbons/Kaugummi
Marmelade/Nutella
Bratfett/Öl/Essig
Majonnaise, Senf
Zwiebeln
Gewürze
Ketchup/Maggi/Salz
Zucker/Süßstoff
Kartoffeln
Eier
Zwieback/Salzstangen

____
____
____

Wäsche / Toilettenartikel

Schlafsäcke, Bettwäsche, Kopfkissen
Laken (Spannlaken)
Hand-, Badetücher, Waschlappen
Geschirrtücher
Tempo-Taschentücher
Kämme/Bürsten
Haarfestiger/Lockenwickel/Haarspangen
12 V-, Akku- oder Nassrasierer
Nageletui/Hygieneartikel
Empfängnisverhütungsmittel
Windeln/Creme/Babycreme
Seife/Rei in der Tube
Sonnencreme, -öl
Fettstift (Labello)
Zahnbürsten/Zahnpasta
Autan gegen Mücken
Ohropax gegen Lärm

____
____

Nicht vergessen!

Post/Zeitung abbestellen
Offene Rechnungen bezahlen
Haustier abgeben
Blumen versorgen
Mülleimer leeren
Kühlschrank abstellen?
Antennen herausziehen
Wasch-, Spülmaschine, Bügeleisen aus?
Wasser, Gas, Heizung, Boiler abgestellt?
Rolläden schließen
Haustür verschließen!
Nachbarn/Verwandte benachrichtigen: Reiseroute, Autokennzeichen mitteilen. Reserveschlüssel abgeben.

____
____
____

Der WOMO®-Pfannenknecht

ist die saubere Alternative zum Holzkohlengrill.

* Kein tropfendes Fett,
* Holz statt Holzkohle,
* vielfältige Benutzung –
* vom Kartoffelpuffer bis zur Gemüsepfanne.

Massive Kunstschmiedearbeit, campinggerecht zerlegbar, Qualitäts-Eisenpfanne von Rösle, bequeme Handhabung im Freien, einfachste Reinigung.

Nur 49,90 € – und nur bei WOMO!

Der WOMO®-Aufkleber

WOMO® fan
www.womo.de

* passt mit 45 cm Breite auch auf Ihr Wohnmobil.
* ist das weit sichtbare Symbol für alle WOMO-Freunde.

Nur 2,90 € – und nur bei WOMO!

Der WOMO®-Knackerschreck

* ist die universelle und **sofort sichtbare Einbruchssperre**.
* Wird einfach in die beiden Türarmlehnen eingehängt, zusammengeschoben und abgeschlossen. (tagsüber unter Einbeziehung des Lenkrades, nachts direkt, somit ist Notstart möglich).
* Passend für Ducato, Peugeot, MB Sprinter sowie VW (T4,T5 & LT).
* Krallen aus 10 mm starkem Edelstahl, d. h. nahezu unverwüstlich.

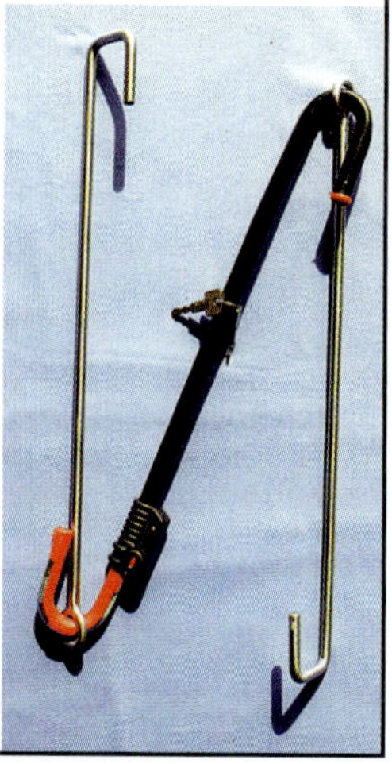

Nur 44,90 € – und nur bei WOMO!

Info-Blatt für das WOMO-Buch: SO-Spanien '07

(ausgefüllt erhalte ich 10% Info-Honorar auf Bestellungen direkt beim Verlag)

Lokalität: Seite: Datum:

(Stellplatz, Campingplatz, Wandertour, Gaststätte, usw.)

unverändert gesperrt/geschlossen folgende Änderungen:

Lokalität: Seite: Datum:

(Stellplatz, Campingplatz, Wandertour, Gaststätte, usw.)

unverändert gesperrt/geschlossen folgende Änderungen:

Lokalität: Seite: Datum:

(Stellplatz, Campingplatz, Wandertour, Gaststätte, usw.)

unverändert gesperrt/geschlossen folgende Änderungen:

Lokalität: Seite: Datum:

(Stellplatz, Campingplatz, Wandertour, Gaststätte, usw.)

unverändert gesperrt/geschlossen folgende Änderungen:

Lokalität: Seite: Datum:

(Stellplatz, Campingplatz, Wandertour, Gaststätte, usw.)

unverändert gesperrt/geschlossen folgende Änderungen:

Lokalität: Seite: Datum:

(Stellplatz, Campingplatz, Wandertour, Gaststätte, usw.)

unverändert gesperrt/geschlossen folgende Änderungen:

Meine sonstigen Tipps und Verbesserungswünsche:

Info-Blatt für das WOMO-Buch: SO-Spanien '07

(ausgefüllt erhalte ich 10% Info-Honorar auf Bestellungen direkt beim Verlag)

Lokalität: Seite: Datum:
(Stellplatz, Campingplatz, Wandertour, Gaststätte, usw.)
○ unverändert ○ gesperrt/geschlossen ○ folgende Änderungen:

Lokalität: Seite: Datum:
(Stellplatz, Campingplatz, Wandertour, Gaststätte, usw.)
○ unverändert ○ gesperrt/geschlossen ○ folgende Änderungen:

Lokalität: Seite: Datum:
(Stellplatz, Campingplatz, Wandertour, Gaststätte, usw.)
○ unverändert ○ gesperrt/geschlossen ○ folgende Änderungen:

Lokalität: Seite: Datum:
(Stellplatz, Campingplatz, Wandertour, Gaststätte, usw.)
○ unverändert ○ gesperrt/geschlossen ○ folgende Änderungen:

Lokalität: Seite: Datum:
(Stellplatz, Campingplatz, Wandertour, Gaststätte, usw.)
○ unverändert ○ gesperrt/geschlossen ○ folgende Änderungen:

Lokalität: Seite: Datum:
(Stellplatz, Campingplatz, Wandertour, Gaststätte, usw.)
○ unverändert ○ gesperrt/geschlossen ○ folgende Änderungen:

Meine sonstigen Tipps und Verbesserungswünsche:

Wir bestellen zur sofortigen Lieferung :

Allgemeine WOMO-Literatur:

- ❑ Allgemeines Wohnmobil Handbuch .... 19,90 €
- ❑ Allgemeines Wohnmobil Kochbuch .... 17,90 €
- ❑ Heitere Wohnmobil Geschichten .... 5,90 €
- ❑ Die gordische Lüge – der WOMO-Roman .... 9,90 €

WOMO-Zubehör:

- ❑ WOMO-Pfannenknecht mit Eisenpfanne .... 49,90 €
- ❑ WOMO-Knackerschreck mit Edelstahlkrallen ...... 44,90 €
  Marke des Basisfahrzeugs: ____________ Baujahr:____
- ❑ WOMO-Aufkleber "WOMO-fan" .... 2,90 €

WOMO-Reiseführer: Mit dem Wohnmobil durch/nach/auf/in....

- ❑ Belgien & Luxemburg .... 17,90 €
- ❑ Bretagne .... 17,90 €
- ❑ Dänemark .... 17,90 €
- ❑ Elsaß .... 17,90 €
- ❑ England .... 17,90 €
- ❑ Finnland .... 17,90 €
- ❑ Franz Atlantikküste (Nordhälfte) ... 17,90 €
- ❑ Franz Atlantikküste (Südhälfte) ..... 17,90 €
- ❑ Griechenland .... 17,90 €
- ❑ Irland .... 17,90 €
- ❑ Island .... 17,90 €
- ❑ Korsika .... 17,90 €
- ❑ Kreta .... 17,90 €
- ❑ Kroatien (Dalmatien) .... 17,90 €
- ❑ Languedoc/Roussillon .... 17,90 €
- ❑ Loiretal/Paris .... 17,90 €
- ❑ Normandie .... 17,90 €
- ❑ Norwegen (Nord) .... 17,90 €
- ❑ Norwegen (Süd) .... 17,90 €
- ❑ Österreich (Ost) .... 17,90 €
- ❑ Peloponnes .... 17,90 €
- ❑ Piemont/Ligurien .... 17,90 €
- ❑ Polen (Norden/Masuren) .... 17,90 €
- ❑ Portugal .... 17,90 €
- ❑ Provence & Côte d'Azur (Osthälfte) . 17,90 €
- ❑ Provence & Côte d'Azur (Westhälfte) 17,90 €
- ❑ Pyrenäen .... 17,90 €
- ❑ Sardinien .... 17,90 €
- ❑ Schottland .... 17,90 €
- ❑ Schweiz (Ost) .... 17,90 €
- ❑ Schweiz (West) .... 17,90 €
- ❑ Schweden (Nord) .... 17,90 €
- ❑ Schweden (Süd) .... 17,90 €
- ❑ Sizilien .... 17,90 €
- ❑ Slowenien .... 17,90 €
- ❑ Spanien (Nord/Atlantik) .... 17,90 €
- ❑ Spanien (Ost/Katalonien) .... 17,90 €
- ❑ Spanien (Südost/Murcia) .... 17,90 €
- ❑ Spanien (Süd/Andalusien) .... 17,90 €
- ❑ Süd-Italien (Osthälfte) .... 17,90 €
- ❑ Süd-Italien (Westhälfte) .... 17,90 €
- ❑ Süd-Tirol .... 17,90 €
- ❑ Toskana & Umbrien (Osthälfte) .... 17,90 €
- ❑ Toskana & Umbrien (Westhälfte) .. 17,90 €
- ❑ Trentino/Gardasee .... 17,90 €
- ❑ Türkei (West) .... 17,90 €
- ❑ Ungarn .... 17,90 €

Alle Preise in € [D].
Preisänderungen vorbehalten.
Auflagen vor 2007 haben niedrigere Preise.

Absender:

Datum

Unterschrift

SO-Sp.'07

WOMO®-VERLAG

Versandabteilung

Wiesenweg 4-6

98634 Mittelsdorf/Rhön

DAS HANDBUCH

* Beratung bei Kauf und Miete
* Gas-, Wasser-, Elektroinstallation
* Einrichten des Wohnmobils.
* Tipps & Tricks fürs Wochenende.
* 2800 freie deutsche Stellplätze.
* 700 deutsche Entsorgungsstationen.
* Urlaubsvorbereitung, Profipackliste.
* Freies Camping in ganz Europa.
* Wohnmobil und Wintersport.
* Der WOMO-Urlaubspartner-Service.
* Gastankstellen in ganz Europa.

DAS KOCHBUCH

* Einrichtung der WOMO-Küche.
* Lebensmittel-Grundausstattung.
* Konserven selbst gemacht.
* Backen in der Bratpfanne – Kuchen, Pizza, Brote.
* Viele, viele WOMO-Rezepte für zwei Gasflammen – einfach, schnell und lecker!
* Einkochen im Urlaub.
* Spezialrezepte für den Dampftopf.
* Der WOMO-Pfannenknecht.

DIE REISE- UND ERLEBNISFÜHRER

* Bequeme Touren durchs ganze Urlaubsland.
* Viele Plätzchen für freies Camping.
* Genaue Hinweise auf viele Trinkwasserstellen.
* Die schönsten Badeplätze, die nicht jeder kennt.
* Bergtouren und Spaziergänge für groß und klein.
* Die besten Anreiserouten, Fähren, usw.
* 300 Tipps und Tricks – für Ausrüstung, Reisevorbereitung und Urlaub.
* Ausgefeilte Profipackliste.
* Spezialkarten mit supergenauen Einträgen der freien Stellplätze und Trinkwasserbrunnen.

Unsere Bücher erhalten Sie in jeder Buchhandlung oder auf Rechnung direkt vom Verlag. Hier gibt's auch die aktuellen Infos über unsere ständigen Neuerscheinungen. (Versandkosten 1,20 €, ab 20 € portofrei / Ausland 4 €, Preisänderungen vorbehalten).

24 Std.-Bestell-Telefon: 036946-20691*Fax: 036946-20692
Internet: www.womo.de * eMail: verlag@womo.de**